Rolf Kunze · Schnitzen und Gestalten in Holz

Eine Anleitung
zum künstlerischen Sehen und zu kreativer Tätigkeit

Rolf
Kunze

Schnitzen und Gestalten in Holz

Urania-Verlag Leipzig · Jena · Berlin

Abbildung Seite 7:
Hans Brockhage.
Raumgestaltung mit gespaltenen
Stämmen.
Ausschnitt. Um 1970.
Der freie Linienfluß der Holzfasern wird
rhythmisch durch glatte Flächen
gebunden.

Kunze, Rolf:
Schnitzen und Gestalten in Holz : e. Anleitung zum künstler. Sehen u.
zu kreativer Tätigkeit / Rolf Kunze.
[Ill.: Dietmar Senf]. – 1. Aufl.
– Leipzig ; Jena ; Berlin : Urania-Verlag.
1990. – 176 S. : 215 Ill. (z. T. farb.)
                    ISBN 3-332-00226-0

ISBN 3-332-00226-0

1. Auflage 1990. Alle Rechte vorbehalten
© Urania-Verlag Leipzig/Jena/Berlin,
Verlag für populärwissenschaftliche
Literatur, Leipzig
VLN 212-475 · LSV 8109
Lektor: Eckhart Reinhold
Illustrationen und Buchgestaltung:
Dietmar Senf
Illustrationen nach Vorlagen des Autors
Schrift: 9 p Maxima mager
Lichtsatz, Druck und buchbinderische
Verarbeitung:
INTERDRUCK
Graphischer Großbetrieb Leipzig,
Betrieb der ausgezeichneten
Qualitätsarbeit, III/18/97
Printed in the German Democratic
Republic
Best.-Nr.: 654 233 1
02800

Inhalt

Emil Teubner.
Waldarbeiter.
Buche. Höhe 30 cm.
Um 1950.
Die aus dem Hauptast herausgeschnitzte
Figur ist eine Selbstdarstellung des
Schnitzers, der mit Einfühlungsvermögen
prüft, was an Form und Gestalt im Holz
steckt.

Vom Umgang mit Holz

Emil Teubner.
Specht am Stamm.
Buche..Höhe 25 cm.
Um 1950.
Das Drängen der Fasern an Abzwei-
gungen beim Wachsen des Holzes wird
in der Kehlung zwischen den Ästen
sichtbar. Aus dem herausgewachsenen
Ast formte der Schnitzer einen Specht.

Eine Schnitzarbeit des erzgebirgischen Bildschnitzers *Emil Teubner* (1871–1951) zeigt einen Waldarbeiter, der aus einer Astabzweigung herausge- schnitzt ist. Er betrachtet prüfend den Baumstamm, der vom Nebenast ver- körpert wird. Diese Selbstdarstellung drückt sinnbildhaft das Einfühlungsver- mögen aus, das der Schnitzer gegenüber seiner Umwelt besitzt. Schnitzen in Holz setzt voraus, sich ganz in das hineinzudenken, was an Figur und Form jeweils im Werkstoff steckt. Der Schnitzer kennt die Eigenschaften der ver- schiedenen Hölzer. Er nimmt gestalterische Anregungen aus der Natur und aus seiner gesellschaftlichen Umgebung auf und verarbeitet sie.

Die Meister der Holzgestaltung in den vergangenen Jahrhunderten be- herrschten ihr Handwerk gründlich. Von Generation zu Generation übermit- telte Erfahrungen führten zur technologischen Beherrschung der Holzbear- beitung und zu eigenen, nur im Stoff Holz zu verwirklichenden Ausdrucksformen. Seit der industriellen Fertigung der Geräte, Möbel und Gebrauchsgegenstände sind umfassende Erfahrungen beim Gestalten mit Holz verlorengegangen – unser Kontakt zu dem Naturstoff ist empfindlich gestört. Lehrbücher über die Technologie der Holzbearbeitung vermitteln »hölzernes« Wissen, nur eine der untersten Stufen auf dem Weg zum Kön- nen bei der gestalterischen Auseinandersetzung mit dem kostbaren Material.

Wollen wir unsere Erfahrungen im Umgang mit dem lebendigen Stoff Holz ausweiten, dann sollten wir zuerst einmal Hölzer verschiedener Form und Art sammeln und uns in elementarer Weise mit ihrer Bearbeitung vertraut machen.

Wir finden ein Stück eines Laubbaumes. Die glänzende Rinde wird an Ast- abzweigungen runzelig; der sich nach außen windende Ast schiebt die »Haut« in Falten zusammen, am stärksten in der Kehle oberhalb des Ansat- zes. Auch im Holz ist Bewegung, die durch sein Wachstum verursacht wird. Das können wir am *Hirnschnitt* sehen, wenn wir den Stamm quer durchsä- gen. Die kleine dunkle Fläche in der Mitte ist das Mark, von dem das Wachs- tum des Baumes zur Rinde hin ausgeht. Die Jahresringe lassen das Alter er- kennen: für jedes Jahr das hellere Frühholz mit weichen Zellen und das dunklere, im Sommer gewachsene Spätholz mit härteren Zellen. Wie bei un- serem Laubbaum ist für viele Hölzer typisch, daß sich das Kernholz deutlich abzeichnet durch dunklere Jahresringe – im Gegensatz zu dem äußeren, hel- leren Ring, dem Splint.

Im lufttrockenen Holz reagieren die weichen Zellen anders auf Feuchtig- keit als die härteren. Das ist die Ursache für das »Arbeiten« des Holzes, das Quellen durch Nässe und das Schwinden durch Trockenheit.

Bei einem älteren Stück ist das Splintholz oft von Löchern und Fraßgängen des Holzwurmes durchsetzt. Überwiegend von Laubholzarten, z. B. Eiche, Nußbaum, Rüster, Esche, Kirsche, verwendet man das Splintholz wegen des Wurmfraßes nicht für die Holzgestaltung, wogegen bei Weichhölzern, z. B.

9

Quer- und Längsschnitt des Stammes mit Markröhre, dunklerem Kernholz, hellem Splint und Rinde.
Das Splintholz verschiedener Laubholzarten ist anfällig für den Befall von Holzwurm.

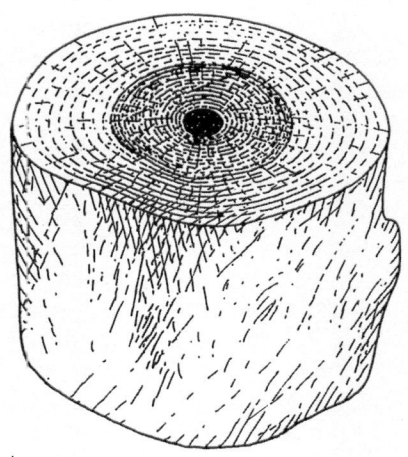

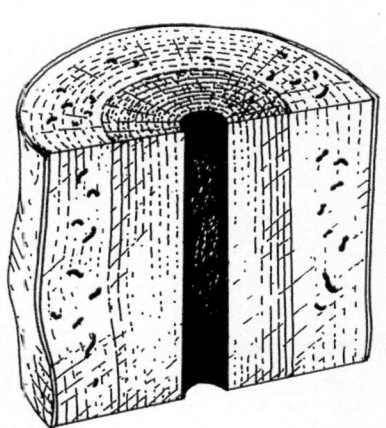

Der Hirnschnitt – quer durch den Stamm – läßt mit den Jahresringen das Dickenwachstum des Baumes erkennen.

Fichte, Kiefer, Linde, das Holz vom Splint unbedenklich mitverarbeitet werden kann.

Da das Splintholz stärker als das Kernholz schwindet, verursacht es das Reißen des Stammes beim Lagern und Trocknen. Deshalb spaltet man die Stämme mittendurch, wenn sie nicht im Sägewerk aufgeschnitten werden. Fertigt man eine Holzplastik aus dem massiven Stamm, bohrt man die Markröhre aus, man höhlt den Stamm oder viertelt ihn und verleimt die Stücke wieder.

Setzen wir einen Keil genau über der Markröhre an und treiben ihn mit einem Hammer in das Holz, dann spalten wir die Fasern längs auseinander. Spalten ist die ursprünglichste Form des Trennens, von der Natur oft selbst bewirkt.

Frühzeitig lernte der Mensch, mit keilfömigem Werkzeug das Holz in seiner Ursprungsform zu verändern. Mit dem Beil hackt man Kerben quer zur Längsachse der Fasern. Die Säge, ein Werkzeug, bei dem eine Reihe von Keilen versetzt angeordnet ist, reißt die Längsfasern durch.

Zwei Hirnschnitte parallel nebeneinander ergeben eine Scheibe, wie sie für einen Tisch im Freien oder in kleinem Maßstab als Rad für Spielzeug verwendet werden kann. Durch Sägen und Spalten fertigt man rustikale Sitze.

An einem gespaltenen Stamm erkennen wir, daß das Trennen des Holzes in Längsrichtung nicht ganz glatt geht. Durch die Windungen der Holzfasern

Beim Hacken mit der Axt oder dem Beil werden die Holzfasern längs gespalten oder schräg angeschnitten.
Die Zähne der Säge zerreißen die Holzfasern.

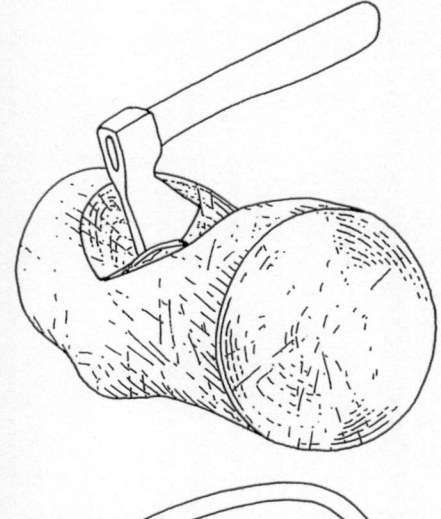

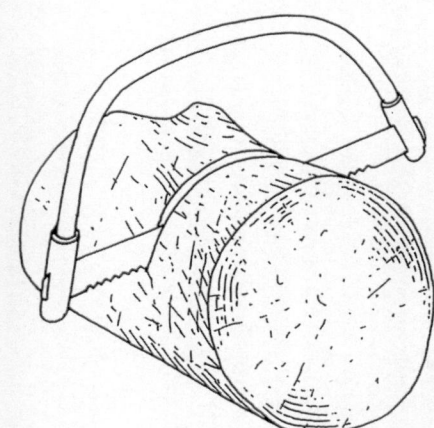

Im Brett zeigt die Maserung die angeschnittenen Jahresringe wie die Schichtlinien der Landkarte die Höhen der Berge.

beim Wachsen und Drehen nach dem Licht und durch das Drängen der Fasern beim Herauswachsen der Äste bleibt die Faserrichtung nicht parallel, sie *windet*, was sich beim Arbeiten dünner Bretter unangenehm auswirken kann. Diese ungleichmäßige Anordnung der Holzfasern im Stamm ist aber zugleich die Ursache für die ästhetische Wirkung des Holzes. Beim Spalten in Längsrichtung wird, bedingt durch die Jahresringe, die Maserung plastisch sichtbar und abtastbar. Erhebungen und Vertiefungen überziehen, von den Verwindungen der Fasern beim Wachsen hervorgerufen, rhythmisch die Spaltfläche. Dieser ästhetische Reiz des entstandenen Reliefs der Holzmaserung wird in moderner Holzgestaltung gern zur Innendekoration landschaftsgebundener Architektur verwendet.

Beim Brett ist durch das flachwinkelige Durchschneiden der Holzfasern die *Maserung* durch die dunklere Färbung der spätwüchsigen Jahresringe sichtbar geworden. Der Tischler sucht Bretter mit einer besonders schönen Maserung aus und setzt sie bei der Gestaltung des Möbels symmetrisch zum »Spiegel« zusammen. Ursprünglich wurden die Bretter massiv verarbeitet. Mit zunehmender Knappheit wertvoller Hölzer schälte man dünne Platten vom Stamm, um recht viele Schichten von einem Stück mit schöner Maserung zu erhalten – das Furnier. Die Holzimitationen, wie sie heute gern verwandt werden, bleiben immer ein Surrogat und können mit der Schönheit des natürlichen Werkstoffes Holz niemals konkurrieren.

Querschnittschema des Stammes, der im Sägegatter zu Brettern verschiedener Stärke und Breite geschnitten wird, die jeweils eine Kern- und Splintseite besitzen.
Die unterschiedliche Struktur der Zellen des Holzes führt zur Verformung des Brettes beim Trocknen. Die Splintseite hat ein größeres Schwindmaß als die Kernseite.

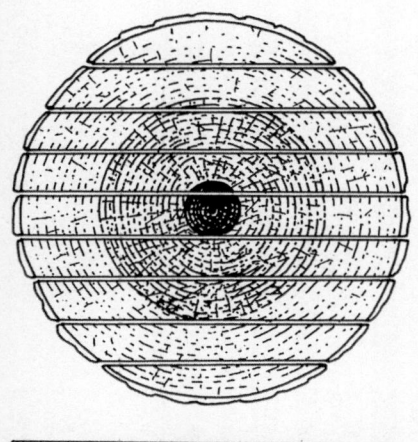

Im Sägegatter erhält man beim Aufschneiden des Stammes Bretter verschiedener Stärke und Breite. Durch das Anschneiden der ringförmigen Wuchsschichten des Früh- und Spätholzes erscheinen die Abstände der Maserung auf der inneren Seite des Brettes geringer als auf der äußeren. Auf der inneren, der *rechten*, dem Kern zugewandten Seite (merke: *Kern rechts!*) sind die Zellen des Holzes dichter; bei der *linken*, dem Splintholz zugewandten Seite (merke: *Splint links!*) sind sie weiter auseinander und nicht so fest. Das hat zur Folge, daß sich beim Trocknen die Oberfläche der linken Seite stärker zusammenzieht, das Brett krümmt sich, es »wirft«. Außerdem nimmt durch das Schwinden die Dicke nach außen ab.

Beim Beschnitzen eines Brettes kann man etwa die Wirkung der Maserung berechnen. Arbeitet man eine gleichmäßige Mulde heraus, so verläuft die Maserung beim Anschneiden von links etwa ellipsenförmig. Die Maserung betont die Umrißform, wiederholt sie in vielfachen Abwandlungen und bindet den Blick. Schneidet man beim Höhlen von rechts an, bildet die Maserung hyperbelförmige Linien. Sie laufen aus der Umrißform heraus, sprengen mit expressiver Gewalt die Form.

Hieraus wird deutlich, daß Schnitzen und Gestalten im Werkstoff Holz nicht mit dem plastischen Arbeiten in anderen Materialien, wie Ton, Stein, Kunststoffen, gleichzusetzen sind. Das Arbeiten mit Holz unterliegt eigenen Gesetzmäßigkeiten. Deren wesentlichste ist das Übereinstimmen der beabsichtigten Form mit den technologischen und ästhetischen Eigenwerten des Holzes. Hinzu kommt noch die Schwierigkeit, daß die Form nicht aufbauend, durch das Antragen der plastischen Masse, entsteht, sondern durch das Wegschneiden des überflüssigen Materials. Das erfordert eine äußerst genaue Vorstellung von der fertigen Form und einen ausgeprägten Orientierungssinn. Die endgültige Wirkung der Maserung wird erst im Stadium der Vollendung der Form sichtbar. Aus diesem Grunde empfiehlt es sich, beim Holzgestalten mit einfachen, überschaubaren Dingen zu beginnen und sich in kleinen Schritten die notwendigen handwerklich-gestalterischen Erfahrungen anzueignen.

Hans Brockhage.
Holzwand aus gespaltenen Fichtenstämmen. Ausschnitt.
Um 1970.
Der Verlauf der plastischen Oberfläche des gespaltenen Holzes ist erstarrte Bewegung der Fasern beim Wachsen der Pflanze. Ihr Rhythmus ist im Spiel der Kräfte beim Drängen der Äste nach dem Licht entstanden.

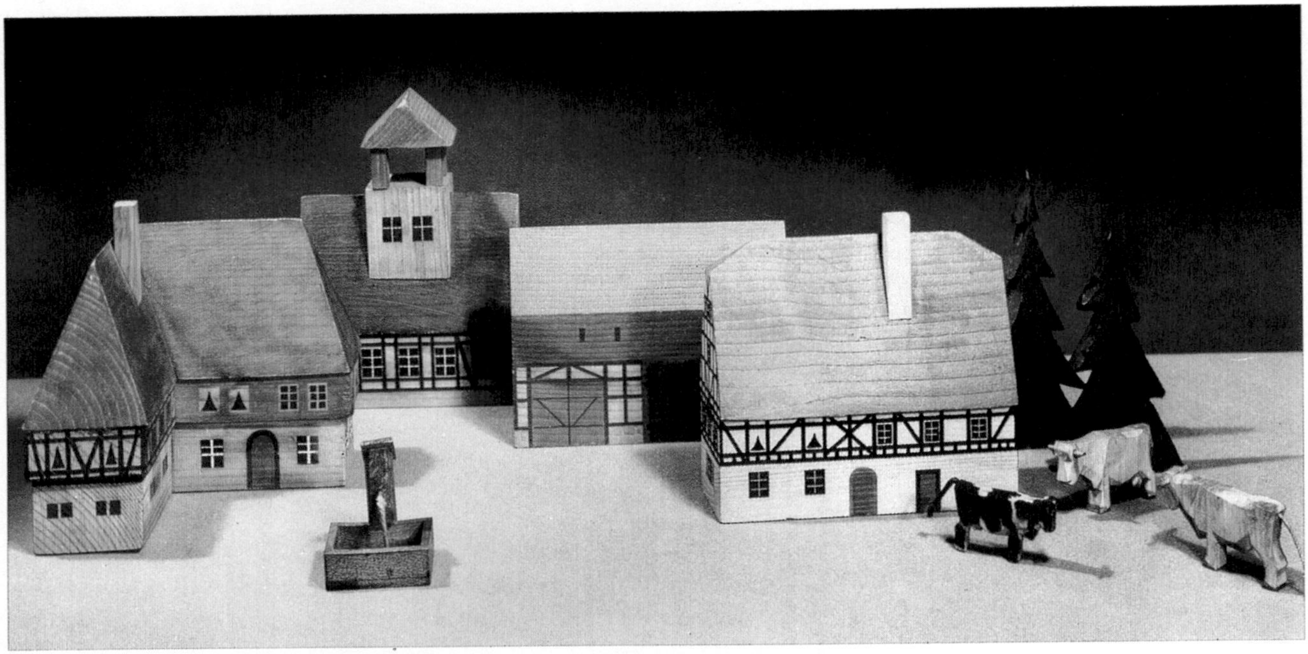

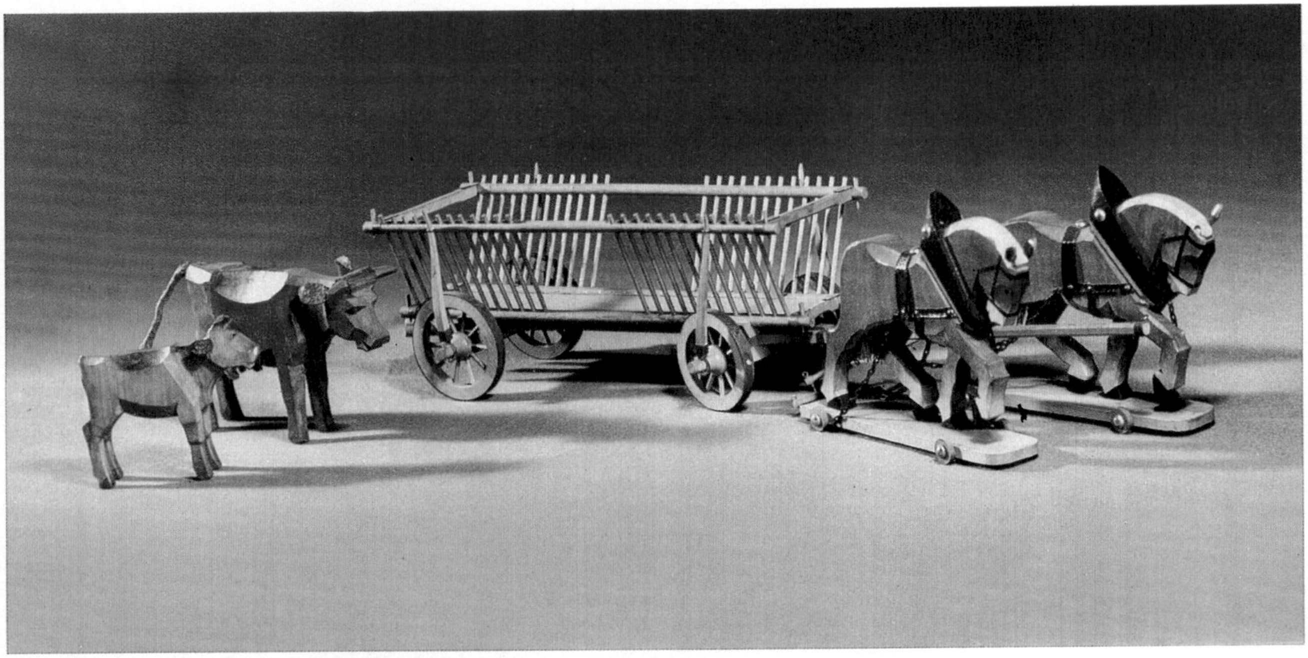

Spielend lernen

Spielzeug selbst gestalten

Es ist reizvoll, Dinge zum Spielen für die Kinder selbst herzustellen. Das Kind greift gern nach einfachen Gegenständen seiner Umwelt, wenn es unbekümmert spielt. Hat es sich in der Betätigung an der elektrischen Eisenbahn erschöpft, dreht es die Fußbank um und fährt damit hinein in seine Welt der Vorstellungen und Wunschträume. Zweige, Astscheiben, kleine Vierkantstücke, Abfälle von der Holzbearbeitung regen es an, etwas zu bauen. In den Sand steckt es Holzstäbchen: Ein Schafstall ist fertig. Liegende Aststücke sind die Schafe. Holzscheiben werden zum Futtereimer ... Noch ehe das Kind in die Schule geht, montiert es als kühner Konstrukteur aus allem möglichen Material Wundermaschinen. Im jüngeren Schulalter greifen selbst Mädchen zu Säge, Bohrer und Hammer, um sich die Teile für die Robinsonhütte oder die Ritterburg selbst anzufertigen.

Holz ist dazu bestens geeignet. Holzspielzeug läßt den Gedanken großen Spielraum und regt zu immer neuen Kombinationen an. Immer war Holz Werkstoff für die Spielzeugherstellung. Ein Besuch im Spielzeugmuseum ist nicht nur für Kinder anregend. Oft wird schönes Holzspielzeug heute zum Sammelgegenstand. Warum sollten wir nicht Spielzeug selbst gestalten — unseren Kindern zum täglichen Gebrauch und uns zur Freude?

Dorf und Stadt aus der Spielzeugkiste

Wir wollen eine Spielkiste herstellen. Sie enthält Holzteile, mit denen man Dorf und Stadt nach Belieben zusammenstellen und immer wieder neu anordnen kann. Dabei erwerben wir handwerkliche und gestalterische Fertigkeiten und Grundkenntnisse, die uns später beim Schnitzen zugute kommen.

Zunächst planen wir. Häuser lassen sich auf verschiedene Weise herrichten. Unsere Holzbestände werden die Entscheidung für diese oder jene Bauart beeinflussen.

Aus Leisten sägen und schnitzen wir die Form des Hauses. Wir suchen Holzstücke, bei denen die Faserrichtung glatt und etwa parallel zu First und Traufe verläuft. Hier ist es leicht, die Dachschräge anzuschneiden, indem wir mit dem Beitel das überstehende Holz abspalten. Bei Walmdachformen schneiden wir die schrägen Flächen vom First aus mit dem Messer oder Beitel an. Diese Gebäude aus massivem Holz können, eventuell von den Kindern, bemalt werden.

Bei der anderen Art, die Häuschen aus Abschnitten von Vierkant- und Dreikantleisten zusammenzufügen, bieten sich größere Möglichkeiten des kombinierenden Bauens. Durch Probieren läßt sich ermitteln, welche Dachform zum jeweiligen Grundstock paßt. Die Teile können noch mit verschie-

Dorf. Fichte, lasierend bemalt. Höhe der Häuser etwa 12 cm. Spielwarenfachschule Grünhainichen/Erzgebirge. Um 1930.
Die Häuser in den Dörfern der Spielzeugmacher sind werkgerecht in vereinfachter Form nachgebildet. Sparsamer Farbauftrag erhöht die Wirkung der Maserung. Im Spiel weitet sich der Blick des Kindes für Schönes in seiner Umwelt.

Pferdegespann mit Leiterwagen. Holz, Leder, Metallbeschläge. Höhe 12 cm.
Ausstellung der ehemaligen Spielwarenfachschule Grünhainichen/Erzgebirge.
Mit funktionstüchtigem Spielzeug lassen sich im Spiel Handlungen nachvollziehen, die in der realen Arbeitsumwelt der Erwachsenen möglich sind.

Häuser und Baukastenteile für eine Spielkiste lassen sich aus Leisten und Rundstäben herstellen. Weiteres Beschnitzen zu landschaftsgebundenen Hausformen. Teilformen können, mit Holzdübeln verbunden, zu unterschiedlichen Haustypen zusammengefügt werden.

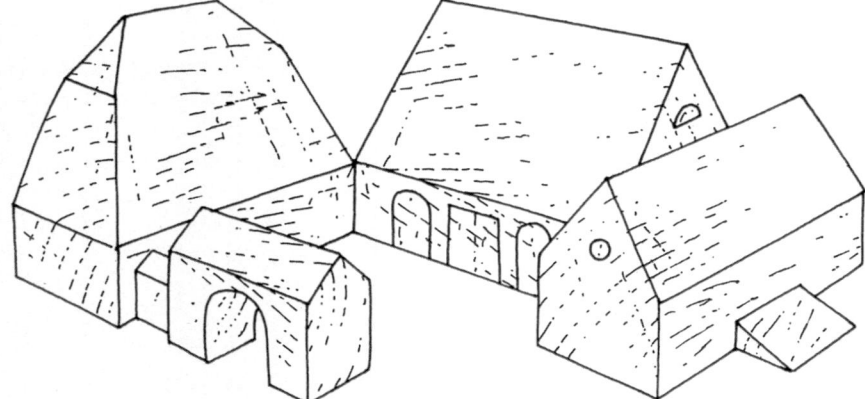

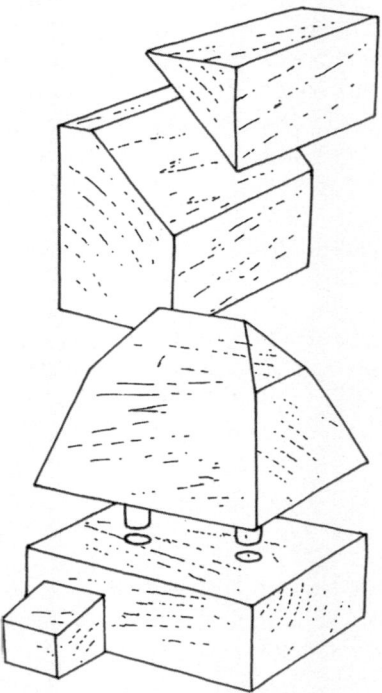

denen Anbauten vervollständigt werden, durch Dübel verbunden. Auch landschaftstypische Hausformen entstehen mit diesen einfachen Mitteln.

Aufragende Türme und querlagernde Baukörper für die unentbehrliche *Burg* lassen sich durch Beschnitzen ebenso aus den Holzstückchen hervorzaubern wie Toreinfahrten, Brunnen und Gehege. Bei den Zaunteilen für die Tiergehege erproben wir neben der Technik des Dübelns noch das Überplatten. Mit Feinsäge und Beitel wird in die Säulen eine Vertiefung eingearbeitet, in die der Riegel eingelegt werden kann. Holznägel verbinden die durchbohrten Teile miteinander.

Die »gebaute« Welt läßt sich durch Bäume auflockern. Aus Rundstäben schnitzen wir verschieden geformten und unterschiedlich großen Baumbestand. Verwenden wir rechteckige oder quadratische Leisten, so tritt beim Anspitzen und Einkerben eine lebendige Maserung hervor. Menschen und Fahrzeuge oder auch Tiere für das Gehege zu schnitzen lernen wir später.

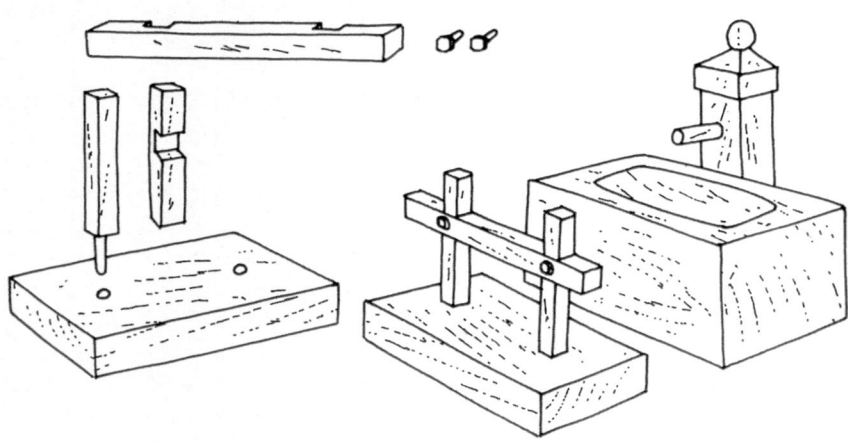

Zusätzliche Bauteile bereichern das Spiel: Gehegezaun und Brunnen entstehen durch Überplatten, Dübeln und Befestigen mit Holznägeln.

Bäume und Sträucher aus Leisten und Rundstäben. Bei Fichten- oder Kiefernholz kommt die Maserung gut zur Wirkung.

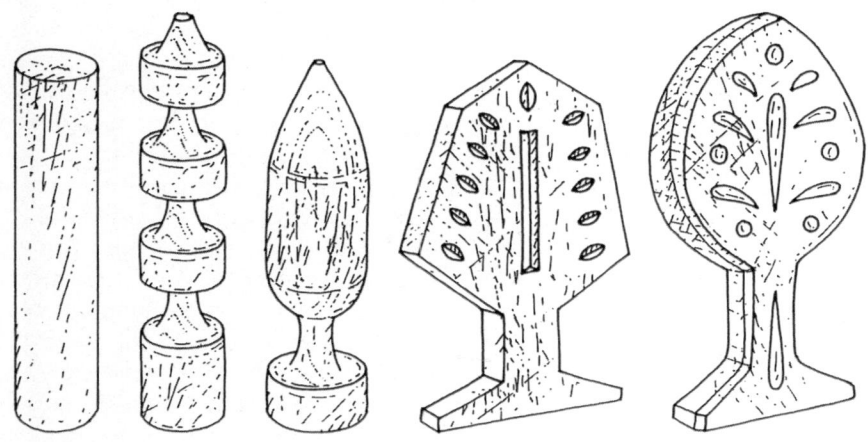

Schachfiguren aus Astholz

Zu allen Zeiten schnitzten Menschen aus dem Volke gern Figuren für Brettspiele. Wir wollen einen Satz Schachfiguren mit dem Messer aus dem Holz vom Haselstrauch schneiden. Auch Faulbaum oder Eberesche wären dafür geeignet.

Durch Einkerben, Einschneiden und teilweises Abschrägen der Rinde fertigen wir die gut zu unterscheidenden Formen von Bauer, Läufer, Turm, Rössel, Dame und König. Wir lassen die Rinde unversehrt, wo es nur möglich ist. Dadurch fügen sich alle Teilformen gut in das Rund der Säule ein, und die Figuren bleiben im Stil einheitlich. Sie erhalten ein Ordnungsgefüge, das in seiner architektonischen Klarheit Ruhe ausstrahlt und dem Spieler die nötige Konzentration ermöglicht.

Entwurf von Schachfiguren, die aus Ästen geschnitzt werden. Trotz der Ableitung der Form aus der Funktion der Figuren im Spiel bleibt die Ausgangsform des Astes sichtbar.

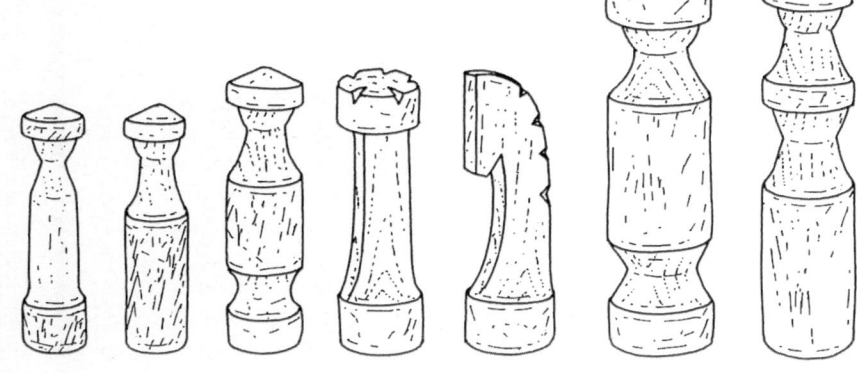

17

Spieltiere. Die Umrißform ist von der Richtung der Holzfasern abhängig. Dünne Teilformen sind bruchsicher, wenn die Fasern längs durchlaufen (Mitte). Erfahrungen beim Holzgestalten führten zur Formvereinfachung und zum Verstärken der Glieder im Querholz (unten).

Wir sollten nicht irgendwelche bekannten Spielfiguren kopieren, sondern uns überlegen, wie Funktion und Bedeutung der Figuren im Spiel durch Form und Größe zum Ausdruck gebracht werden können. Die Abbildungen zeigen Möglichkeiten der Ausführung, die als Anregung für eigene Gestaltungsvarianten dienen können.

Die größte Anzahl der Streitkräfte wird von den *Bauern* gebildet. Sie sind die kleinsten Figuren mit dem einfachsten Profil. Nach unserem Beispiel wird eine Kerbe für den Hals eingeschnitten, und mit wenigen weiterführenden Schnitten kann der einfache Umhang gekennzeichnet werden. Oberhalb der Krempe wird mit der Rundung des Hutes die Figur abgeschlossen. Der Rumpf bleibt massiv bis zur Standfläche.

Als *Läufer* dient eine schlankere, etwas höhere Variante, die das Bewegliche im Gegensatz zur nahezu statischen Funktion des Bauern verkörpert.

Etwa die gleiche Höhe hat der massive *Turm*, der durch seine einfache Form an mittelalterliche Wehrbauten erinnert.

Von sprunghafter Spannung erfüllt ist die Form des *Rössels*. Der gebogene Hals des flachen Pferdekopfes wächst aus der Säule heraus und fügt den Kopf wieder in den Umriß auf der gegenüberliegenden Wand ein. Mit wenigen Schnitten und Einkerbungen wird die Form herausgearbeitet.

Dame und *König* sind die größten Figuren. Taille, fallende Schultern und Krönchen unterscheiden die Königin von der Gestalt des Königs, den die schwere Krone drückt.

So ist jedes Figürchen von seinem Sinngehalt her konzipiert.

Eine Hälfte des Satzes wird dunkel eingefärbt (s. Abschnitt »Oberflächengestaltung«). Alle Figuren sollten mit einem matten Schutzlack überzogen werden.

Fahr- und Bewegungsspielzeug aus dem Brett

Tiere aus Holz, eventuell mit Fell und Federn ergänzt, üben auf Kinder einen starken Anreiz zum Anfassen und Spielen aus. Waldbauern fertigten dieses Spielzeug für ihre Kinder mit Säge und einfachem Messer. Oft wurde es mit Blumen bemalt. Die stark vereinfachten Formen mit ihren schmucken Farben drücken den Wunsch der an die Scholle gebundenen Menschen nach einem glückerfüllten Leben in einer schönen Welt aus. Heute zählen die holzgeschnitzten Pferdchen, Kühe, Hirsche und Bären aus früheren Jahrhunderten zum wertvollen Kulturgut in Museen (s. auch Abb. S. 24 oben).

Es lohnt sich, Spieltiere selbst zu gestalten und die Erfahrungen vergangener Generationen auf eine Formgebung anzuwenden, die durchaus mit modernem ästhetischem Empfinden vereinbar ist. Die starke Vereinfachung der Erscheinungsform der Tiere entstand aus dem technologischen Wissen her-

Rolf Kunze.
Spielzeugtiere.
Höhe 10 cm.
Löwe. Linde und Hanffäden.
1968.
Pferdchen. Fichte. Höhe 12 cm.
Schaf. Kiefer. Höhe 10 cm.
Die Oberfläche wurde mit der Lötlampe
angesengt. Nach dem Ausbürsten der
verkohlten Zellen entstanden Farbunter-
schiede und die plastischen Strukturen
aus dem Früh- und Spätwuchs des
Holzes.
Spielzeug, das die Eltern selbst hergestellt haben, ist für Kinder besonders
wertvoll. Holz bleibt auch im Zeitalter
synthetischer Werkstoffe gut geeignet,
dauerhafte und schöne Formen zu
gestalten, die der Phantasie freien Spielraum gewähren.

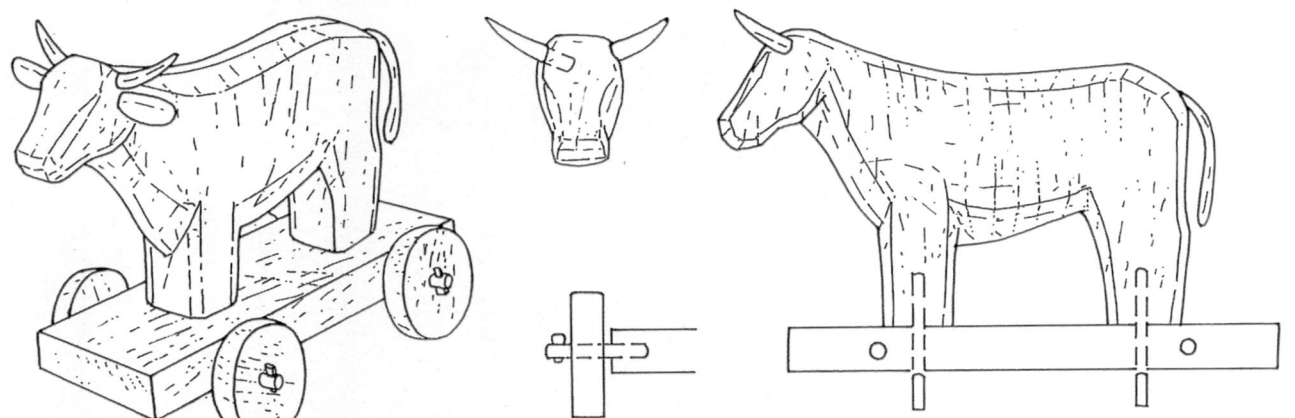

Entwurf eines Spieltieres auf Rädern. Umriß aus dem Brett ausgeschnitten, Kanten beschnitzt und großflächig der organischen Form angenähert. Die Beine sind mit Dübeln auf dem Bodenbrett befestigt. Auch die Hörner werden eingedübelt. Ein Pflock sichert das Rad.

aus, daß dünne Beine im Querholz der Belastung beim Spielen nicht standhalten.

Gedrungene Formen erhöhen die Festigkeit. Sie sind für Spielzeug aus Holz typisch. Die Formbeschränkung auf das Charakteristische, der Verzicht auf ablenkende Details, läßt die Einbildungskraft der Kinder viel stärker ins Spiel kommen, als das bei naturalistischen Nachbildungen möglich ist.

Beim Aufzeichnen des Tieres aufs Brett reduzieren wir die Grundformen des Rumpfes, der Beine, von Hals, Kopf und Schwanz auf das Wesentliche. Die Umrisse passen wir der Faserrichtung des Holzstückes so an, daß die höchste Bruchfestigkeit erreicht wird. Mit Säge, Bohrer und Messer, eventuell Stechbeitel oder Balleisen wird die Form sauber herausgearbeitet. Mit dem Messer können am Kopf Fasen angeschnitten werden, die das Typische des Tieres verdeutlichen und die Ausgangsform des Brettes optisch nicht stören (siehe auch Kapitel »Der Garten Eden«). Werden Grundbrettchen und Räder angebracht, so sollen einfache Holzverbindungen mit Bohrung, Dübel, Achse und Pflock angewendet werden.

Fahrzeuge zum Zusammenstecken

Fahrzeuge, wie Eisenbahnen, Traktoren und Lastautos, zum Zusammenstecken und Einfügen von Teilformen zählen zum didaktischen Spielzeug. Sie sollten ebenfalls aus klaren, kombinierbaren Formelementen hergestellt werden.

Unser Beispiel zeigt eine Eisenbahn aus Brettchen, Holzklötzchen mit Bohrungen und einfachen Figuren aus dem Rundstab. Um sie auf die Güterwagen verladen zu können, sind Brettiere mit Beinen aus dem Rundstab gleichen Durchmessers wie bei den menschlichen Figuren versehen.

Die Eisenbahn, aus verschiedenen Bauteilen mit Dübeln zusammengesteckt, läßt sich mit Menschen und Tieren beladen. Rundstäbe gleichen Durchmessers passen in die Bohrungen der Wagen.

Astholz, entsprechend zugeschnitten, regt zum Gestalten origineller Spielsachen an. Da die Rinde im Mantel der Teilformen erhalten bleibt, verbindet sie die Vielgestalt der Elemente zur ästhetischen Einheit. Alles sollte aus einer Holzart gestaltet sein, am besten vom Holz des Haselnußstrauches.

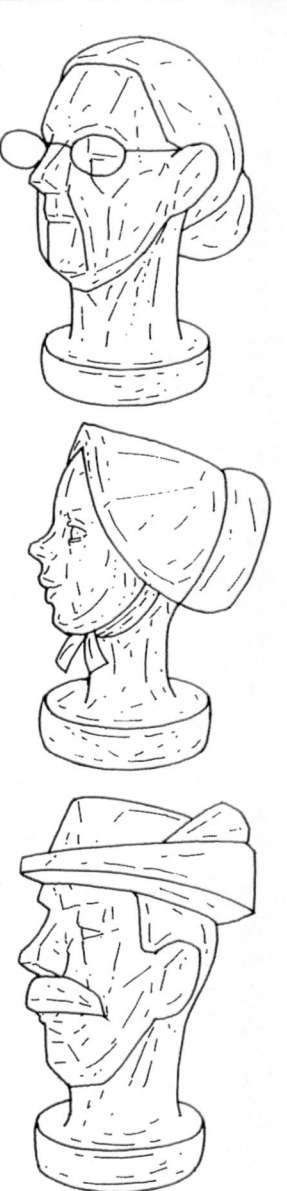

Die Wagen werden mit Holzriegeln aneinandergekoppelt. Ein konischer Pflock, den man leicht durch die Bohrung des oberen Riegels stecken kann, wird in der (etwas kleineren) Bohrung des unteren Riegels festgedrückt.

Figuren und Fahrzeuge lassen sich auch wie die Schachfiguren aus *Astholz* gestalten (s. Abb. S. 21 unten).

Köpfe für Handpuppen

Puppenspiel übt magische Kraft auf den Menschen aus. Heute, im Zeitalter des Fernsehens, wirkt das Spiel der Puppen so be- und verzaubernd auf die Kinder wie eh und je. Die Puppe wirkt in der Familie oder im Kindergarten, von den Eltern oder der Erzieherin geführt, erziehend. Das Kind nimmt das Spiel der Puppe als Realität, es ordnet sich bereitwillig dem unter, was das Medium Puppe ihm eingibt.

Für das Gestalten von Puppen gilt im besonderen Maße, was eingangs über Spielzeug allgemein gesagt wurde. Die Spielpuppe ist eine künstlerische Verallgemeinerung menschlicher Eigenschaften. Im Puppenspiel siegt letzten Endes das Gute immer über das Böse. Die Figuren und ihre Handlungen überzeichnen die individuellen Schwächen oder guten Seiten der Persönlichkeit. Das Gute wird bestimmten Typen zugeordnet, wie der immer hilfsbereiten Großmutter oder dem lustigen, jederzeit einen Ausweg findenden Kasper. Das Böse ist — wie im Märchen — in entsprechend negativ charakterisierten Typen ausgeprägt: im Faulpelz oder Angeber, im Räuber, in der Hexe oder im Teufel.

Für den, der das Schnitzen erlernen will, ist das Herstellen von Spielpuppen eine hohe Schule für das figürliche Gestalten. Wer dabei gelernt hat, wie sich die menschlichen Eigenschaften im Antlitz spiegeln, wird später beim figürlich-plastischen Gestalten leichter vorankommen.

Gedankliche Vorarbeit geht dem handwerklichen Prozeß, dem eigentlichen Schnitzen, voraus: Die für Puppenspiel geeigneten Typen und Charaktere sind durch Wirklichkeitsbeobachtung, Aufzeichnungen, Skizzen und eventuellen Vergleich mit guten Spielpuppen zu finden und zu verarbeiten. Aus mehreren Skizzen und Studien entsteht die Werkzeichnung in der Schrägansicht, im sogenannten Dreiviertelprofil, oder, wie in der Technik, in Seiten- und Vorderansicht. Die Profillinie in der Seitenansicht ist der Hauptausdrucksträger und Leitfaden für die Schritte des weiteren Gestaltungsprozesses. Mit ihr lassen sich, auf Fernsicht berechnet, sowohl verschiedene Lebensalter ausdrücken als auch die Unterschiede zwischen den Geschlechtern bzw. den spezifischen Charakteren darstellen.

So unterscheidet sich die Großmutter in unserem Entwurf durch ihr freundlich anmutendes Wesen von dem barschen und grantigen Typ einer

Entwürfe für Handpuppenköpfe zu »Rotkäppchen«. In den Köpfen der Spielpuppen werden charakteristische Eigenschaften übersteigert.

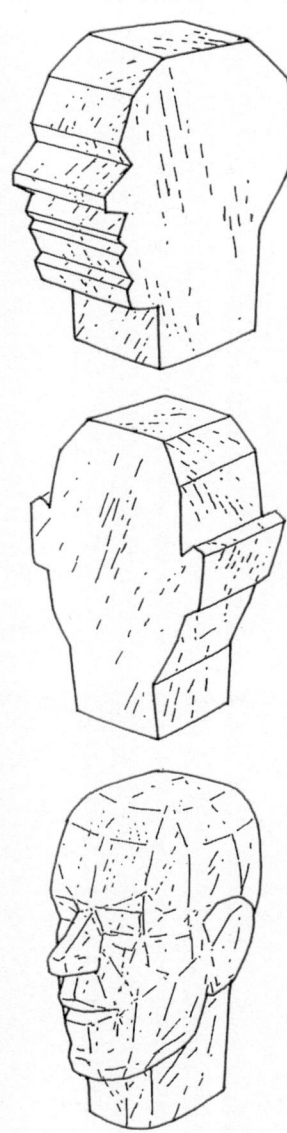

Arbeitsschritte beim Schnitzen von Puppenköpfen: Schneiden des Profils; Herausarbeiten der Umrisse in Vorderansicht; Verbinden beider Ansichten durch herumführendes Beschnitzen mit körperbildenden Flächen und Kanten.

Klatschbase, die ihre Nase in jeden Quark stecken muß. Sie ist, wie Omas heute, relativ jung. Die Kindertypen sind keß, aber liebenswert, der Jäger als tatkräftiger Mann nicht ohne Sinn für Humor.

Die Vorderansicht als zweite wesentliche Markierung des Ausdrucks muß den gleichen Charaktertyp ablesen lassen, wie in der Seitenansicht vorgegeben ist. Bei Kindern und Frauen mütterlichen Typs drückt sich das Rundlich-Weiche im Profil, im Gesichtsumriß (ausgewogen eiförmig) und in den sanften Übergängen zwischen den Teilformen an Nase, Mund und Augen aus. Ecken und Kanten im Antlitz würden durch die Kontraste, die Licht und Schatten beim Spiel auf die Oberfläche legen, die beabsichtigte Aussage zerstören. Bei grantigen Weibern und harten Männern dagegen sind sie geradezu erforderlich.

Hier wird eine Grunderfahrung für das Gestalten mit plastischen Mitteln deutlich: Das Äußere der Form ist jeweils vom Inhalt der Aussage abhängig. Die gestalterischen Mittel sind entsprechend einzusetzen.

Das Umsetzen der Linien und Flächen der Werkzeichnung in die dritte Dimension ist der dritte wichtige Schritt der Verwirklichung. Die Abbildung zeigt diese Arbeitsgänge:

a) Das Profil ist herausgeschnitten.
b) Die Vorderansicht wurde von der Mittellinie ausgehend aufgezeichnet, das überstehende Holz weggenommen.
c) Beim Herumführen der Schnittflächen in die Raumschrägen, die die Vorderansicht mit der Seitenansicht verbinden, beginnt man mit der Stirn: Die Ecken werden abgeschrägt.

Als nächstes sind die Seitenflächen der Nase schräg nach hinten zu führen, dabei ist auf den Übergang zur Augenhöhle zu achten. Gleichzeitig werden die Schrägen vom Wangenbein zum Kinn grob vorgeschnitten. Dabei ist zu gewährleisten, daß die Formen von Gebiß und Lippen gewölbt erscheinen und sich in die Körperrundung zum Ohr und zur Kinnlade einfügen. Beim Verfeinern der Grobform ist die Wölbung des Augapfels in der Augenhöhle zu berücksichtigen, ebenso der Übergang von den Nasenflügeln zur Wange und zu den Mundwinkeln.

Der Spiegel und das Abtasten der Formzusammenhänge am eigenen Kopf vermitteln immer wieder die erforderliche Anschauung für den nächsten Arbeitsschritt. Dieser Hinweis gilt zugleich für das Gestalten der Hände, die in Größe und Ausdruck jeweils dem Figurentyp angepaßt sein müssen.

In den Hals muß noch die Bohrung zum Führen der Handpuppe eingebracht werden. Durchmesser und Tiefe sind von der Größe der Hand abhängig, die die Puppe führen soll. Die weitere Ausstattung mit Haar, Kopfbedeckung usw. erfolgt nach dem Bemalen. Dabei ist großzügig auf Wirkung zu gehen. Haarsträhnen können z. B. aus Lederstreifen bestehen. Weitere Anregungen findet man in Büchern über das Puppenspiel.

Pfeifenrössel.
Berchtesgaden. Alte Form.
Höhe 13 und 10 cm.
Altes Holzspielzeug übt starken Reiz auf
Kinder wie Erwachsene aus. Von Genera-
tionen erworbene Erfahrung im Umgang
mit Holz und Einfühlungsvermögen in die
Spielwelt des Kindes ließen zeitlos gültige
Formen entstehen.

Balkenkopf
vom Lastenaufzug im Firstgebälk
der Fraureuthmühle in Berchtesgaden.
1599.
Heimatmuseum Berchtesgaden.
Das Seil des Lastenaufzugs lief durch das
Maul der Tiermaske zur Winde. Die
Maulöffnung an Masken wird – in Anlehnung an die steinernen Wasserspeier –
in der Handwerkskunst auch bei den
sogenannten Kleiekotzern angewendet.

Freiberger Pyramide.
Hirschjagd. Detail.
Um 1830.
Stadt- und Bergbaumuseum Freiberg.
Reiter und springende Tiere, federnd auf-
gestellt, bewegen sich beim Drehen der
Pyramide am Betrachter vorüber. Durch
die Überschneidung der Tiere, die blick-
führenden Linien der bogenförmigen
Beine und das Vibrieren der Körper wird
die Illusion von der Hatz im Walde ver-
stärkt.

Jagdszene auf dem unteren Teller
der Pyramide vom Bergschmied Zier.
1868.
Menschen und Tiere sind so gruppiert,
daß mit der Drehbewegung durch den
Wechsel von Größen, Richtungen und
bewegten Umrißlinien ein ständig neuer
Schauanreiz erfolgt. Gegen das
Gewimmel der Figuren, die sich in Richtung des Uhrzeigers am Betrachter vor-
beibewegen, steht ein Prachtstück eines
Wildschweines, das von einem Jäger mit
der Waffe bedroht wird.

»Tages Arbeit, abends Gäste«

Vom natürlichen Schmuckwert des Holzes

Gegenstände aus Holz können den Raum oder die festliche Tafel bei verschiedenen Anlässen im Jahresablauf schmücken. Auch hier wird der Werkstoff wegen seiner Eigenschaft, nützlich und zugleich schön zu sein, geschätzt. Über die naturgegebene Schönheit der Maserung hinaus, wie sie bei Möbeln und hölzernem Gerät ins Spiel kommt, lassen sich weitere ästhetische Momente im gewachsenen Werkstoff entdecken und für unser Vorhaben einsetzen.

Astscheiben mit dunklem Kern, einem hellen Ring des Splintholzes und dem dunklen Rand der Rinde wirken wie Wandteller. Die Kernzone mit der Markröhre im Zentrum fängt den Blick ein. Sie bindet ihn im Mittelpunkt.

Die Zapfen der Fichte, Kiefer, Lärche und anderer Nadelbäume sind zunächst Zweckform der Natur. Ihre hölzernen Schuppen überdecken die Samen bis zur Reife. Die Notwendigkeit, den runden Körper allseitig einzuhüllen, hat von der Natur eine ganz regelmäßige Anordnung der Schuppen hervorgebracht. Die Umrisse der einzelnen Blättchen verbinden sich zu einem Liniennetz, das spiralig gegenläufig den Zapfenkörper umwindet und in seiner Regelmäßigkeit zur *Schmuckform* wird.

Der Mensch übernahm beim Abdecken seiner Behausung Anregungen aus der Natur. Er nutzte die Spaltbarkeit des Holzes, fertigte *Schindeln*. Damit belegte er Dach- und Giebelflächen, umhüllte er kegelförmige Dächer von Türmen und Hütten. In den ehemals holzreichen Gebieten erfreuen wir uns heute noch am Reichtum der Schmuckformen bei schindelgedeckten Gebäuden. Wie die Spitzen der Schuppen an den Zapfen die Form betonen, so legte der Dachdecker seine Schindeln rhythmisch auf: jeweils eine längere nach mehreren kürzeren.

Wenn die Koniferensamen ausgereift sind, öffnen sich die Schuppen der Zapfen; sie rollen sich nach außen. Die Kerne können an ihren Flügeln zur Erde schweben. Die durch das Trocknen geöffneten Zapfen der Weymouthskiefer wirken wie Bäumchen. Sie werden von den Kindern beim Spielen im Sand verwendet.

Die Eigenschaft der Holzfasern, sich zu rollen, wird ebenfalls vom Menschen genutzt, um schöne Dinge zu erzeugen. Holzgestalter fertigen *Lockenbäume*, indem sie beim Drechseln die Späne etagenweise rollen. Zur Festdekoration in der Weihnachtszeit sind *Spanbäume* sehr begehrt. Mit einem flachen Eisen werden dünne Späne des formbaren Lindenholzes gezogen und gleichmäßig gerollt.

Schauen wir uns Kiefernzapfen von unten an, sehen wir, daß die geöffneten Schuppen eine Rosette bilden. Durch die regelmäßige Anordnung um die Mittelachse und die dadurch entstandene rhythmische Gliederung entsteht eine Schmuckform, ein *Ornament*.

Schindelgiebel.
Cämmerswalde, Osterzgebirge.
In holzreichen Gegenden werden noch heute nach dem Vorbild der Koniferenzapfen Dächer und Giebel mit Schindeln gedeckt. Das Abdichten des Hauses gegen Witterungseinflüsse läßt viele Formen dekorativer Anordnung der hölzernen Platten zu. An dem Haus in Cämmerswalde ist durch die außen sichtbaren Holznägel zum Befestigen der Schindeln ein zusätzliches Schmuckelement entstanden.

Der Mensch nutzte zum Schmücken seiner Umwelt Anregungen von Formen, die die Natur entwickelt hat. Die Zapfen der Nadelbäume sind Zweckformen, die zugleich Schmuckwert besitzen. Die Schuppen der Fichtenzapfen bilden ein dekoratives Netz. Kiefernzapfen in Untersicht wirken wie eine Rosette.

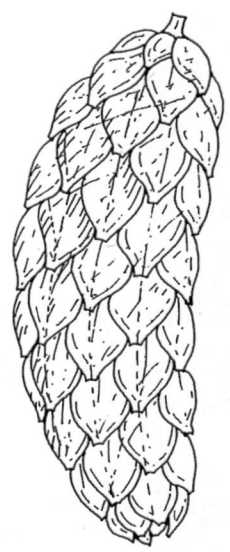

Sowohl die Zapfen selbst als auch Astscheiben, die mit rosettenförmigen Ornamenten belegt sind, nutzt man gern als Festschmuck in der Weihnachtszeit.

Einige der Eigenschaften des Holzes, die wir zum Schmücken unserer Umwelt einsetzen, wurden beschrieben. Die Möglichkeiten, Holz in verschiedener Gestalt und in unterschiedlichen Bearbeitungsformen als Schmuck zu verwenden, sind längst nicht völlig erschlossen. Gehen wir auf Entdeckungsreise! Lassen wir uns von der Schönheit des naturgegebenen Werkstoffes zum Gestalten schöner Dinge anregen.

Spanbäume

Nicht nur beim Hobeln, auch beim Längsspalten mit Messer oder Balleisen entstehen Späne, die mehr oder weniger gekrümmt sind. Wir versuchen hinter das Geheimnis zu kommen, wie die gleichmäßig gerollten Spanbäume der Spielzeugmacher und Holzgestalter entstehen. Dazu benötigen wir Splintholz der Linde, von dem wir zum Üben 15 bis 20 cm lange Stücke etwa 6 bis 8 mm stark abspalten. Wurde das Holz zuvor einige Tage in einem feuchten Raum gelagert, so daß seine Fasern die Sprödigkeit verloren haben, dann rollen sich die dünnen Späne beim Schnitzen leicht.

Zuerst versuchen wir das Spänerollen an zwei gegenüberliegenden Seiten eines Vierkants. Für die ersten Versuche genügt es, das Holz in den Händen zu halten oder es in den Schraubstock zu spannen.

Wollen wir an vier, sechs oder acht Seiten die Späne rollen, so wird eine Spannvorrichtung erforderlich, in der man das Holz ständig drehen und wechselständig bearbeiten kann. Die Späne werden mit einem flach angeschliffenen Balleisen unter gleichmäßiger Druckanwendung langsam geschlissen. Dabei liegen beide Hände auf dem Holzstück auf. Die Linke führt das Werkzeug, die Rechte übt einen gleichmäßigen Druck aus, um jeweils die gleiche Dicke des Spanes zu erzielen. Achten wir darauf, daß die Holzfasern immer in Richtung der Mittelachse verlaufen. Nur dadurch ist es möglich, gleichmäßig rollende Späne zu erzeugen.

Es ist reizvoll, seine eigene Geschicklichkeit zu erproben; jedoch sollte keiner verzweifeln, wenn ihm die ersten Spanbäume noch nicht meisterhaft geraten wie den Berufsschnitzern. Auch Bäume mit unregelmäßig gerollten Spänen wirken innerhalb einer Figurengruppe sehr dekorativ.

Einige Holzgestalter haben kleine Märchenszenen geschaffen, in denen aus flachem Holz geschnittene Figuren, z. B. Rotkäppchen oder Schneewittchen, in Ranken aus gerollten Spänen eingebettet sind. Das könnte uns anregen, ähnliches zu versuchen. Wollen wir der Schwierigkeit aus dem Wege gehen, die Späne von einem Stück herauszurollen, dann führt auch ein ande-

Span- und Lockenbäume.
Linde. Höhe 10 bis 25 cm.
Ausstellung der
ehemaligen Spielwarenfachschule
Grünhainichen/Erzgebirge.
Durch das Abheben des Spanes beim
Drechseln rollen sich die Fasern des
Holzes. Bei den Spanbäumen ist jeder
Span am Stamm einzeln gerollt. Die
dekorativen Bäumchen dürfen während
der Weihnachtszeit im Festschmuck nicht
fehlen.

Spanbaumstechen.
Das in Faserrichtung gespaltene Stück
Lindenholz ist in einer verstellbaren Vor-
richtung drehbar eingespannt. Mit
sicherer Hand wird das Schnitzeisen
geführt, so daß der abgeschlissene Span
sich gleichmäßig rollt.

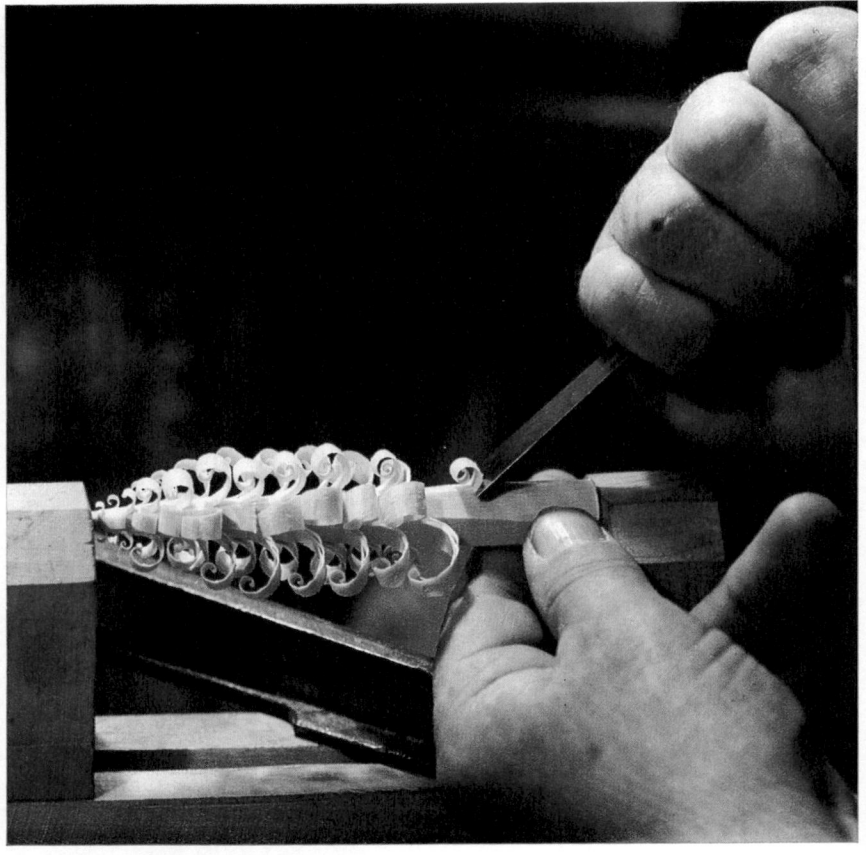

rer Weg zu sehr dekorativen Lösungen. Wir spalten und rollen die Späne einzeln von einem profilierten Holzstäbchen ab und leimen sie mit Schnellkle-
ber an ein entsprechend großes Stämmchen. Auch die Schuppen von
Fichten- oder Kiefernzapfen lassen sich sehr wirksam zur Gestaltung mär-
chenhaft anmutender Bäumchen oder Ranken verwenden. Ein weites Feld
phantasieanregender Betätigung liegt vor uns.

Schwebende Vögel

Aus leicht zu bearbeitendem Holz, z. B. Linde, Birke oder Kiefer, schnitzen
wir mit dem Messer die vereinfachte Form eines Vogels. Die Holzoberfläche
des stark auf Kante geschnittenen Schwebevogels bemalen wir so, daß die
Holzmaserung wirkt und nur an bedeutsamen Flächen farbig betont wird.

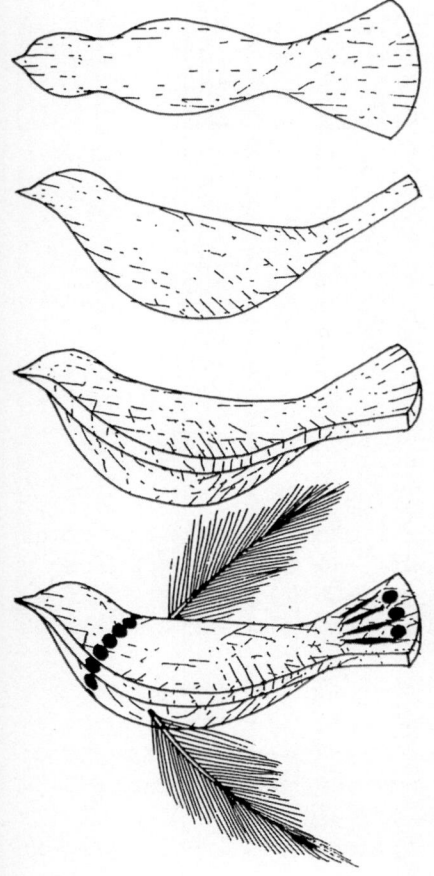

Schwebevögel aus Lindenholz mit Federn. Am Schwerpunkt aufgehängt, schweben sie bei leisem Luftstrom. Mehrere können, mit Stäben an Fäden ausbalanciert, eine »Unruhe« bilden.

Wir ermitteln den Schwerpunkt, und an einer Drahtöse oder einem Nägelchen mit Faden hängen wir das grazile Bewegungsspielzeug auf. Vorher bohren wir die Seitenflächen mit einer Nadel so ein, daß leichte weiche Federchen als Flügel befestigt werden können. Der am Faden hängende Schwebevogel bewegt sich leicht bei jedem Lufthauch.

Mindestens fünf dieser »lebendigen« schwebenden Wesen brauchen wir, wenn sie sich als »Unruhe« im Raum bewegen sollen. Dazu werden sie, an leichten Stäbchen hängend, so ausbalanciert, daß sie sich drehen können, ohne sich gegenseitig in der Bewegung zu hindern.

Zu anderen Anlässen im Jahreslauf kann ein Ring oder ein Kranz, der mit einer entsprechenden Anzahl Kerzen versehen ist, an der Zimmerdecke oder an einem Ständer, der auf dem Tisch steht, aufgehängt werden. Die hängenden Schwebevögel verführen durch ihr lautloses Spiel den Gast zum ruhigen, besinnlichen Betrachten.

Beim Gartenfest mit Kindern können unsere Schwebevögel, an Zweigen hängend, im Verein mit flach ausgeschnittenen, beschnitzten oder bemalten Tierformen und Figuren Festtagsstimmung auslösen.

Von Jägern, Schäfern und ihren Tieren

Gern erinnert man sich an die Feiern im kleineren Kreis, bei denen auf dem Tisch – außer Speis und Trank für den Leib – auch dem Auge etwas geboten wird. Gruppen von kleinen, aber großzügig aus dem Holz geschnitzten Figuren bilden einen reizvollen Blickfang auf der Festtafel. Sie zu gestalten ist verhältnismäßig einfach.

Wir beginnen mit der *Bäuerin*, die auf dem Arm ein Wickelkind trägt. Zuerst fertigen wir aus dem Vierkant den Rumpf der Figur, an dem später die Arme angefügt werden. Nach dem Auftragen der Werkzeichnung schnitzen wir das überstehende Holz für die Umrisse in Vorderansicht weg. Ebenso verfahren wir mit der Seitenansicht. Im nächsten Arbeitsgang werden die Kanten abgeschrägt, so daß eine Annäherung an den meist ovalen Körperquerschnitt erfolgt. Die Schnittflächen können leicht nach außen gewölbt sein. Das Gefüge von leicht gewölbten Flächen und sauber begrenzten Kanten entspricht den Ausdrucksformen, wie sie den Gestaltungen im Werkstoff Holz eigen sind. Wie beim Schnitzen von Handpuppenköpfen bereits dargelegt, schneiden wir das Gesicht der Figur in großen Flächen.

Für die Arme spalten wir das Material in der entsprechenden Stärke vom Brett ab. Um der Bruchgefahr zu entgegnen, zeichnen wir den Winkel zwischen Ober- und Unterarm so auf das Holz, daß die Fasern stets längs durchlaufen.

Die Verbindungsflächen zwischen Rumpf und Armen sollen eben sein. Da-

Figürlicher Festschmuck, aus Vierkantholz geschnitzt. Gliedmaßen, Wickelkind, Stock und andere Einzelteile
werden an den ausgeschnittenen Körper
angesetzt.

durch entsteht beim Anleimen neben einer festen Verbindung ein organi-
scher Übergang der Formen. Das Wickelkind wird genauso wie die Mutter in
starker Vereinfachung gestaltet. Die Augen werden mit farbigen Pünktchen
angedeutet. Das Bändergeflecht wird mit hellen, dem Holzton entsprechenden Farben dekorativ aufgelegt.

Selbst Hölzer ohne charakteristische Maserung, wie Linde, Pappel, Birke
oder ähnliche Arten, sollten nicht über die gesamte Oberfläche hinweg bemalt werden. Größere Flächen im sauberen, unberührten Holzton und farbige Streifen mit aufgetupften Dekorkanten verbinden sich zu einer festlichen, in sich geschlossenen Gestaltung.

Haben wir die Frauenfigur fertiggestellt, wird uns das *Schnitzen des Schäfers*, *Försters*, *Waldarbeiters* oder *Jägers* keine Schwierigkeiten mehr berei-
ten. Vielleicht fallen uns weitere Figurentypen ein, die für besondere Feste
geeignet sind: Gärtner, Bauer, Handwerker. Anregungen finden wir reich-
lich in unserer Umgebung.

Es kommt nur darauf an, beim Schnitzen nicht an den tausend Einzelheiten
der Naturvorbilder hängenzubleiben. Die erforderliche starke Formvereinfachung erlernt man durch Üben!

Versuchen wir uns nun im *Gestalten von Tieren*. Das Umsetzen der von
der Natur vorgegebenen Tierformen wollen wir am Beispiel eines Schäf-

Emil Helbig.
Blumenkinder. Linde, bemalt.
Höhe 4 cm.
Um 1940.
Die kleinen Figuren erhalten den Ausdruck kindlicher Frische durch das großformig geschnitzte Antlitz und die lebendige Umrißform. Die räumliche Gliederung wird durch Schräganschneiden der Körperkanten und reliefhaft flaches Anfügen der Arme an den Körper erzielt. Die Gestaltung ist Ergebnis vieler zeichnerischer Vorstudien.

chens demonstrieren. Wir beginnen mit dem Rumpf. Dazu zeichnen wir einfach ein Wollknäuel. Die Beine in Ruhestellung fügen wir mit senkrechten Strichen hinzu. Hals und Kopf (er hat die Form eines spitzen Eies) können wir entweder leicht nach oben gerichtet oder wie zur Nahrungsaufnahme zum Boden gebeugt anfügen.

Ist unsere Zeichnung gelungen, übertragen wir sie in einer dem Schäfer angemessenen Größe auf das Holz. Wir achten darauf, daß die Beine in der Faserlängsrichtung verlaufen. Nun können wir mit der Säge die Form grob herausschneiden und sie großflächig beschnitzen.

Das Schäfchen kann bemalt oder mit Wollflocken, eventuell mit Fell beklebt werden. Ohren und Lämmerschwanz aus hellem Leder werden angeklebt. Der Schäfer mit seiner kleinen Herde erfreut jung und alt — entweder frei aufgestellt oder beispielsweise auf dem Teller einer Pyramide. Weitere Möglichkeiten, Tiere zu schnitzen, werden im Kapitel »Der Garten Eden« beschrieben.

Geschnitzte Figuren für einen Bergaufzug

Weit über die Grenzen des Erzgebirges hinaus haben geschnitzte Bergleute einen Ehrenplatz im weihnachtlichen Festschmuck erhalten. Vor Jahrhunderten zogen die Bergleute »zu hauf«, um Rechte zu erstreiten. Die obersten Bergherren ließen zu ihren Festen Bergleute in Paradetracht zur Demonstration ihres Reichtums und ihrer Macht aufziehen. Bergaufzüge, aus Traditionen erwachsen, zählen heute wieder zu den Schauereignissen in den Weihnachtstagen (s. Abb. S. 40 oben).

Wollen wir einfache *Figuren eines Bergaufzuges* für den festlichen Schmuck zur Weihnachtszeit schnitzen, so nehmen wir Rundstäbe oder rund gehobeltes Holz von 1,5 bis 2 cm Durchmesser und 8 bis 10 cm Länge. Beim Herausschnitzen der Körperform kommen uns Kenntnisse über die Kleidung des Bergmannes zugute. Zur Arbeit trägt der Häuer eine lange Hose, einen schwarzen Grubenkittel mit breitem Kragen, Kniebügel aus Leder und das Leder zum Schutz der Hinterpartie. Derbe Schuhe, Schachthut und am Gürtel eine Ledertasche für Licht, Feuerzeug und das Messer (den Tscherper) ergänzen die Berufskleidung. Für die Paradetracht wird lediglich die derbe Hose gegen eine weiße vertauscht. Die Steiger und Offizianten (Beamten) haben weiße Kragen und Goldborten zur Kennzeichnung der Ränge, mitunter einen farbigen Federbusch. Die Häuer sind noch mit der Bergbarte (ursprünglich ein Beil) ausgestattet und mit dem Geleucht, der »Froschlampe«, die mit Rüböl gespeist wurde, oder einer »Blende«. Die Froschlampe hat die Form eines Tiegels, in dem aus einem Ölbehälter ein schräges Röhrchen mit Docht die Flamme speist. Bei einer Blende steht die Flamme meist senkrecht

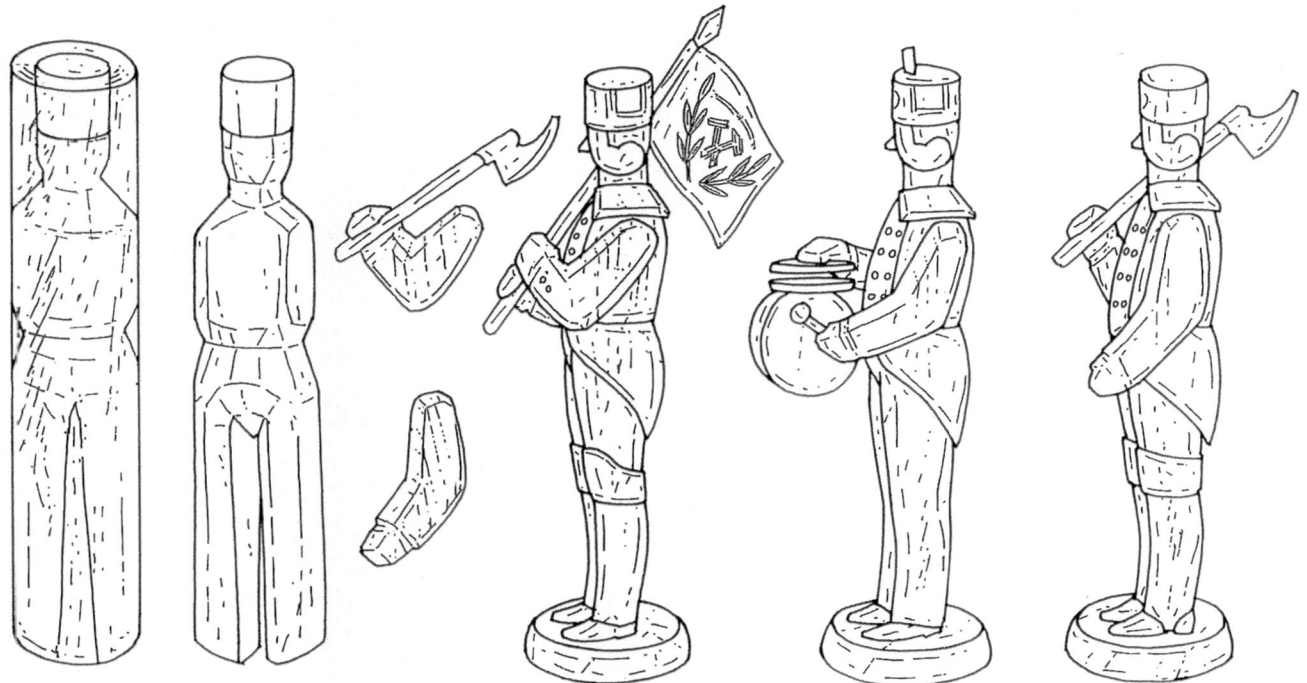

Figuren für den Tafelschmuck oder für die Pyramide lassen sich verhältnismäßig leicht aus Rundholz herstellen. Die Teilformen, wie Arme, Werkzeug und Gerät, werden einzeln geschnitzt. Bei einfachen Schnitzarbeiten ist es kein Verstoß gegen handwerkliche Regeln, wenn zusätzliche Materialien, wie Leder, Papier, Stoff oder Draht, in die Gestaltung einbezogen werden.

über dem Ölkessel. Sie wird von der Rückseite her abgeschirmt und wie von einem Türstock umrahmt.

Etwa die Hälfte der Gesamthöhe des Rundstabes nehmen die Beine ein. Von unten schneiden wir mit der Säge den Spalt zwischen den Beinen heraus. Die Kanten werden mit leichten Schnitten vom Rumpf zu den Füßen hin abgerundet. Nun kerben wir flach die Taille und ringsumführend die Schultern, den Hals und die Rundungen des Kopfes ein, wobei wir die Höhe des topfartigen Schachthutes mit berechnen. Die Arme aus flach abgespalteten und beschnitzten Holzstückchen passen sich seitlich an. Kragen, Kniebügel und Bergleder können aus Papier oder Stoff bzw. dünnem Kunstleder »aufgeschnitten« werden. Die Figuren leimt man auf eine Standfläche, die wir aus Rundstäben im Durchmesser von 25 bis 30 mm etwa 5 bis 6 mm dick absägen, leicht verschleifen und so einbohren, daß die Beine wie Dübel in die Stirnflächen eingesteckt werden können.

Beim Bemalen werden nur wenige Farben gebraucht: Weiß für die Hose, Schwarz für Grubenkittel, Lederteile und Schaft der Barte, Grün für den Schachthut, dazu »Hautfarbe« und Färbung von Haar und Bart nach eigenen Vorstellungen. Für die Barte, die Knöpfe und Tressen benötigen wir noch einen Farbton, der Metallisches andeutet. Mit wenigen Änderungen kann die

Grundfigur des Häuers zum Steiger, Fahnenträger oder Mitglied der Berg-musikkapelle abgewandelt werden.

Wir wagen uns nun an die Aufgabe, die nur eine kleine Veränderung der Form unseres Bergmannes verlangt: das begehrte, traditionell entstandene Leuchterpärchen *Bergmann* und *Engel*. Beide fertigen wir aus dem Rundstab. Eventuell können wir – falls das Material vorhanden ist – die Figuren in dop-pelter Größe gestalten (s. Abb. S. 120).

Beim Bergmann ist die Form des Rumpfes die gleiche wie bei den Figuren des Aufzuges. Lediglich die Arme sind so anzuwinkeln und leicht gespreizt an den Rumpf zu fügen, daß beide Hände eine Kerzentülle fassen können. Beim Schnitzen des Engels haben wir's noch leichter. Der Rumpf kann in sei-nem runden Querschnitt massiv bleiben. Den Kopf runden wir entweder nach oben ab, oder wir bedecken das Haupt mit einer Krone, die in der Grundform dem Schachthut des Bergmannes ähneln kann. An ebenen Flä-chen des Rückens befestigen wir mit Dübeln symmetrisch die beiden Flügel aus flachem Holz.

Wenn die Figuren keine ausgesprochen schöne Maserung haben, bema-len wir sie mit Wasserfarben. Die männliche Figur können wir als Steiger oder Offiziant kleiden. Das lange Kleid der Frauengestalt darf weiß bleiben oder in einem hellen Farbton gehalten sein. Unserem dekorativen Empfinden bleibt es überlassen, Schmuckkanten mit dem Pinsel oder mit Farbstempel-chen aufzutragen. Soll Goldbronze aufgelegt werden, so ist die Oberfläche vorher mit Latexbindemittel oder verdünnter Mattine zu tränken.

Die Stockwerkpyramide
des Bergschmiedes *Zier.*
1868.
Figurengruppen auf den Tellern:
Unterster Teller – Jagd auf Wildschwein
und Rotwild (s. Abb. S. 25)
Zweiter Teller – Bergparade
Dritter Teller – biblische Motive: Maria
mit Wickelkind auf der Flucht, Josef mit
einer Wiege auf dem Rücken, Hirten,
Heilige Könige, Kaiser Herodes und
Soldaten
Oberer Teller – tanzende Paare
Die drehbare Leuchterpyramide hat ihren
Ursprung in den stockwerkartig überein-
andergelagerten Abbaustrecken eines
Bergwerksmodells, das, mit Drehwerk
ausgerüstet, den Bergbau in Bewegung
darstellt.

Nützlich und schön

Form und Maserung am geschnitzten Kleingerät

Bauern und Hirten fertigten sich bis ins 19. Jahrhundert ihre Löffel, Schöpf- und Trinkgefäße aus Holz selbst an. Heute bringen Touristen diese schönen Dinge als Souvenirs von ihren Reisen mit nach Hause.

Die hohle Halbkugel der Schöpfkelle ist die Nachbildung der Hände des Menschen beim Wasserschöpfen. Gefäße zählen neben dem Werkzeug zu den ersten Gebrauchsgegenständen, die der Mensch in seiner Entwicklungsgeschichte schuf. Die Handwerker der vorindustriellen Zeit suchten immer danach, hohe Gebrauchsfähigkeit, rationale Herstellung und vom eigenen Empfinden geformte Schönheit bei der Gestaltung nützlicher Dinge zu vereinigen. Es bildeten sich bestimmte Formen heraus, die über den eigenen Bedarf hinaus zum Austausch produziert wurden.

Bei hölzernem Gerät hat jedes Stück den Wert des einmalig Gefertigten, da der Handwerker auf die unterschiedliche Beschaffenheit der zu bearbeitenden Holzstücke eingehen muß, um zur erforderlichen Form zu kommen. Diese wird vom Zweck bestimmt. Man muß mit der Schöpfkelle Wasser schöpfen und aus dem Hirtenbecher trinken können. Bequeme Handhabung und Möglichkeiten des Aufhängens oder Aufstellens sollen gegeben sein. Das Holz wird so ausgesucht, daß es fest genug ist und auf lange Dauer, trotz des Quellens und Trocknens, seine Form bewahrt. Es darf keine Risse bilden oder zerbrechen. Die Holzmaserung stimmt, vom Zweck bedingt, mit der Form überein. Darüber hinaus drückt jeder bei der Formgebung und dekorativen Gestaltung sein eigenes Schönheitsempfinden aus.

Trinklöffel mit beschnitztem Griff.
Länge etwa 25 cm.
Gebiet Kosmodemjansk, Nordrußland (UdSSR).
Beim Gebrauchsgerät aus Holz ist die Form vom Verwendungszweck abhängig. Die Faserrichtung wird so gewählt, daß hohe Bruchfestigkeit und Schönheit der Maserung zusammenwirken.

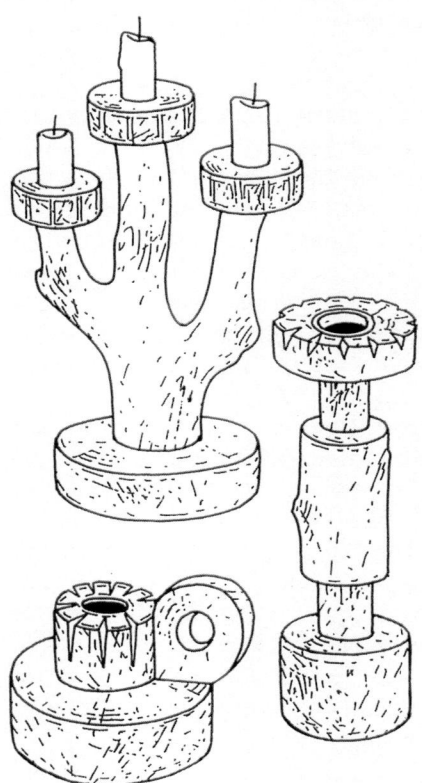

Gestalten wir Gebrauchsgerät aus Holz, so sollten wir nicht von äußeren, modisch bedingten Einflüssen ausgehen, wenn wir aus dem Material eine eigens für uns bestimmte Form schaffen wollen. Am Beispiel werden uns die Zusammenhänge zwischen den zweckbedingten Funktionen, der Faserrichtung und Festigkeit des Holzes mit der *Form* und zuletzt mit individueller Auszier deutlich. Diese Überlegungen haben wir als Leitfaden vor uns, wenn wir formschönes Gebrauchsgerät mit eigenen Händen gestalten wollen. Wir vermeiden, bei der Formgestaltung in Konkurrenz mit industriell gefertigten Massenartikeln zu treten. Die angebotenen Beispiele sollen ermöglichen, das anscheinend Schwierige relativ leicht zu realisieren. Uns beflügelt, zu wissen, daß wir etwas schaffen können, das den Wert des Einmaligen besitzt.

Leuchter

Unser Wissen über das Gestalten schöner Formen läßt sich bei der Herstellung von Leuchtern anwenden.

Aus Ästen von Eberesche, Weide, Haselnuß, Espe oder ähnlichen Hölzern läßt sich mit Stücken verschiedener Länge und Stärke ein ganzer Satz Leuchterkörper gestalten.

Wird ein Kerzenträger aus verschiedenen Astabschnitten zusammenge-

Aus Aststümpfen verschiedener Stärke und Länge läßt sich ein ganzer Satz Kerzenträger gestalten. Ein Ast mit Abzweigung bildet einen Leuchter, dessen quergelagerte Scheiben die aufstrebenden Richtungen ins Formgleichgewicht setzen und Standfestigkeit geben. Durch loses Aufstecken der durchbohrten Teile wird die optische Wirkung erprobt. An einen flachen Lichtträger kann man eine durchbohrte Scheibe zur Handhabung anleimen.

Aufrecht stehendes Vierkantholz wird zum Leuchter, wenn wir durch Einkerben den Körper deutlich in Leuchterhals und -kopf gliedern. In den Schaft können großformig Vertiefungen rhythmisch eingeschnitten werden.

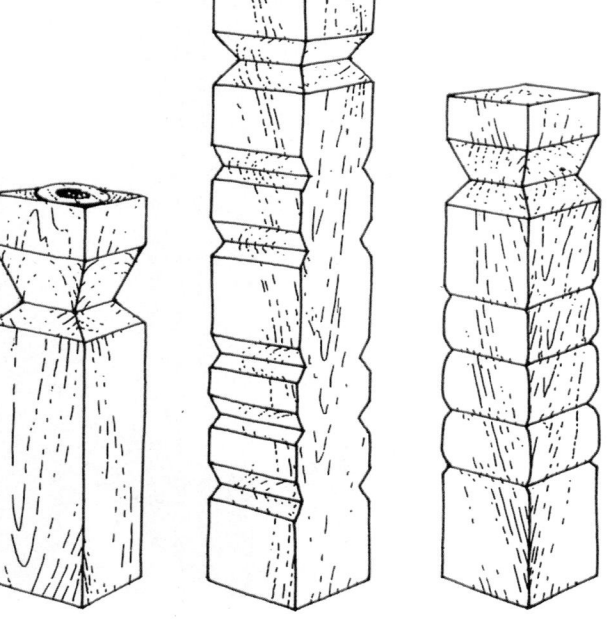

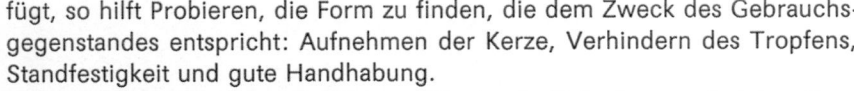

Von zusammensteckbaren Leuchtern aus den nördlichen Ländern Europas angeregt, werden aus Vierkantmittelstück und angedübelten Seitenteilen lichttragende Rösser gestaltet.

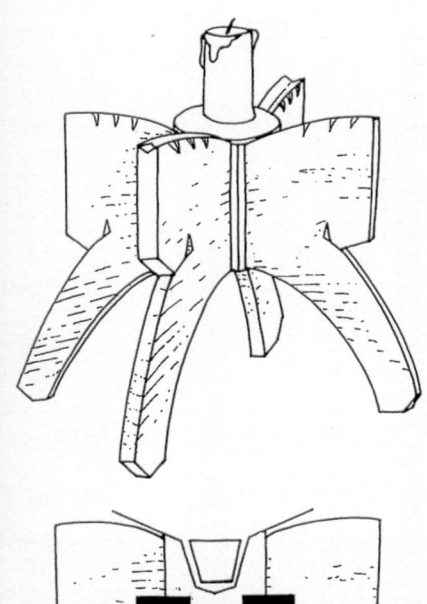

fügt, so hilft Probieren, die Form zu finden, die dem Zweck des Gebrauchsgegenstandes entspricht: Aufnehmen der Kerze, Verhindern des Tropfens, Standfestigkeit und gute Handhabung.

Vierkantholz als Leuchterkörper läßt durch Einkerben und dekoratives Schnitzen die Maserung besonders wirksam werden. Mit diesen Mitteln lassen sich spezifische Formen des Holzgestaltens entwickeln, die die Imitation von Gegenständen aus Porzellan, Glas oder Metall vermeiden.

Holz besitzt seine eigene Schönheit. Gutes Empfinden für die Eigenart der Holzgestaltung kommt in der Volkskunst zum Ausdruck, z. B. in dem Leuchter aus Skandinavien, bei dem vier Rösser das Licht — Symbol für die Sonne — tragen. Die Entwurfszeichnung bei unserer Variante läßt erkennen, wie an das Vierkant als Kerzenträger die Teile so angedübelt sind, daß sich die Tierkörper überkreuzen und durchdringen.

Die Kanten der Tierkörper können leicht abgeschrägt, Kopfform, Mähne und eventuell Hufe mit flachen Einkerbungen gekennzeichnet werden.

Bewegliche Leuchterpyramide

Im Erzgebirge hat sich mit den Pyramiden ein Leuchtertyp entwickelt, der die Schaubedürfnisse durch das Zusammenspiel von Licht, Bewegung und Erzählwert der Figuren anspricht. Bergleute hatten Nachbildungen ihres Bergwerksbetriebes mit beweglichen Maschinen und arbeitenden Bergleuten übereinandergebaut und mit Handkurbel über Räder und Wellen angetrieben. Bei der Frischluftzufuhr der Gruben beobachtete man, daß aufsteigende Warmluft ein ventilatorähnliches Flügelrad in Drehbewegung versetzt. Es entstand der Warmluftmotor als Antrieb der Leuchterpyramide. Öllämpchen dienten ursprünglich als Lichtquelle und Antriebskraft für Flügelrad und Welle in der Mittelachse, die die geschnitzten Bergmännlein mit dem Teller ringsherum führten. Nach der Erfindung der billigen Stearinkerzen ersetzten diese die Rüböllampen.

Etwa seit 1830 bildet der Bergwerksbetrieb nur noch einen Teil der figürlichen Ausstattung der Pyramide. Von geschnitzten Krippen in den Wohnungen der Bürger angeregt, gestaltete man Szenen der biblischen Geschichte, vor allem die Christgeburt und die Anbetung der Könige, als Hauptmotiv auf der Leuchterpyramide. Oft erhält der Pyramidenbau die Form eines Tempels oder auch einer Kirche im gotischen Stil oder in barocken Dimensionen. Mit der Einführung des elektrischen Stromes sind dem Erfinderdrang keine Grenzen für »technische Neuerungen« mehr gesetzt. Elektromotoren und bunte Glühlämpchen treten an die Stelle des feierlichen Kerzenlichtes; kitschige Effekte verunglimpfen die ursprüngliche volkskünstlerische Form der Pyramide.

Rolf Kunze.
Bergaufzug,
aus dem Rundstab geschnitzt.
Teilformen angesetzt.
Fichte, Leder, Papier, Draht.
Höhe 8 cm.
1956.
Steiger mit Steigerhäckchen; Steiger mit
Fahne; Bergmusik: Trommler, Trom-
peter, Holzbläser; Häuer mit Barte; Berg-
schmied; Blaufarbenwerker

Richard Hauck.
Figuren aus einem Bergaufzug:
Blaufarbenwerker, Bergfertige.
Linde, bemalt. Höhe 8 cm.
Um 1940. Museum für
bergmännische Volkskunst Schneeberg.
Jede der Figuren wurde nach lebenden
Vorbildern geschnitzt und im Habitus
und Gesichtsausdruck individuell
gezeichnet. Das Erfassen der Wesenszüge der Menschen mit wenigen charak-
terisierenden Schnitten erfordert hohes
gestalterisches Können.

Rolf Kunze.
Leuchterengel.
Linde, bemalt. Höhe 32 cm.
1987.
Leuchterbergmann.
Linde, bemalt. Höhe 41 cm.
1988.
Über die Grenzen des Erzgebirges hinaus
stehen Leuchterbergmann und -engel im
Mittelpunkt der weihnachtlichen Festde-
koration.

Zöblitzer Pyramide, Detail.
Kurfürstliche Jagd.
Gemeinschaftsarbeit der Schnitzer
im Kreis Marienberg.
Linde, bemalt.
Höhe der stehenden Figuren
15 bis 18 cm.
1975 bis 1978.
Sowohl bei geschichtlichen Motiven als
auch bei geschnitzten Szenen aus dem
gegenwärtigen Leben wird der Schaureiz
durch geschicktes Gliedern und
Zuordnen der Teilformen erhöht.
Wechsel in der Größe, aufsteigende und
abfallende Linien, Überschneidungen der
Formen von Menschen und Tieren auf
dem sich langsam drehenden Pyramidenteller verleiten zum besinnlichen
Betrachten.

Zöblitzer Pyramide.
Seiffener Spielzeugmacher auf
dem Weg zur Leipziger Messe.
1977 bis 1980.
Mit den Schnitzfiguren der Pyramide sind
die Lebensumstände der Menschen im
»Spielzeugland« rückschauend in
beschaulicher Weise geschildert. Die
Bewegungshaltung des Spielzeugma-
chers drückt das Beschwerliche des
langen Fußweges mit der Last auf dem
Schiebebock aus.

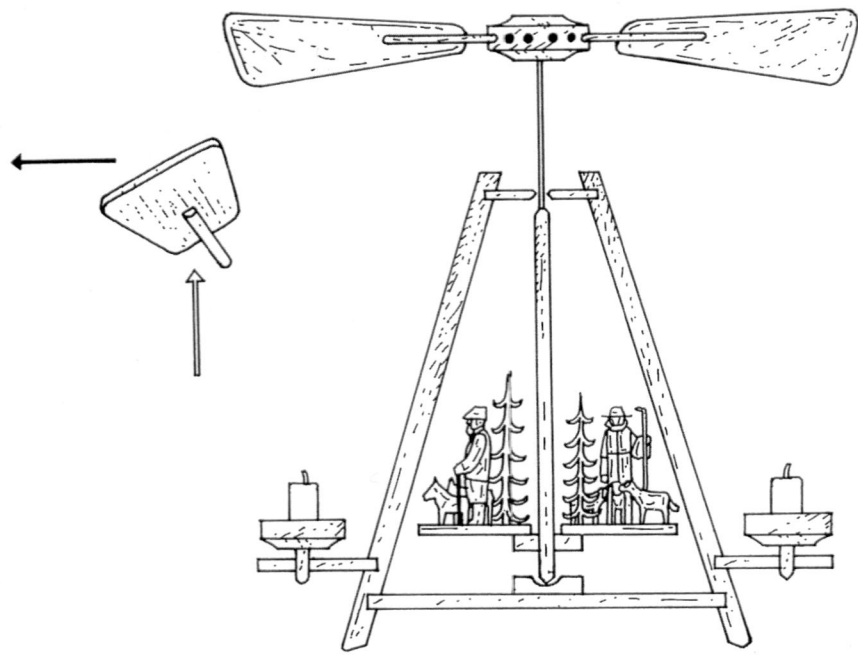

Funktionsmodell einer Stabpyramide: Der aufsteigende Warmluftstrom setzt über das Flügelrad die Achse mit den Pyramidentellern in Bewegung. Auf einem schlichten Pyramidenbau wirken die Figuren als Schmuck.

Seit einigen Jahrzehnten bemüht man sich erfolgreich, die Pyramide auf ihre ursprüngliche Wirkungsweise und schlichte Form zurückzuführen. Heute gehört dieser bewegliche Leuchter weit über sein Ursprungsgebiet hinaus zum Festschmuck in der Weihnachtszeit (s. Abb. S. 25).

Zunächst lernen wir an einem Funktionsmodell die Wirkungsweise von Pyramiden kennen. Das pyramidenförmige Leuchtergestell faßt in der Mittelachse die senkrecht drehbare Welle. Ein Holzstab ist oben und unten durch eine zentrisch eingesteckte dicke Stricknadel verlängert. Als unteres Lager dient eine Glasmulde, die in Bastlerläden gekauft werden kann. Eine Führung aus Blech zentriert die Drehachse oben. Auf das herausragende Ende der oberen Nadel wird das Flügelrad gesteckt. Die Flügel aus 2 bis 3 mm dünnem Holz werden etwa im Winkel von 30° zur Horizontalachse in den Pyramidenkopf eingesteckt. Dadurch kann die Warmluft bei ihrem Aufprall auf die Flächen die Drehbewegung auslösen. Die Kerzen müssen einen gewissen Abstand zum Flügelrad haben, in dem sich der Luftstrom entfalten kann. Die Pyramidenteller erhalten auf der unteren Seite eine Scheibe, durch die eine Schraube zum Feststellen auf der Welle geführt ist. Die Bauweise der Pyramide sollte schlicht sein, damit die Figuren auf dem Teller zur Geltung kommen. Werden Pyramidengestell und -figuren von einer Hand gefertigt, ist am sichersten die Gewähr gegeben, daß Pyramidenbau und Figurenschmuck aufeinander bezogen und in den Maßverhältnissen abgestimmt sind.

Stabpyramide.
19. Jh.
Staatliches Museum für Volkskunst
Dresden.
Die alte Stabpyramide wurde mit Rüböl-
lämpchen angetrieben. Kugeln, an den
Flügeln hängend, lassen die Glöckchen
leise erklingen – ein Sinnbezug zur
Schichtglocke.

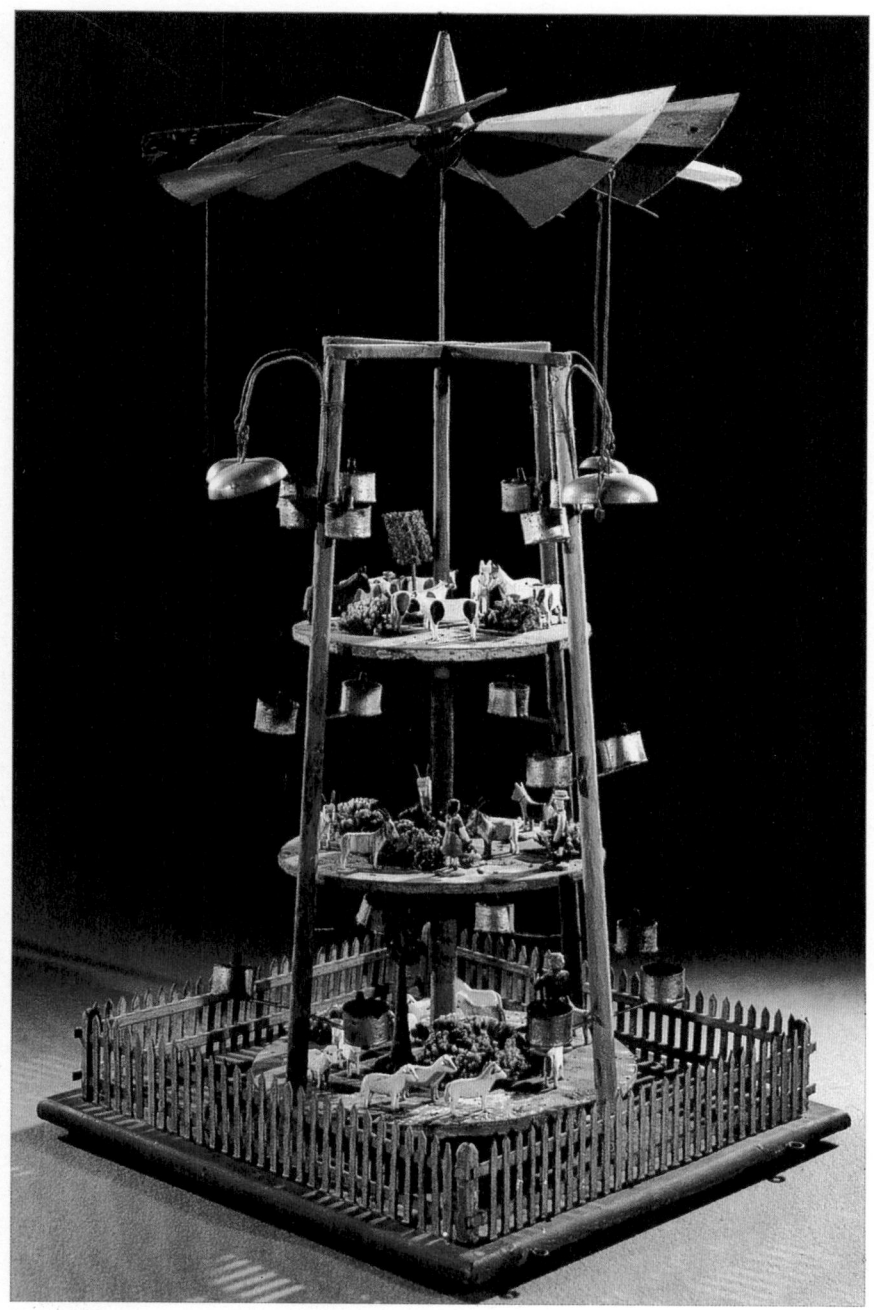

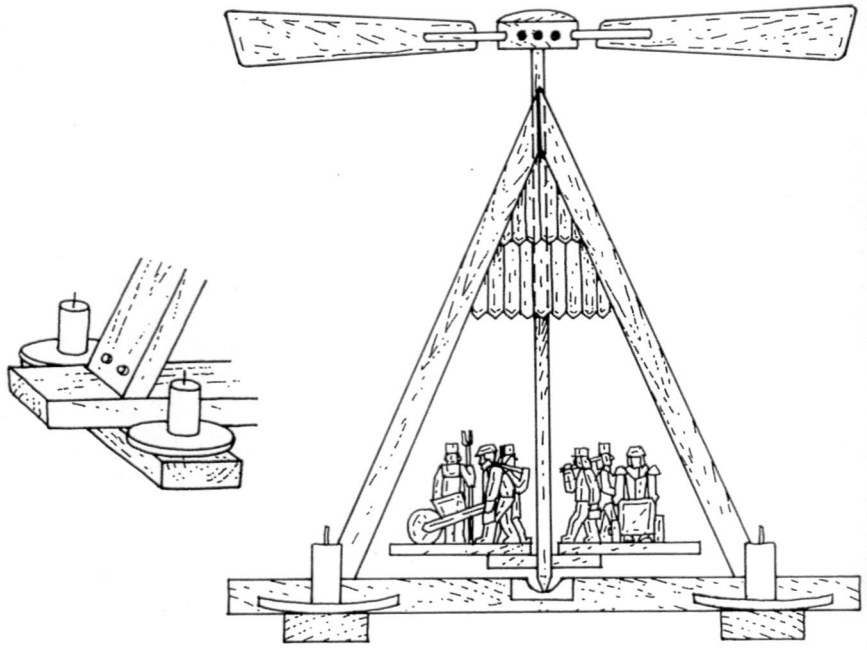

Funktionsmodell einer bergmännischen Pyramide in Form einer Kaue (Schachtüberdachung)

Beim Aufstellen der »Besatzung« auf die Teller probieren wir, wie durch geschicktes Gruppieren das Auge immer neue Schauanreize beim Vorüberwandeln der Figuren erhält. Gegen aufragende Formen der Menschen und Bäume setzen wir die quergelagerten Formen der Tiere und Gegenstände. Arme und Arbeitsgegenstände verbinden durch schräg aufwärtsführende und wieder abfallende Linien die Gruppen miteinander. Farbige Akzente binden den Blick an Bedeutsames.

Das Grundmodell des warmluftbetriebenen Drehleuchters kann in individueller Bauweise vielfältig abgewandelt werden. Wir bieten als Anleitung zum Selbstbau eine einfache Variante in Form einer Kaue an. Die Kaue ist das steile Dach über dem Schachteingang. In dem durchbohrten First ist das obere Pyramidenlager untergebracht, von beiden Seiten mit dem Giebel verblendet. Aus den Abbildungen läßt sich die Bauweise ablesen. Die Maße des Pyramidengestells richten sich nach dem Aufstellungsort und dem vorhandenen Material. Wir fertigen vor dem Zuschneiden der Leisten und Brettflächen eine Werkzeichnung in der vorgesehenen Größe an. Die ermittelten Winkel übertragen wir mittels einer Gehrungslade auf das Holz. Als Holzverbindungen verwenden wir das Überplatten und einfache Dübel. Es ist ratsam, nur eine Holzart, Fichte oder Kiefer, zu verwenden. Die Schindeln auf dem Dach der Kaue und die Fugen der Bretter am Giebel können mit Geißfuß und Balleisen in die glatte Brettoberfläche eingeschnitten werden. Eine leicht braune Tönung des Bauwerkes wird der natürlichen Verfärbung des Holzes gerecht und wirkt als neutraler Grund für die farbigen Figuren.

Es ist üblich, daß die Drehbewegung im Uhrzeigersinn erfolgt. Sollte trotz genügender Kerzenwärme der Umzug ins Stocken geraten, verhilft ihm ein Tröpfchen Öl in den Lagern wieder zu schnellerer Gangart. Eine Ursache für das Stehenbleiben kann auch Zugluft im Raum sein, sie leitet den Wärmestrom ab. In diesem Fall schafft ein anderer Standort Abhilfe.

Die weiteren Bilder vermitteln uns Vorstellungen von Pyramidentypen, die mehr oder minder handwerkliche Fertigkeiten voraussetzen. Die Grundidee der Pyramide ist am einfachsten in der *Stabpyramide* realisierbar. Drei oder vier Stäbe begrenzen den Innenbau, den Boden und die obere Halterung. Eine alte Stabpyramide, die in ihrer ehrlichen, schlichten Architektur immer wieder anspricht, und ein Beispiel aus der Gegenwart, das uns von Kindern geschnitzte Figuren vorführt, können anregen, nach eigenen Vorstellungen zu bauen.

Die Tiefe der Stollen im Bergrevier richtete sich nach der Lage der Erzgänge. Die Bergzimmerlinge, die für Schaulustige Modelle der Bergwerksanlagen bauten, lagerten die verschieden hohen Abbaustrecken in Stockwerken übereinander. Mit der Nutzung des Warmluftstromes für den Antrieb des Bewegungsmechanismus war die *Stockwerkpyramide* erfunden. Die aus Papier mit mineralischem Staub kaschierten Wände, die das erzhaltige Gestein darzustellen hatten, wurden weggelassen. Stützen, von den Bergzimmerlingen der Stollen unter das Gestein gefügt, wurden bei der Pyramide zu Trägern des nächsten oberen Stockwerkes. Aus dem Bergwerksmodell entstand ein sich nach oben verjüngendes Bauwerk mit freier Sicht auf die Figuren. Besonders im Seiffener Raum, wo wasserkraftbetriebene Drechselmaschinen das Fertigen hölzerner Artikel verbesserten und erleichterten, sind in der Verbindung von geschnitzten, ausgesägten und gedrechselten Teilen viele Pyramidenformen von ästhetischem Wert gestaltet worden.

Gefäße

Wenden wir uns jetzt einem Arbeitsbereich zu, bei dem in besonders hohem Maße das Formgefühl ausgebildet wird. Wir fertigen Schalen. Eine Schale ist zunächst ein Gebrauchsgegenstand, der einem bestimmten Zweck dient. Setzen wir ihn gegen die Flut der Massenbedarfsartikel, die von der modernen Industrie aus verschiedenen Werkstoffen schnell und billig produziert werden, dann lohnt sich der Arbeitsaufwand! Etwas Einmaliges entsteht.

Wir überlegen, wie die Schönheit des Holzstückes, das wir zur Auswahl haben, am besten zur Wirkung gebracht werden kann, wenn wir ihm die Form geben, wie sie vom Verwendungszweck her gefordert wird. Uns ist

Herstellen von Erzmulden.
Holzschnitt aus dem Bergbaubuch
»De re metallica« von *Georg Agricola*,
1556.

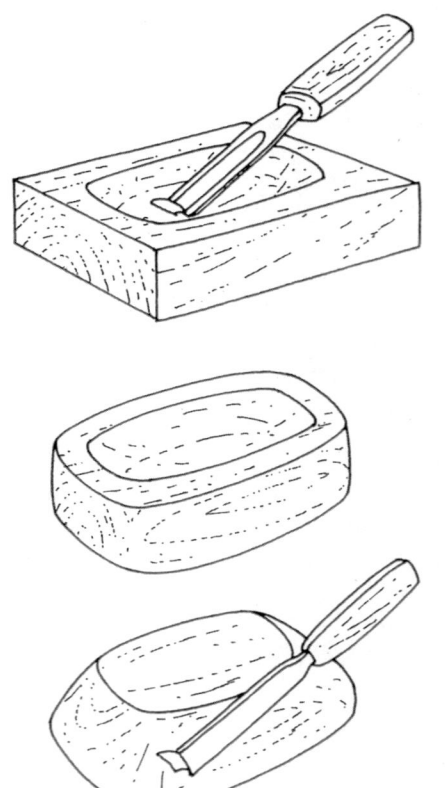

Arbeitsgänge beim Herstellen einer Schale: Zuerst wird die Mulde ausgehoben. Danach ist die Außenform gleichlaufend mit der inneren Wölbung zu gestalten.

schon bekannt, daß beim Höhlen der Bretter von links durch die Maserung ellipsenförmig die Außenform wiederholt wird. Wir werden neugierig und versuchen, aus Fichten-, Kiefern- oder Lärchenbrettern bzw. -pfosten regelmäßig geformte Mulden herauszuarbeiten. Mit unserem Werkzeug, Flacheisen und Hohleisen, schälen wir nach der Mitte zu Schicht um Schicht zwiebelschalenartig heraus. Wir glätten die Innenwände der Mulde mit der Schwanenhalsziehklinge, ziehen diese mit beiden Händen von außen zum Mittelpunkt hin. Je nach dem gedachten Verwendungszweck, ob flache Brotschale, Obstschale oder Behälter für Schmuck, wird die ausgearbeitete Mulde flacher oder tiefer, schmal oder behäbig breit sein. Unser Formempfinden läßt uns für eine Schreibmittelschale die Mulde rinnenförmig mit schrägen Stirnflächen gestalten, für eine Obstschale breit ausladend, eventuell mit Handhaben zum Anbieten der Früchte. Gehen wir bei der Innenform der Maserung nach, so achten wir bei der Umrißlinie und beim Verlauf des Profils der Mulde auf spannungsgeladene Proportionen. Das leichte Ansteigen des Muldenbodens vom Mittelpunkt aus und die stärkere Biegung zu den Randflächen hin tasten wir mit den Fingerspitzen ab, am besten mit geschlossenen Augen. Wir korrigieren Unebenheiten im Verlauf der spannungsvoll gekrümmten Flächen, ertasten eine saubere Verbindung zwischen den Längs- und Querwänden. Eine mühsam erarbeitete *Form* empfinden wir als etwas Großes. Wir werden uns hüten, die glückliche Vereinigung von Holzmaserung und Form mit billigen Bildchen oder Sprüchen zu zerstören. Ist die Form zur Aufbewahrung von Speisen gedacht, muß sie von Zeit zu Zeit gereinigt werden können. Eine Brotschale aus Eschen- oder Rüsterholz beispielsweise bewahrt über Jahre hinweg eine saubere Oberfläche, auch wenn wir sie ab und zu mit Wasser reinigen. Ein Überzug mit Nitrolack oder Wachs würde den hygienischen Forderungen zuwiderlaufen.

Wenn wir die Innenform ausarbeiten, müssen wir bereits eine Vorstellung von den Maßverhältnissen zur Gesamtgestaltung haben. Die Außenform sollte *ideell* die Ausgangsform des Holzstückes, des Brettes oder der Bohle bewahren. Der obere Rand der Mulde und die Oberfläche der Handhaben liegen in der einen Ebene, die flache Schalenunterseite oder die Standflächen der Füße in der anderen Ebene des urspünglich massiven Brettes.

Die Außenform wiederholt die Krümmung der Mulde. Gleichmäßige Wandstärken und saubere Kanten entsprechen dem Charakter gestalteten Holzes. Wülste, die bei keramischen Erzeugnissen auftreten, sind zu vermeiden. Handhaben, ob durchbrochen, mit Relief beschnitzt oder mit glatter Holzstruktur, sollten wie dünne Holzbrettchen oben und unten parallel verlaufen. Handhaben fordern auf, das Gefäß mit den Händen zu fassen. Sie müssen nach dem Maß der menschlichen Hand geformt sein. Zum Boden hin ist soviel Platz erforderlich, daß die Finger beim Anheben der Schale unterfassen können.

Martin Rehwagen.
Schale in Form einer Erzmulde.
Kiefer. Länge 42 cm.
Lehrgangsarbeit in der
Volkskunstschule Oederan.
Um 1970.
In der Höhlung wiederholen die ange-
schnittenen Jahresringe die Umriß-
form.

Schale mit Handhaben.
Museum für bergmännische Volkskunst
Schneeberg.
Kiefer. Länge 35 cm.
Die flachen Handhaben setzen an beiden
Stirnseiten die Oberfläche der ursprüngli-
chen Brettform fort.

Schale in Vogelform.
Nußbaum. Länge 35 cm.
Lehrgangsarbeit im Haus der
erzgebirgischen Volkskunst
Schneeberg.
Um 1960.
Die Wandung um die tiefe Höhlung
bildet den Rumpf eines Vogels. Eine
schlanke Handhabe und der eingezo-
gene, an den Rumpf angelegte Kopf
ergänzen die Vogelform.

Die Abbildungen bieten verschiedene Gestaltungsvarianten an, die nach individuellen Bedürfnissen und den vorhandenen Holzvorräten abgewandelt werden können. Versuchen wir, eine einfache, wie selbstverständlich wir-kende Form zu gestalten, die Zweck und Maserung glücklich miteinander vereint und die unseren Händen beim Anfassen schmeichelt!

Des Hauses Zier

Vom Fachwerk

Bauen ist ohne Holz undenkbar. Aus Holz waren die erste Hütten zusammengestellt. Die erhabene Kunst des Tempelbaus in der Antike führte über Ursprungsformen aus Holz. Eine technologisch wie ästhetisch hochentwickelte Gestaltung bewundern wir im Fachwerkbau, wie er besonders im Harz, in Hessen und in Niedersachsen zum großen Teil erhalten geblieben ist.

Verglichen mit dem Formenreichtum der im Volk entstandenen Kunst, Bauwerke mit Schnitzerei zu verschönern, wirken die meisten unserer Gebäude moderner Technologie fad und unpersönlich. Besonders die Bungalowkolonien erscheinen in ihrer Eintönigkeit uniformiert. Sollte es nicht möglich sein, mit etwas Phantasie und handwerklichem Geschick dem Einfrieren der ästhetisch-schöpferischen Kräfte des Menschen Paroli zu bieten?

In die architektonische Gestaltung des Hauses kann man ebenso beschnitzte Elemente einbeziehen wie in die von Toren und Zäunen. Auch ein Garten wird durch Stelen und beschnitzte Stämme bereichert.

Von den Gestaltern des Fachwerks können wir lernen, fachmännisch zu Werke zu gehen. In den Abbildungen sind die Möglichkeiten, beschnitzte Teile in den Rahmen eines Holzbaus einzufügen, aufgezeigt. Dekoratives Beschnitzen heißt, an bevorzugten Stellen des Baugefüges Kehlungen, Einkerbungen, geometrisch-ungegenständliche, pflanzliche oder figürliche Motive in den Balken oder Stamm zu schneiden. Dazu eignen sich besonders der *Ständer* (Stütze aus Kantholz), der *Eckständer*, der *Unterzug* (liegender Balken an der Decke), die *Säule*, der *Balkenkopf* und die *Knagge*.

Ausgangsformate des Holzes für diese Arbeiten sind *Stamm*, *Halbstamm*, *Balken* und *Bohle*. Werden sie als Architekturteile verwendet, so muß in jedem Fall ihre Tragkraft erhalten bleiben. Alle dekorativen Formen dürfen nur flach in den Mantel des Materials eingeschnitten sein, so daß ein massiver Kern die Festigkeit für die Funktion des Tragens, Stützens, Überdachens usw. garantiert. Diese seit Jahrtausenden angewendete Technik des Holzbeschnitzens hat zu den ausgeprägten Formen der künstlerischen Holzgestaltung einschließlich der Plastik geführt, die sie von der Formspezifik aller anderen plastisch geformten Gegenstände, wie beispielsweise in Keramik oder im Bronzeguß, unterscheiden. Holzplastik im weitesten Sinne erscheint gedrungen, ist immer vom Verlauf der Maserung abhängig und bindet diese in Funktionen und Aussage ein.

Der Hinweis auf die meisterhafte Verbindung von technischem Können und ästhetischer Form beim Fachwerkbau sollte nicht dazu verleiten, heute diese historisch entstandenen Bauten zu kopieren. Im 20. Jahrhundert wurden neue Baustoffe und technologische Verfahren des Bauens entwickelt. Sie veränderten die Formenwerte der Architektur und damit die ästhetischen Anschauungen. Bauen mit Holz erfordert, sich den neuen Anschauungen über

Bürgerhaus
mit reich beschnitztem Fachwerk.
Quedlinburg.
1562.
Die dekorative Wirkung an Fachwerkbauten ergibt sich aus der technischen Notwendigkeit, im Baugefüge tragende und lastende Teile rhythmisch zu wiederholen. Die Schauseite der Hölzer wurde oft reich mit Schmuckformen beschnitzt. Sie sind Symbol für langes, glückerfülltes Leben wie der Lebensbaum, die Sonne oder die Unendlichkeitszeichen.

Schnitzmotive in gekehlten Balken:
Wendel; Eierstab; Unendlichkeitsband;
Sonnenwirbel; Sonnenfächer

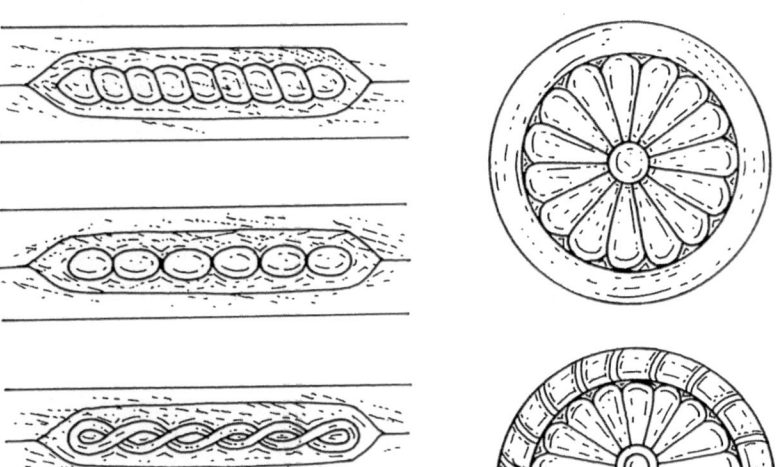

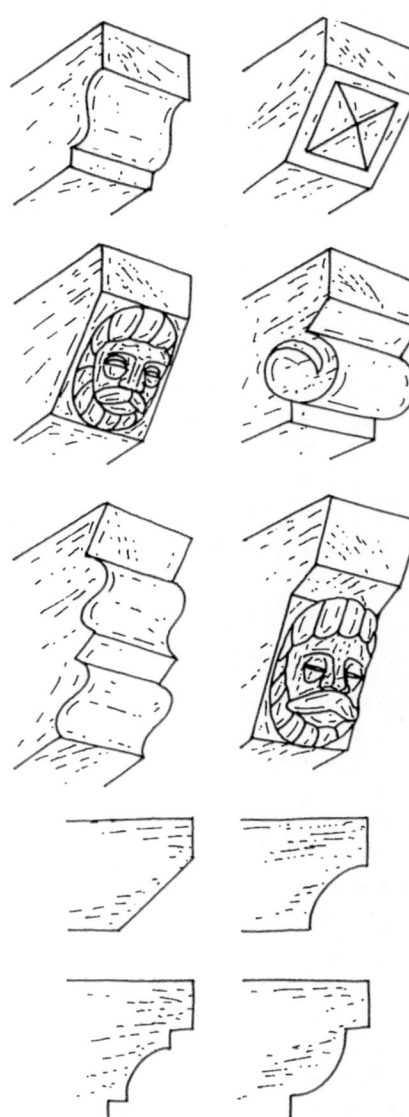

Beschnitzte Architekturteile an Fachwerk-bauten: Balkenköpfe; Knaggen; Fasen und Kehlungen an Balken (Profil)

Stil und Harmonie im Bauwerk anzupassen. Der Schmuckwert der Maserung und die natürliche Farbe des Holzes wirken bei entsprechendem Einsatz im Gesamtgefüge des Objekts von sich aus dekorativ.

Säulen oder Ständer, die das vorgezogene Pultdach eines Gartenhäus-chens abstützen, können maßvoll beschnitzt sein. Die Zierformen heben den Bau aus der Anonymität heraus. Das Grundstück und sein Besitzer erhalten »ein Gesicht«.

Sollen am fertigen Bau geschnitzte Teile angebracht werden, so ist das durch Verblenden mit beschnitzten Brettern möglich. Motive sind in dem Kapitel »Bretter, die die Welt deuten« beschrieben. Es ist zu beachten, daß man nicht nur das verzierte Brett auflegt, sondern die ganze Seite des Balkens mit Holz gleicher Stärke und Art bündig überzieht.

Bekrönt der Giebel einen offenen Vorraum oder eine Veranda, so läßt sich der Tragebalken mit Ständern oder Säulen abstützen, bei denen *Kopfbänder* (schräge Streben) zwischen der senkrechten und waagerechten Richtung der Bauglieder vermitteln. Entwurfsskizzen und maßstabsgerechte Zeichnungen vermitteln vor dem fachgerechten Werkvorgang die Anschauung vom voll-endeten Bau. Sie helfen uns, das rechte Maß für Gesamtform und schmük-kende Details zu finden.

»Schütz unser Haus!«

Beschnitzte Firstbalkenköpfe und Giebelpfosten hatten in vergangenen Jahr-hunderten Unwetter und böse Geister abzuwehren. In Ornamentik und De-kor der städtischen Fachwerkbauten kommen bürgerliches Selbstbewußtsein

Reinhold Langner.
Beschnitzter Anschlagpfosten
am Rathausportal Marienberg. Eiche.
1938.
In den Anschlagpfosten für die Tür des
Rathauses schnitzte der Künstler vier
Figuren aus der Bergbaugeschichte der
Stadt. Die Schilderung beginnt mit der
Arbeit des Häuers unter Tage. Das
Bogenfeld mit dem Haspler führt den
Blick aufwärts. Über Tage auf der Schei-
debank schlägt ein Bergarbeiter das Erz
aus dem Gestein. Der Bergmann in Fest-
tracht schließt die Folge nach oben ab.
Rundbogen fügen die Reliefs in die kraft-
vollen Formen der Dekorfelder des
Renaissanceportals ein.

Maske als Konsole.
Berchtesgaden. Höhe 19 cm.
Ende des 17. Jh.
Maskenmotive wurden in der Volksarchitektur zum Beschnitzen von Balkenköpfen, als Zierform für Konsolen oder auch als Teilform in Verbindung mit figürlichen oder vegetativen Elementen an Unterzügen oder Ständern verwendet.

und Hang zur Individualität zum Ausdruck, z. B. im Sonnenwirbel, Lebensbaum oder »unendlichen« Flechtband, in Monogramm des Besitzers und Jahreszahl der Fertigstellung oder in figürlichen Motiven, die von Besitz und Wohlstand künden.

Nicht jeder konnte sich reiche Schmuckformen am Haus leisten. In jedem Fall aber sind die Holzbauten handwerklich solide gestaltet und oft mit geschnitzten Fasen, Kehlungen und Rundungen so überzogen, daß dadurch die aufstrebenden und querlagernden Teile für das Auge angenehm fließend und wohlklingend miteinander verbunden sind. Die bautechnische Funktion des Tragens und Lastens wird nicht zerstört oder verleugnet, sondern betont und ästhetisch aufgewertet.

Wer sein Eigenheim oder Gartenhaus mit schnitzerischer Auszier gestalten will, sollte nach eigenem Maß und Können vorgehen.

Fasen und *Kehlungen* können in technisch einfacher Schnitzweise als Schmuck der Gebäudeteile eingesetzt werden. Bei Verbindungen zwischen senkrechten und waagerechten bzw. schrägen Balken läßt man vor der Verbindungsstelle die Fase oder Kehle ausklingen, und am verbundenen Teil nimmt man sie in angemessenem Abstand wieder auf. Diese einfache Art und Weise, Balken oder Stamm rhythmisch durch Einkerbungen zu verzieren, eignet sich auch zum Gestalten von Stelen oder hölzernen Trägern von Blumenschalen.

Wird Pflanzliches als Schmuckmotiv gewählt, so ist jede Konkurrenz zu den natürlichen Formen des Pflanzenwuchses zu vermeiden. Durch flaches Einkerben mit dem Beitel oder Balleisen in das *Vierkantholz* und durch Einbinden der stark vereinfachten Baum- oder Blumenform in einen regelmäßigen Umriß entstehen ornamentale Lösungen, die die Gefahr des Naturalismus ausschließen. Auf ähnliche Weise sind in der Vergangenheit durch das handwerklich-technische Umsetzen und Vereinfachen des Gegenständlichen die uns überlieferten Ornamente entstanden.

Das starke Vereinfachen auf elementarste Formenwerte ist ebenfalls anzustreben, wenn die menschliche Figur als Schmuckmotiv verwendet werden soll. Die Werkstoffeigenschaften der Holzarten Fichte, Kiefer oder Lärche, die für Architekturteile verwendet werden, erfordern großflächige Formen, bei denen der Linienfluß der Maserung zur Wirkung kommt.

Diese Entwürfe können durch eigene ersetzt werden, die man völlig aus der Phantasie oder in Anlehnung an Trachtenzeichnungen oder andere Bildquellen gewinnt.

Die Funktion des Eckständers, der die Last des oberen Stockwerkes oder des Daches zu tragen hat, läßt kein tiefes Eindringen in den Querschnitt des Balkens zu. Deshalb darf die Figur nur flach und eventuell übereck in die Oberfläche des Holzes eingelassen sein. Die Umrißlinien, etwas steiler angeschnitten, heben sie vom flach angelegten Grund ab. (Weitere technische

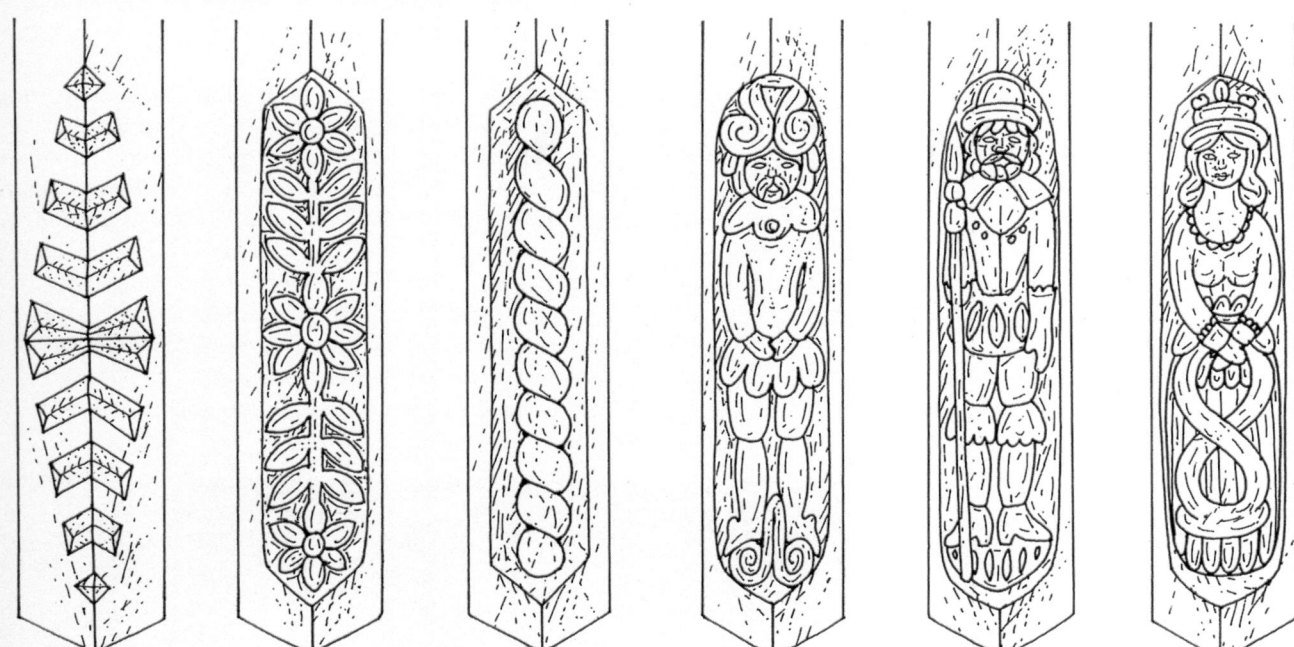

Möglichkeiten des dekorativen Beschnitzens von Ständern. In tragende Teile dürfen Schmuckformen nur flach eingeschnitzt sein, damit ein massiver Kern erhalten bleibt. Von links nach rechts: stark vereinfachte Pflanzenmotive; Wendel; Entwürfe nach Trachtenstudien

Hinweise werden in dem Abschnitt »Figur und Maserung im Relief« gegeben.) Antlitz, Hände, Haar und Schmuck der Kleidung werden zu großflächigen, konvex gewölbten Formen zusammengezogen, die flach aneinandergefügt sind, wodurch der Verlauf der Maserung in ihrem feinen Spiel zusammenhängend sichtbar wird. Halbrunde Formen betonen das Organische der Figur, gliedern sie rhythmisch und werden zum belebenden Schmuck durch Maserung und Licht bzw. Schatten.

Die dekorative Wirkung der Holzmaserung tritt bei Nadelhölzern besonders stark hervor, wenn schräg, gleichmäßig tief und in gleichen Abständen in den Mantel der Balken eingeschnitten wird. Durch mehrfaches Wiederholen gleicher Formen wiederholt sich auch das durchs Anschneiden entstandene Muster der Maserung. Es wird zum Ornament. Quer zur Wachstumsrichtung des Balkens eingekerbt, erscheinen die Jahresringe schüsselförmig und achsensymmetrisch wie auf einer Leporellofaltung. Die Abbildungen deuten ornamentale Möglichkeiten an, wie sie sich bei einer Richtungsänderung der Einkerbungen und bei Kombinationen zwischen flachen und tiefen Einschnitten ergeben. Es ist eine reizvolle Aufgabe beim Gestalten in Holz weitere Formkombinationen zu suchen und deren dekorative Wirkung zu ergründen.

Diese Dekorformen aus Bündeln von Einschnitten quer zum Stamm, übereck aneinandergefügt, stufenförmig, im Wechsel von breiten und schmalen

Einschnitten usw. erinnern an plastische Zierformen der Bauwerke aus der romanischen Stilepoche.

Es ist sehr wahrscheinlich, daß die im Stein überkommenen Schmuckformen an Baugliedern aus dem vergänglichen Werkstoff Holz entwickelt wurden. Der Stein kann nur die plastische Oberfläche der Schmuckelemente wiedergeben. Die subtilere Schmuckwirkung der Maserung an Holzbauten ging meist durch natürlichen Zerfall, durch Feuersbrünste oder Kriegseinwirkung verloren.

Bei den *Unterzügen* ist meist nur die untere Fläche des Kantholzes beschnitzt, die vom darunter stehenden Betrachter eingesehen werden kann.

Mit dem beschnitzten *Halbstamm* können tragende Teile im Giebel, an der Vorderfront oder im Innenraum verblendet werden. Neben rhythmisch-dekorativer Gliederung sind je nach Anspruch und Können pflanzliche oder figürliche Motive möglich.

Reinhold Langner.
Beschnitzte Säulen als Stützen im
Haus an der Grundstraße in Dresden.
Fichte.
Um 1950.
Die Figuren hockender Kinder gliedern
kompositorisch den Stamm, ohne seine
Tragfähigkeit wesentlich zu mindern.

Beim Beschnitzen von Halbstämmen als Blenden oder Konsolen sind die Motive im flachen Relief der Mantelfläche anzupassen. Links: Bauernpaar in der Tracht aus der Mitte des 19. Jh. Rechts: Paar in Handwerkertrachten aus dem 19. Jh.

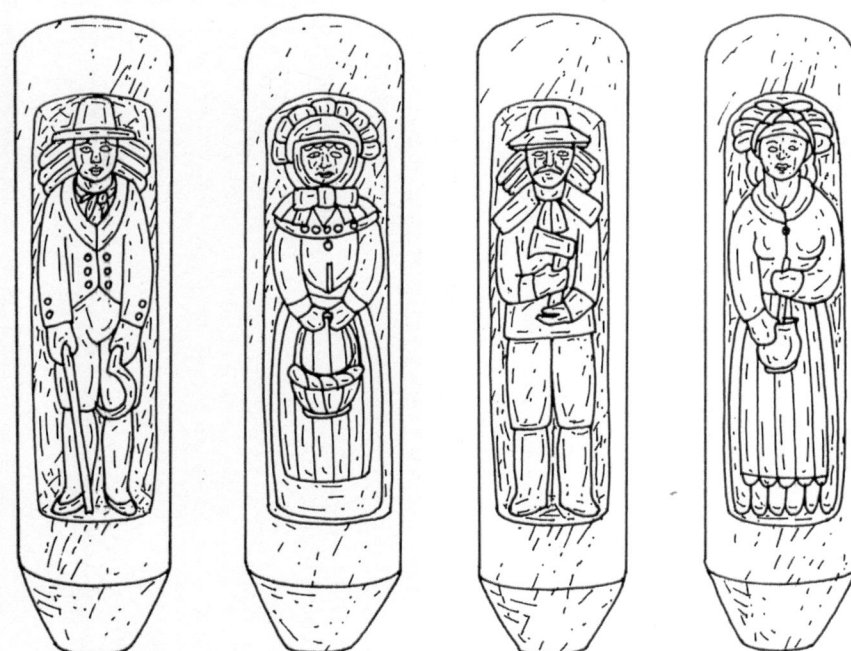

Die figürlichen Entwürfe regen beispielsweise an, sich Motive aus dem Bereich der Handwerksberufe zu erarbeiten. Nach Entwurfsskizzen fertigt man in der Größe der auszuführenden Arbeit mit Kohle oder Kreide eine Werkzeichnung in reiner Vorderansicht an. Es sind geschlossene Formen anzustreben, die sich in den Mantel des Halbstammes einbinden lassen. Beim Übertragen ins Holz ist die Verformung durch die gekrümmte Fläche zu berücksichtigen.

Anfänger auf diesem Gebiet unterschätzen den Arbeitsaufwand, das notwendige gestalterische Vermögen und handwerklich technische Können. Nur das Vorgehen in kleinen Schritten, die gestalterisch und handwerklich sauber verwirklicht werden können, führt zum Erfolg.

Vom Idol zur Gartenplastik

Als der Mensch beschnitzte Stämme aufstellte, die nicht in der Architektur zweckgebunden waren, gab er ihnen kultische oder magische Bedeutung. Idole »verhalfen« den Menschen der Urgemeinschaft zu Fruchtbarkeit. Sie »verzauberten« das zu erlegende Wild und »besänftigten die Seelen der Verstorbenen«. Zur Zeit der Christianisierung bekämpfte die Kirche diese heidnischen Bildwerke, die gegen Unglück, Krankheit und Tod »halfen«. Sie

Otzdorfer Madonna.
Romanische Skulptur. Linde.
Um 1160 bis 1180.
Kunstsammlung in der Albrechtsburg
Meißen.
Die Formbindung an den Stamm verleiht
den frühen Schnitzarbeiten den Ausdruck
von Würde und zeitlichem Entrückt-
sein.

setzte an deren Stelle »wundertätige« Bildschnitzereien der Heiligen. Immer ist bei den historischen, der Magie oder dem religiösen Kult dienenden Schnitzfiguren die Form des gewachsenen Stammes weitgehend beibehalten, und diese Bindung an die Säule verleiht den Figuren die Ausdruckskraft von Festigkeit und Beständigkeit.

Die Sakralskulptur der Romanik und die der orthodoxen Kirche leben von der Strenge des Ausdrucks, wie sie die Formbindung an den Stamm oder Holzblock hervorbringt.

Afrikanische Ahnenfiguren fügen sich in das Rund der Säule. Sie wirken auch in den kleinen Abmessungen – etwa ein Viertel der Lebensgröße – monumental.

Große bildende Künstler, wie der französische Maler *Paul Gauguin* (1848–1903) in seinen Bildern oder der deutsche Expressionist *Karl Schmidt-Rottluff* (1884–1976) in seinen Holzschnitten, lehnten sich an die Formen der Plastiken afrikanischer Völker und der Südseeinsulaner an. Sie schufen selbst Skulpturen in Holz, die von der Ausdruckskraft der Holzplastik dieser Völker inspiriert sind.

Es wäre ein Anachronismus, wollte der moderne Mensch, der beschnitztes Holz in seinem Garten aufstellt, diesem magische Kräfte zuschreiben. Dennoch wird er meist – wenn auch mit Augenzwinkern – der Gartenplastik eine Sinnbeziehung verleihen, die mit den Wünschen und Erwartungen er-

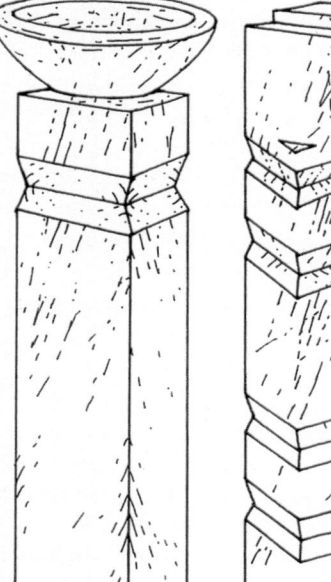

Beschnitzte Stämme beleben das Bild der Vorgärten. Von links nach rechts: Eine ringsum eingeschnitzte Kerbe gliedert den Träger einer bepflanzten Schale; Stele aus Kiefer oder Lärche, in die zwei doppelte Kerben im Zickzack ringsumführend eingeschnitten sind; Stele mit flach eingeschnittenem Sonnensymbol, Monogramm und Jahreszahl; Tierkreiszeichen, erhaben in den Mantel des Vierkants geschnitzt durch Vertiefen des Reliefgrundes

Paul Nestler.
Gärtnerin, beschnitzter Stamm.
Kiefer. Höhe 100 cm.
Lehrgangsarbeit im Haus der
erzgebirgischen Volkskunst
Schneeberg.
1955.
Durchbrüche, flach aufgelegte Körper-
formen und Höhlungen gliedern die
Säule. Die Arme, reliefhaft an den Rumpf
gefügt, lassen die Maserung ungehemmt
nach oben zum weich modellierten
Gesicht laufen. An den Durchbrüchen
zwischen Kopftuch und Haar wirkt die
Zeichnung der Holzfasern wie der
Schmuck eines gemusterten Tuches.

füllt ist, die der Besitzer in sein Stückchen »blühende Welt« setzt. Wachstum, Ertragsreichtum und glückerfülltes Leben sind letztlich die Motive für *Stelen* und plastisch-figürliche Gestaltungen im Garten.

Wir gehen davon aus, daß der Baumstamm durch sein Aufstreben und in seiner organischen Struktur der Jahresringe selbst schon ein Symbol des Wachstums ist.

Werden Baumstämme als Träger von Pflanzenschalen verwendet, so ist ein Ausbohren des Kerns angebracht. Die Bohrung dient zugleich als Führung für einen Metallstab, der den Stamm auf einer Unterlage (zum Wasserablaufen) festhält.

Verwenden wir *Vierkantholz*, in dem der Kern noch enthalten ist, so ist dieser ebenfalls so weit wie möglich auszubohren.

Die Abbildungen auf S. 57 geben Anregungen zum Beschnitzen:

a) Das Vierkant ist ringsum eingekerbt. Dadurch wird die Funktion des Tragens im »Kopf« des Quaders sichtbar.

b) Durch rhythmisches Einkerben wird die Maserung belebt. Inmitten niedriger Pflanzen wird das Mal zu einer Dominante für das Auge. Eventuell kann an geeigneter Stelle ein Monogramm flach in eine Seite des Vierkants eingekerbt werden.

c) Bildhauerisch geschickten Gartenfreunden ist der Entwurf einer Stele zugedacht, in die die Sonne als Lebenselement, dazu Monogramm, Jahreszahl und die zwölf Tierkreiszeichen flach in die kassettenförmigen Felder eingeschnitten sind. Block, Bildzeichen und Maserung wachsen zur gestalterisch-ästhetischen Einheit zusammen.

Die *figürliche Gartenplastik* erfordert hohes gestalterisches Können. Selten wird man unvorbereitet an den Stamm herangehen und sich von der spontanen Eingebung beim Behauen des Stammes leiten lassen. Zeichnerische Skizzen und plastische Studien in kleinerem Maßstab sind sichere Schritte für erfolgreiches Wirken.

Da auch hier gilt, alle Teilformen aus dem Mantel des Stammes herauszuarbeiten und sie zugleich an den Kern der Form zu binden, empfielt es sich, ein Modell maßstabsgerecht anzufertigen. Gasbeton (Silton) oder eine Gipsrolle, die man sich selbst gießt, lassen sich leichter mit Messer, Schaber usw. bearbeiten.

(Beachte: Kein Schnitzwerkzeug für Gips oder Gasbeton verwenden. Keine Gips- oder Gasbetonspäne auf die Werkbank für Holzbearbeitung!)

Bei der Ausführung der Arbeit im Stamm ist darauf zu achten, daß weder beim Hut noch bei Armen oder Kleiderfalten das Holz unterschnitten werden darf. Der fließende Verlauf der Maserung muß immer sichtbar sein, deshalb sind die Teilformen durch ein nur stumpfwinkeliges Anschneiden an die Form zu binden. Damit ist auch die Gewähr für lange Haltbarkeit der im Freien der Witterung ausgesetzten Figur gegeben.

Lüder Baier.
Beschnitzte Pfosten als Raumteiler
(Detail). Lärche, geräuchert.
Höhe 250 cm.
1979.
Die wellenförmig beschnitzten und
geschliffenen Stämme sind in einem
Rahmen drehbar montiert. Das Spiel der
Maserung in den gewölbten Flächen und
die Dynamik der gebogenen Kanten
regen zu Assoziationen über das
Wachstum in der Natur an.

Wirkungen der Maserung, wie wir sie beim Gestalten von Schalen kennengelernt haben, zeigt die Reihung von Stämmen zu einer durchbrochenen Wand. Die Durchdringung der Säule durch Höhlungen und das Ineinanderlaufen der gewölbten Kanten verleihen den Formen eine Dynamik, die symbolisch für das Aufstreben der Pflanzen zum Licht, somit Sinnbild des Wachstums in der Natur ist.

Mit diesem Beispiel deuten wir an, daß mit abstrahierten Sinnbezügen und ungegenständlichen Formelementen weitere Ausdrucksmöglichkeiten in der modernen Holzgestaltung erkundet werden können, die sich vom Formenduktus der Pflanzen in der Natur abheben.

Georg Lenk.
Zwei Reliefs
mit Bergleuten in Aufzugstracht.
Eiche, lasierend bemalt,
Teilformen vergoldet. Höhe 120 cm.
Lehrgangsarbeit im Haus der
erzgebirgischen Volkskunst Schneeberg.
Um 1965.
Die in der Höhe gestaffelten Figuren
füllen den Spiegel im Rahmen der
Eichenholzmaserung aus. Unter dem
lasierenden Farbauftrag bleibt die Holz-
struktur sichtbar.

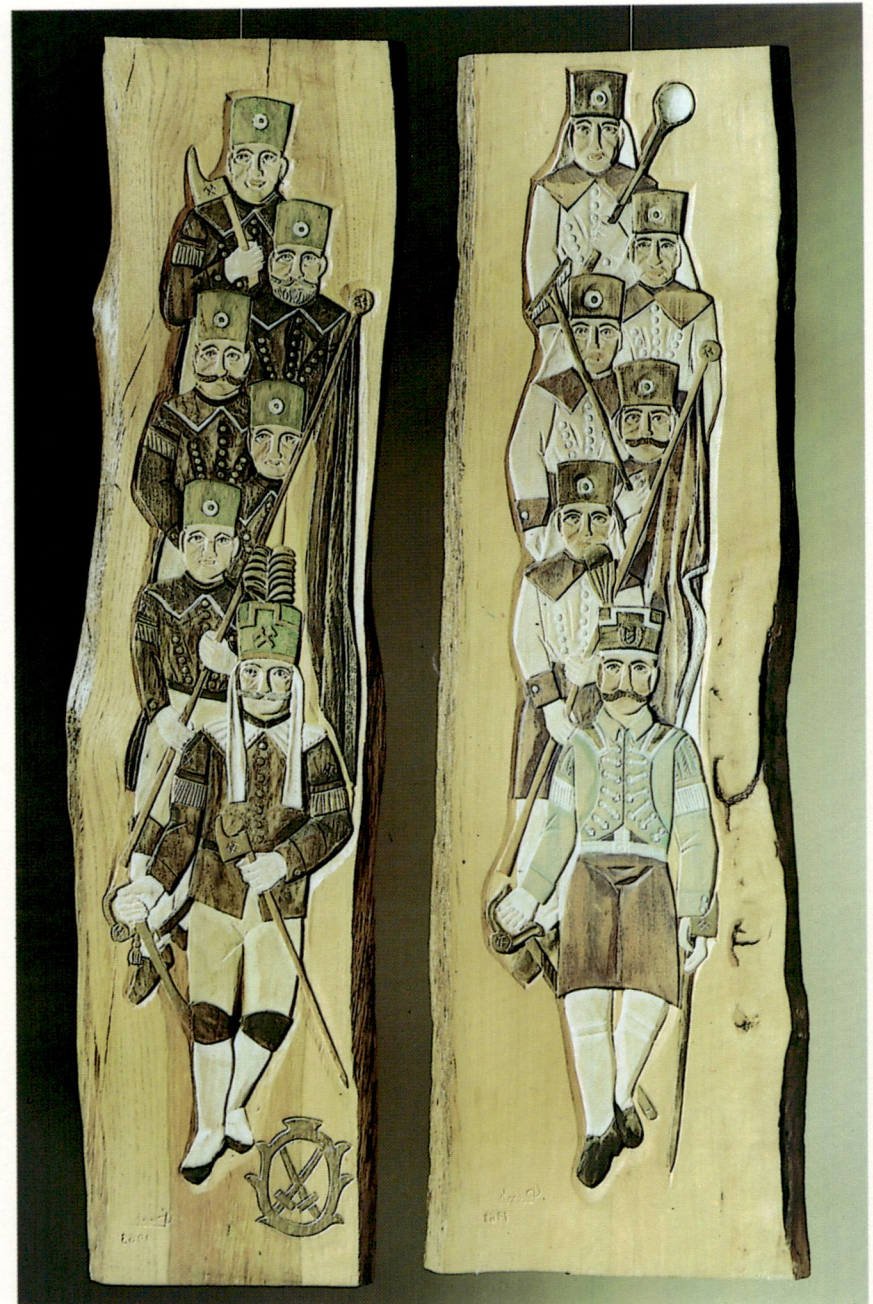

Bergwerk auf dem unteren Teller
einer Pyramide aus Freiberg.
Um 1830.
Stadt- und Bergbaumuseum Freiberg.
Die Unrast des Bergbaubetriebes wird bei
der Drehbewegung in einzelnen Szenen
sichtbar. Von der Sohle bis in die Spitze
des Berges sieht man vor Ort die Häuer
mit Schlägel und Eisen das Erz aus-
schlagen. Karrenläufer hasten in
gebückter Haltung vorüber. Im Schacht
hängen Erzkübel, die vom Haspler mühe-
voll nach oben gefördert werden.
Fahrten (Leitern), »der Schinderhaspel«,
Stempel und Unterzüge an den abge-
streiften Strecken sind Arbeitsleistungen
der Bergzimmerlinge. Der Betrachter
braucht viel Zeit, bis sich aus dem
Gewimmel über einzeln wahrgenom-
mene Szenen ein Gesamteindruck von
der strengen Ordnung im technisch
durchorganisierten Montanbetrieb der
Vergangenheit bildet.

Bretter, die die Welt deuten

Form und Maserung im Holzrelief

Aus unseren Holzvorräten suchen wir einige stark gemaserte Bretter heraus. Im Hirnschnitt erkennen wir den etwaigen Verlauf der Jahresringe. Dadurch läßt sich ungefähr berechnen, wie das Bild der Maserung aussehen wird, wenn wir in die Brettfläche mit verschiedenen Anschnittwinkeln Vertiefungen einschnitzen. Vom Gestalten der Gefäße her haben wir bereits Erfahrungen darüber, wie beim Ausheben von Mulden mit kreis- oder ellipsenförmigem Umriß die Maserung an die Form gebunden bleibt, wenn wir das Brett von links bearbeiten. Wird das Brett von rechts angeschnitten, laufen die Linien der Maserung auseinander, werden aber von den längsströmenden Linien auf der Brettoberfläche wieder eingebunden. Setzen wir im Brett mehrere Vertiefungen aneinander, erhalten wir von der natürlichen Struktur des Holzes her ein reizvolles Spiel wirbelnder, auseinanderlaufender und sich wieder vereinigender Linien.

In der Innenarchitektur nutzt man die Effekte der Holzmaserung, die durch bewußtes Verändern der Höhenschichten im Brett dem Auge die vorher verborgene Schönheit der Maserung erschließen. Heben sich die Linien des Spätwuchses dunkel ab, dann bleibt die Oberfläche des Holzes am besten roh, ohne Überzug von Mattine oder Lack. Ist man genötigt, die Wirkung der Maserung zu verstärken, kann man das Brett mit der Lötlampe gleichmäßig brennen und die verkohlten Holzpartikelchen mit einer Messingdrahtbürste abheben. Das weichere Frühholz wird tiefer abgetragen als das feste des Spätwuchses. Außer starken Farbkontrasten wirken nach dem Brennen und Ausbürsten die Höhenunterschiede zwischen den härteren und weichen Strukturlinien. Diese überziehen, ähnlich wie in Hölzern, die jahrzehntelang dem Witterungsverschleiß ausgesetzt waren, die Höhen- und Tiefenschichten nochmals in feinen aderförmigen Reliefspuren. Das rechte Feingefühl für diese Wirkung erwirbt man durch Probieren. Das Brennen der Hölzer ist allerdings zur Modeerscheinung geworden. Oft wird nur auf billige Effekte gezielt, z. B. mit unorganisch aufgetragenen angesengten Stellen, die nicht mit der Färbung und Zeichnung der Maserung übereinstimmen.

Relief in stark gemaserten Hölzern

Bei unseren bisherigen Übungen haben wir einen ganzen Teil praktischer Werkerfahrung mit der Holzgestaltung, wie sie die Bildschnitzer in der Vergangenheit von Generation zu Generation weiter vermittelten, wiedergewonnen. Wir haben gelernt, von außen abzuschätzen, was beim Gestalten an Form und Maserung im Brett steckt. Unser Gefühl für den Winkel, in dem das Holz angeschnitten sein will, ohne daß die Maserung zerschnitten wird,

Eckverband an einem Blockhaus. Fichte. Isergebirge.
Durch Verwitterung bilden sich im Holz natürliche Formen des Reliefs; im Hirnholz durch Höhenunterschiede zwischen dem Früh- und Spätwuchs der Jahresringe, im Längsholz durch den Fluß der plastischen Linien und der Wirbel, die sich um die Äste bilden.

Lüder Baier.
Reliefstudie, Lärche.
160 cm × 20 cm. Detail.
Um 1972.
Reliefgestaltung im Werkstoff Holz mit
seiner gewachsenen Struktur der Fasern,
Markstrahlen und Äste setzt Einfühlungsvermögen für die Wirkung der Maserung
beim Beschnitzen voraus. In den
geschnittenen und geschliffenen Höhlungen werden die Linien der Maserung
in der Mitte ellipsenförmig gefangen und
außen vom Spiel der Wellenlinien eingefaßt.

Rolf Kunze.
Reliefstudie.
Runde Formen, abwechselnd erhaben
und vertieft in die Fläche geschnitten.
Kiefer. 22 cm × 11,5 cm.
1986.
Die Wirkung der Maserung beim konkaven und konvexen Beschnitzen von der
linken Brettseite aus wurde erprobt.

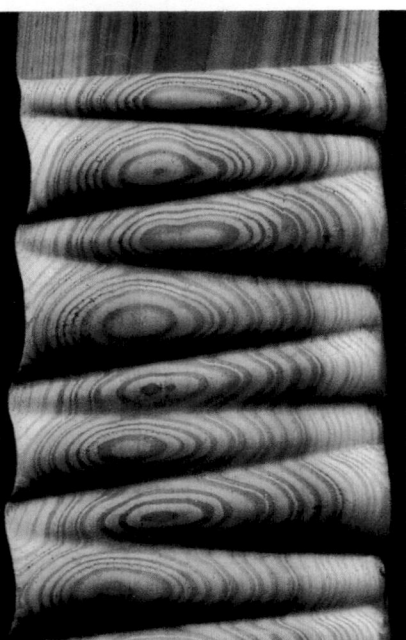 

hat sich verfeinert. Wir sind zu der Erkenntnis gelangt, daß man beim Zu-
rücksetzen des Grundes nicht willkürlich verfahren darf, sondern Ordnung
in die Vielfalt bringt, wenn man gleichmäßig tief ins Holz einschneidet.

Mit diesem Wissen versuchen wir nun, weitere runde Formen so in die
Brettfläche zu schneiden, daß die kreisenden, wirbelnden, auseinanderlau-
fenden und sich im gemächlichen Hinfließen findenden Linien der Maserung
in ihrer Wirkung ausgewogen erscheinen. Wir schneiden das Brett von links
an, beobachten den Verlauf der Maserung beim Höhlen, setzen konvex gewölbte Flächen in verschiedenen Größen und Formen daneben, in die Mitte,
an den Rand und füllen unsere Fläche weiter mit konkaven Formen. Dabei
achten wir darauf, daß das Spiel der Maserung in seinen Gegensätzen durch
die Randfläche wie in einen Rahmen eingefaßt wird.

Wir staunen, wie unser Auge in den von uns ungegenständlich gewollten
Formkombinationen *Bilder* entdeckt. Unsere Phantasie kommt ins Spiel, und
es reizt uns, nach neuen Gebilden im Holz zu forschen. Beim Vergleich der
Maserung verschiedener Holzarten werden wir dazu inspiriert, jeweils neue
Formgebilde zu erschauen.

Die Ausdeutung der Maserung ist immer subjektiv. Aber es ist lohnend,
sich den Sinn für die Bildwirkung der Maserung zu entwickeln, ganz gleich,
ob dabei an gegenständlich-thematische oder an abstrakte Motive in stark
strukturiertem Holz gedacht ist.

Lüder Baier.
Durchbruchrelief. Studie.
Sofora, gesandelt. 132 cm × 38 cm.
Um 1968.
Zum Durchbrechen der Relieffläche
eignen sich Blattranken und Objekte, die
eine Gitter- oder Netzwirkung hervor-
rufen. Im abgebildeten Beispiel sind in
den sphärischen Flächen der Durchbrüche die festen Holzzellen der Jahresringe plastisch erhöht. Die weicheren
Bestandteile dazwischen wurden vom
Sandstrahl abgetragen.

Der Verlauf der Maserung im Längsholz ändert sich, wenn wir Mulden oder kreisförmige Vertiefungen in die Brettoberfläche schneiden. Von links angeschnitten, werden die dunklen Schichten des Spätwuchses wieder in Kreisen oder Ellipsen gefangen. Von rechts angeschnitten, verlaufen die Jahresringe hyperbelförmig.

Anregungen zu Reliefstudien mit kreisrunden Formen. In die rahmende Maserung sind runde Formen in unterschiedlichen Größen konkav oder konvex eingeschnitten. Dabei wird die Maserung jeweils ringförmig gebunden. Die vertieften spitzen Formen zwischen den aneinanderstoßenden Kreisumrißlinien beleben rhythmisch die Fläche.

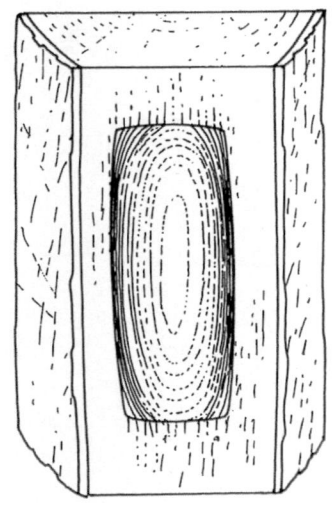
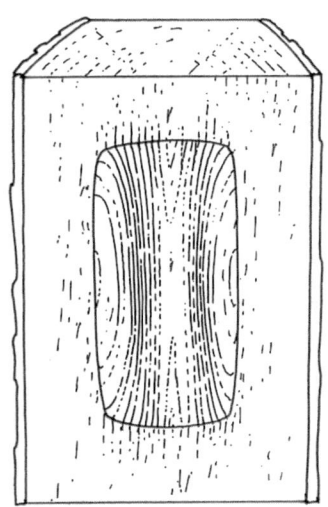
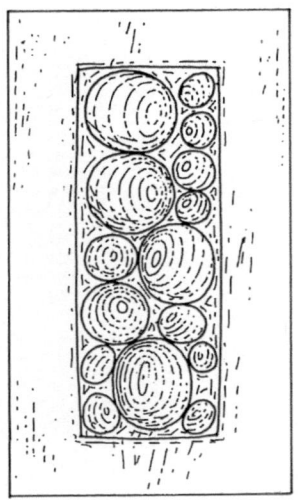
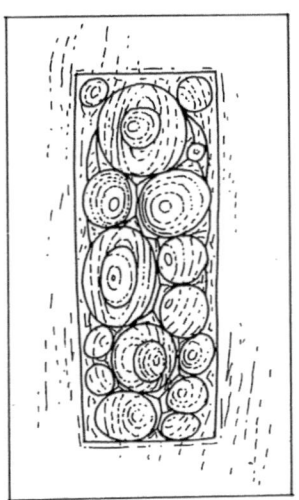

Monogrammbuchstaben. Das Relief kann flach ausgehoben oder als Durchbruchrelief ausgeführt werden.

In einer Übung wollen wir in die Maserung von Laubholzarten, wie Esche, Eiche, Rüster oder Ahorn, so einschneiden, daß die Buchstaben unseres *Monogramms* erhaben in der Brettoberfläche stehen. Von den Schnittkanten werden die Umrißlinien der Buchstaben begrenzt. Der Schatten hebt die Schriftzeichen vom Grund ab. Unser Anliegen, gleichmäßig tief in die Brettfläche zu kerben, erfordert, die Schnitte in unterschiedlichen Winkeln anzusetzen und die Zwischenflächen klein zu halten. Die Schicht in der Tiefe des Brettes, bis zu der alle Kerben eindringen, ist der Reliefgrund.

Lüder Baier.
Relief an einer Truhe. Lärche.
1968.
Die ornamentale Ordnung entstand
durch Wiederholung der Formelemente
in der Fläche. Mit der Drahtbürste
wurden die weichen Holzpartikel heraus-
gelöst. Dadurch kommt eine gleichmäßige Reliefwirkung über die gesamte
Oberfläche hinweg zustande.

Relief
mit dekorativer Form eines Kerbtieres.
Fichte. Höhe 85 cm.
Um 1958.
Von der Maserung und den Astflecken
angeregt, schnitzte ein Jugendlicher die
dekorativen Formen eines Insekts in die
Brettfläche.

Reliefoberfläche und *Reliefgrund* sind die beiden Ebenen, zwischen denen sich das Schauspiel der Maserung vollzieht. Meist erscheinen Bildfiguren oder -gegenstände wie Lebkuchen aufs flache Kuchenbrett, auf den Relief-grund aufgelegt, nachdem die übrigen, nicht von den Figuren beanspruch-ten Schichten bis zum Grund abgetragen wurden.

Wenn wir das Brett für unsere Schriftzeichen dünner nehmen und steiler einschneiden, durchbrechen wir es. Die Schnittflächen, die die Buchstaben begrenzen, dürfen aber nicht so steil sein, daß die angeschnittene Maserung verschwindet. Unser Monogramm im *Durchbruchrelief* ist dann recht gelun-gen, wenn die wirbelnden und rahmenden Linien der Maserung an den schrägen Kanten und der ruhige Fluß der Maserung auf der Oberfläche der Buchstaben harmonisch zusammenklingen. Auch die Größe der Durchbrü-che will dabei aufeinander abgestimmt sein. Eine einfache bescheidene Übung, die uns aber wertvolle gestalterische Erfahrungen finden läßt.

Relief mit Pflanzendekor

Wir haben gelernt, ins Holz »hineinzuhorchen«. Holz in seiner Struktur ist Pflanzliches. Jahresringe und Maserung sind erstarrtes Wachstum des Bau-mes. Bei der Wahl von Pflanzen als Motiv für Reliefgestaltung sind Bretter

Reliefentwürfe für Pflanzenornamente in gebundener Ordnung. Von der Brettgröße und dem Bild der Maserung wird letztendlich bestimmt, wie die Form ausgeführt wird.

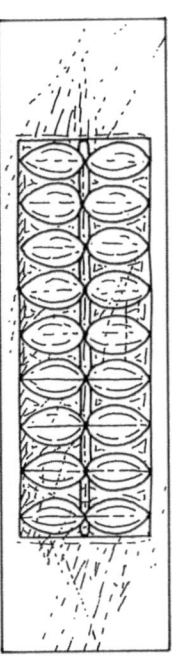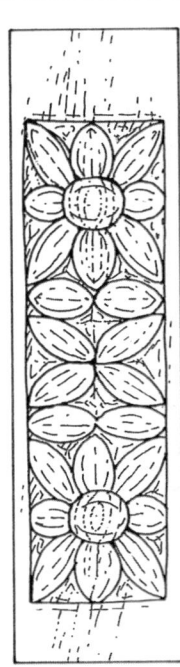

Reinhold Bertram.
Blüte mit Schmetterling.
Durchbruchrelief. Fichte. Höhe 80 cm.
Lehrgangsarbeit in der
Volkskunstschule Oederan.
1963.
Das »Bild im Brett« regte zum Motiv
eines Schmetterlings auf einer blühenden
Pflanze an.

mit gut sichtbarer Maserung besonders geeignet. Die Maserung wiederum verpflichtet, den Ausdruck des Pflanzlichen im Brett zu erkennen und in die Gestaltung einzubeziehen.

Es sind oft Äste, die mit der umgebenden Maserung zu besonders markanten Formen inspirieren. Zwei große symmetrische Astflecken regten an, den Kopf eines Insekts mit wenigen Schnitten aus dem Brett herauszuarbeiten. Ein weiterer Ast in der Mittelachse wurde zum Schild auf den Flügeln des Kerbtieres. Mit etwas Phantasie und gutem Formempfinden entstand das Relief eines exotisch anmutenden Tieres. Flächen, bei denen die Zeichnung der Maserung unbearbeitet als Reliefoberfläche stehenblieb, und stark strukturierte Zonen gliedern das Ganze rhythmisch.

Oft bildet der dunkle Fleck eines Astes den Mittelpunkt einer Blüte. Die konzentrischen Ringe wirken wie ein Blütenkorb. Die dunkle Farbe des Blütenkorbes und die Form der umgebenden Blütenblätter binden die Maserung ein. Durch das einfühlsame Bearbeiten kommen die Eigenschaften der Maserung zum »Blühen«.

Bei manchen Brettern bietet es sich an, mit Durchbrüchen den Eindruck des Vegetativen zu verstärken. Die Flügel eines Schmetterlings, der sich auf die Pflanze niederläßt, scheinen zu vibrieren; so läßt es uns die rhythmisch schwingende Maserung deuten.

Aus Brettern mit einer schönen Maserung lassen sich Reliefs mit Pflanzen-

Horst Schreiter.
Blume. Relief.
Kiefer. Höhe 99 cm.
Lehrgangsarbeit im Haus der
erzgebirgischen Volkskunst
Schneeberg.
1954.
Stark gemaserte Hölzer lassen nur an
großflächigen Teilformen die Maserung
zur Wirkung kommen. Das dunklere
Kernholz gibt der Komposition mit der
bewegten Umrißform Festigkeit.

dekor schnitzen, deren Formen nach unseren Entwürfen regelmäßig angeordnet sind und bei denen die Höhen und die tiefen Stellen des Reliefgrundes die Fläche rhythmisch gliedern.

Große füllige Formen der Blätter und Blütenteile sind für stark gemasertes Holz notwendig, weil nur in Flächen von gewisser Ausdehnung die Maserung zu ruhigem, harmonischem Klingen gebracht werden kann.

Unsere Werkzeichnung, die nach mehreren Entwurfsskizzen in der Brettgröße ausgeführt ist, kann mit weichem Stift auf die Brettoberfläche aufgetragen werden.

Beim Schnitzen wächst die Spannung mit jeder Fläche, die wir neu anschneiden. Ob der eigenwillige Charakter der Maserung mit unseren kompositorischen Erwartungen übereinstimmen wird?

Die hohlen und erhabenen Flächen verlangen einen sauberen Schnitt mit sachkundig angeschliffenem Werkzeug. Stark gemaserte Hölzer lassen sich nur in Faserrichtung glattschneiden. Löcher durch abgerissene Holzsplitter kann man nur durch Abheben einer ganzen Schicht wieder in der Fläche ausgleichen. Es empfiehlt sich, das Eisen beim Schneiden in Faserrichtung jeweils leicht zu drehen, dabei Span für Span sauber abzuheben. Angeschnittene Späne an den Übergängen der Teilformen verwirren das Auge; sie zerhacken den Linienfluß der Maserung, auf den es uns ankommt. Wie beim Glätten der Höhlung einer Schale tasten wir von Zeit zu Zeit mit den Fingerspitzen die Wölbungen der Oberfläche ab und überprüfen, wie die Oberfläche geschnitzt ist und ob alle unsauberen Stellen beseitigt sind. Auf diese Weise läßt sich der hohe Wert einer guten Schnitzarbeit im wahrsten Sinne des Wortes begreifen.

In vollendeter Weise stimmen Maserung und Motiv in dem Relief mit zwei übereinanderstehenden Blumen überein. Der runde Blütenkorb mit dem Kranz der Blütenblätter wird von schräg nach oben gerichteten Blättern getragen, die mit einem massiven Blattstengel an die Mittelachse gebunden sind. Das Halbrund der Blattumrisse am unteren Ende bereitet die Blickführung nach oben vor. Es wird von den Formen der Blüte in der Mitte beantwortet und oben zum Höhepunkt und Abschluß geführt. Die aufstrebenden Linien der Maserung sind im breiten, dunklen Streifen des Kernholzes stark betont. Die Wülste der Blütenkörbe binden diese starke Zeichnung der Maserung ein, nochmals umschlossen von den hohl angeschnittenen Blütenblättern. Der dunklere Mittelstreifen gibt der Komposition so hohe Festigkeit, daß die Blüten keinen rahmenden Reliefgrund brauchen. Die Umrisse der Blätter und Blüten sind ausgesägt. Die bewegten Umrißlinien und die durch erhabenes und höhlendes Anschneiden interessant gestaltete Maserung vereinigen sich zur Gesamtaussage. Das in der Maserung erstarrte Leben der Pflanze ist durch die von starker Intuition geleitete Schnitzarbeit für das Auge des Betrachters wiedererweckt.

Figur und Maserung im Relief

Die menschliche Figur ist ein bevorzugtes Motiv für die Reliefgestaltung. Paare, wie Adam und Eva oder Tanzende, auch Einzelfiguren, Bauern, Jäger, Handwerker und deren Frauen in der Tracht ihres Standes nach der zeitgenössischen Mode, lassen sich gut in die Brettumrisse einfügen. Wir wählen Figurentypen aus, die thematisch in den Raum passen, für den unsere Reliefs bestimmt sind.

Die längslaufende Maserung und zum Teil dunklere Färbung des Kernholzes geben bestimmte Formwerte vor, auf die wir beim Entwurf eingehen. Wir zeichnen zuerst die typischen Umrisse auf, die mit den Binnenformen der Kleidung zur Wirkung gebracht werden. Bei der *Frau* ist es das Kopftuch, das die Breite des Brettes ausfüllt, beim *Schmied* die Krempe des Hutes. Die Einschnürung am Hals kehrt abgewandelt an der Taille und über den Füßen wieder. Das Brett bleibt als kompositorischer Rahmen erhalten. Dem rahmenden Oval des Kopftuches entspricht die Haltung der Unterarme und Hände beim Fassen des Kruges. Die glatte Oberfläche der Jacke wird durch die Hände und den Krug belebt. Breite Falten, die das Ausladen der Hüften sichtbar machen und dann senkrecht weiterlaufen, betonen die Faserrichtung und geben dem »Unterbau« durch Licht und Schatten Festigkeit. Die Füße sind schräg gestellt. Sie führen den Blick über die längsgestreiften Strümpfe nach oben, tragen so die Masse des Körpers in seiner Bindung an das hochgestellte Rechteck. Die Zipfel des Kopftuches fangen den nach oben geführten Blick wieder auf. Sie wiederholen die pfeilspitzenartige Stellung der Füße, bremsen im Knoten die Blickbewegung ab und führen das Auge zur ruhigen Betrachtung des Gesichtes.

Die *Werkzeichnung* für die Waldgängerin zeigt uns das Gerüst der Linien und Flächen, die durch das Schnitzen im Brett für das Auge und den Tastsinn zur Wirkung gebracht werden sollen. Wir vergrößern wieder die Werkzeichnung auf die Maße unseres Brettes. Das Liniengerüst übertragen wir mit weichem Bleistift auf die Brettoberfläche. Bei der ersten Schicht des Abtragens schneiden wir die Hauptlinien nur leicht ein. Nun erst beginnt die eigentliche Auseinandersetzung mit den Schichten des Reliefs. Körperglieder, die beim Naturvorbild in der Raumtiefe viele Zentimeter voneinander entfernt sind, sollen stark verkürzt in die flache Schicht von wenigen Millimetern zwischen Reliefoberfläche und Reliefgrund eingeordnet werden. Wir wissen aus Erfahrung, daß auf steiler angeschnittene Flächen der Schatten fällt, der die Form gegen die flach angeschnittenen Flächen, die im Lichteinfall verbleiben, abgrenzt.

Beispielsweise werden bei den Zipfeln des Kopftuches die umgrenzenden Linien steil angeschnitten, so daß die Maserung stark sichtbar wird. Die in der Realität darunterliegenden Flächen der Bluse sind von der Reliefoberflä-

Entwurf für ein figürliches Relief »Frau mit Kopftuch« in Kiefernholz

Schmied. Relief.
Kiefer. Höhe 101 cm.
Lehrgangsarbeit im Haus der
erzgebirgischen Volkskunst
Schneeberg.
1955.
Das Strömen der Maserung wird durch
die Längsfalten in der Schürze und in den
Ärmeln verstärkt und in den über-
kreuzten Armen, an den Schultern und in
den Formen des Kopfes gebunden.

Entwurf für ein Durchbruchrelief mit Bauernpaar und Blume. Ausführung in Kiefer
oder Lärche. Durchbrüche gliedern die
Komposition in Wechselwirkung mit den
bewegten Umrissen. Die Maserung des
Nadelholzes belebt und verbindet die
gewölbten und vertieften Teilformen.

che her flach zum Schnittpunkt der Zipfelkante am Reliefgrund hinzuführen,
um den Eindruck zu erwecken, die Zipfel stünden räumlich höher als die Partien der Bluse. Auf diese Weise ist es möglich, bei der gesamten Figur räumlich vor- und hintereinanderliegende Teilformen in die Reliefschichten zu
projizieren. Bevor wir uns an schwierige Partien wagen, probieren wir erst
einmal an einem gesonderten Stück Holz. In der Abbildung erkennen wir,
wie diese Verkürzung der Raumwerte durch das jeweilige Absetzen oder
Verlaufenlassen der Teilform erreicht wird. Mit der Wahl der Strukturlinien,
der Muster, die mit Wirkung der Maserung bewußt in die Relieffläche eingeordnet sind, lassen sich sogar soziale Bezüge andeuten, z. B. über Ausdruckswerte des herben Gesichts, der großen Hände und der Arbeitskleidung.

Was bei der Arbeit »Frau mit Kopftuch« im Entstehungsprozeß dargestellt
ist, wird am Beispiel des Schmiedes als fertiges Relief im Bild vorgeführt. Bei
dem Paar sind Struktur und Farbe des Holzes einander angeglichen.

Natürlich könnten wir ebenso Anmutiges oder Heiterstimmendes im Holz-relief zum Ausdruck bringen. Wenn Menschen in Tracht oder historischer Kleidung dargestellt werden sollen, dürfen die Formen der Trachtenzeich-nung nicht dem Holz aufgezwungen werden. In Skizzen und der Werkzeich-nung arbeiten wir Details der Tracht so um, daß deren Wesen in das Plasti-sche des Reliefs und in die Ausdruckträger des Werkstoffes Maserung und Farbe übertragen werden kann.

Trachtenzeichnungen aus dem 18. Jahrhundert regten den Entwurf eines *durchbrochenen Reliefs* als Wandschmuck in einem Wohnraum an. Er ist für die Ausführung in Kiefernholz gedacht. Den mittleren Raum zwischen den Umrißlinien der Figuren füllen eine Blüte und großformatige Blätter aus. Die durchbrochenen Zonen tauchen, über die ganze Fläche verteilt, mehrfach auf. Sie ordnen sich in der Größe den übrigen Formen unter und betonen die Formumrisse der Komposition (s. Abb. S. 71).

Relief mit Feinstruktur in wenig gemasertem Holz

Eine geschnitzte Backform, Arbeit eines Handwerksmeisters, ruft in uns größte Bewunderung hervor. Aus wenig gemasertem Holz, meist Birne, ho-ben die Modelstecher die Reliefformen *hohl* aus der Brettoberfläche heraus. Lebkuchenbäcker drückten in die Hohlform Teig, der dann jede kleinste Ver-tiefung positiv, d. h. nach außen gewölbt, wiedergibt. Uns sind heute vom Spekulatius noch solche gebackenen Reliefs bekannt, die aus Hohlformen abgequetscht sind.

In dem *Backmodel* sind Szenen einer Hirschjagd kompositorisch so stark verdichtet, daß die Figuren, Tiere, Reiter, Bäume und das Strauchwerk, auf kleinstem Raum ineinander verzahnt sind. Großen Reiz üben die weit über tausend kleinen plastischen Dekorelemente aus, die mit Bohrer, Geißfuß und

Jagdszene.
Backmodel.
Birne.
Die Struktur des Birnenholzes ermöglicht feingliedrige Formen. Handwerksmeister schufen beim Beschnitzen von Backmo-deln – Hohlformen zum Ausfüllen und Abdrücken mit Lebkuchenteig – kunst-volle Werke. Die Szene einer Hirschjagd vereinigt größere Flächen bewegter Körper von Mensch und Tier mit vielge-staltigen Dekorformen zu einer dynami-schen Komposition.

Martin Rehwagen.
Musterbrett.
Erle. 7 cm × 24,5 cm.
Lehrgangsarbeit
an der Volkskunstschule Oederan.
1963.
Die Dekorformen wurden zum
Beschnitzen von Kleinfiguren – ebenfalls
aus Erle – verwendet.

profilierten, speziell angeschliffenen Schnitzeisen in das gefügige Holz geschnitten wurden. Von der Komposition her sind die größeren Flächen für den schnitzerischen Reichtum der dekorativen Teilformen gut vorbereitet. Die zum Sprung erhobenen Vorderläufe der Hirsche kehren in den Formen der Vorderhände der Pferde und in den Läufen der Hunde wieder. Das Auge wird von Bogen zu Bogen geführt. Die Bewegungen sind durch Überdeckung und Linien in der Gegenrichtung jäh unterbrochen. Das ruft in uns den Eindruck von Unrast und lautstarker Hatz hervor. Ruhige Flächen der Tierkörper stoßen an stark belebte Oberflächen mit bizarrer, strömender oder wirbelnder Struktur. Die Reliefform in ihren kompositionellen Gegensätzen wird zum Träger des Ausdrucks von männlichem Vergnügen an der Jagd und unbändiger Lebensfreude.

In musealen Sammlungen sind viele solcher Backmodel erhalten, deren Bildmotive über das Leben der Menschen in früherer Zeit berichten. Dekorative Gestaltungsmittel dienen dazu, die Oberfläche am Körper von Mensch und Tier reich zu differenzieren.

Wollen wir das Schnitzen über phantasielosen Abklatsch von Naturformen oder über das Kopieren kunstgewerblich beeinflußter Verkaufsartikel hinausheben, dann sollten wir von den Meistern lernen, die Schnitzwerke wieder mit reichem schnitztechnischem Schmuck auszustatten. Es darf sich dabei nicht um einfallsloses Nachahmen vergangener Meisterleistungen handeln. Erwerb gestalterischen und schnitztechnischen Könnens in der Tradition alter Handwerkskunst ist Voraussetzung dafür, Themen und Formen des Gestaltens auch in unserer Zeit zu meistern.

Nehmen wir Brettchen von Birne, Apfel, harter Linde oder Erle. Wir wollen ein Musterbrett anfertigen und probieren, welche Spuren Bohrer, Hohleisen, Balleisen und Geißfuß beim Einschneiden in die Oberfläche hinterlassen. Zu den einzelnen Schnitten setzen wir mit dem gleichen Werkzeug weitere Schnittspuren in Beziehung, z. B. zur runden Form ringsum runde Formen, so daß eine Blüte entsteht. Zu linsenförmig eingeschnittenen Spuren setzen wir wieder Linsen. Daraus bilden sich gegen- und wechselständige Blattranken. Mondsichelförmige Einkerbungen lassen sich zu Strickmustern und ähnlichen Strukturen umsetzen.

Den Eindruck von Wellen bewirken wechselweise nach oben oder unten gewölbte Kerben. Die Schneide des Rundeisens muß selbst leicht gewölbt angeschliffen sein, wenn die Vertiefungen sauber und gleichmäßig geschnitten werden sollen. Der Schnitt ist im stumpfen Winkel zu führen. Mit dem Gegenschnitt löst sich der Span leicht und sauber ab.

Langfließendes, gelocktes Haar läßt sich durch Aneinanderreihen und Nebeneinandersetzen von sichelförmigen Schnitten gestalten. Aus sichelförmigen Elementen lassen sich auch Zweige, Fell und, in Verbindung mit Rundungen, das gekräuselte Wollkleid der Schafe sicht- und tastbar machen.

Wie im Bereich des textilen Gestaltens das Stickmustertuch, so entsteht, in Holz geschnitten, eine Mustersammlung an Zierformen für die Oberflächengestaltung von Schnitzarbeiten. Es lohnt sich, die sauber und übersichtlich angelegte Übungsarbeit für die spätere Anwendung der Dekore gut aufzubewahren.

Ein Teil Lehrlingsarbeit ist geschafft. Wir gehen ans Werk, um einen eigenen Backmodel zu schnitzen. Als Anregung zeigen die abgebildeten Entwürfe eine Pfefferkuchenfrau und die dekorativen Formen von Hirsch und Hahn. Wir zeichnen die Umrisse großformig auf, fügen die Körperteile ein und gliedern die Flächen rhythmisch mit Dekorelementen.

In mehreren Skizzen stimmen wir zunächst zeichnerisch die strukturierten Flächen und Streifen und die glatte Oberfläche so ab, daß die Figur kompositorische Festigkeit erhält und bestimmte Stellen betont sind. Bei der Pfefferkuchenfrau könnten das der Korb, die Fellmütze und der Rocksaum sein. Beim Schnitzen der Model läßt sich die kompositorische Wirkung kontrollieren, wenn die betreffenden Stellen mit einer plastischen Masse ausgedrückt werden. Der Abdruck gibt dann das positive, reliefplastische Bild wider. Dafür eignet sich z. B. ein Salzteig aus gleichen Teilen Mehl und Salz, dazu etwas Wasser.

Wir bemerken beim Üben, daß zwischen den einzelnen Schnittspuren innerhalb eines Musters oder Dekorstreifens keine großen Abstände bleiben dürfen. Licht und Schatten, die auf die schräg angeschnittenen Flächen der

Entwurf eines Musterbrettes. In wenig gemasertes Holz lassen sich Muster und Strukturen, wie Blüten, Blattranken, Haarsträhnen und Fell, einschneiden. Durch Aneinanderfügen und Kombinieren der Formen beim stumpfwinkeligen Einschneiden mit Bohrer, Hohleisen, Flacheisen oder Geißfuß entstehen Dekorstreifen und plastische Flächendekore. Die Schmuckformen können plastisch erhaben auf dem Reliefgrund stehen wie beim Abdruck der Backmodel oder vertieft sein.

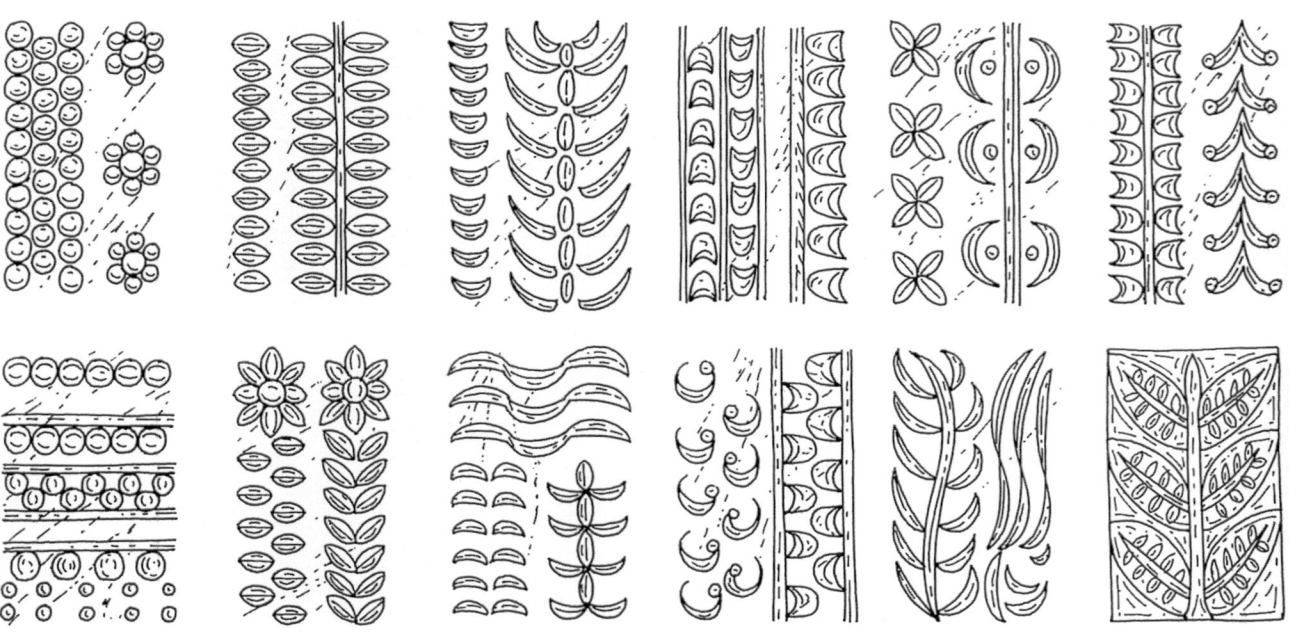

Entwürfe für dekorative Backformen: Lebkuchenhändlerin, Hirsch, Hahn. In die vertieft eingeschnitzten Körper sind Musterstreifen mit flachen Einkerbungen eingefügt. Die vertieften Bilder erscheinen auf dem Abdruck mit Teig plastisch erhaben, die Schmuckelemente erhöht aufliegend.

schmückenden Zonen fallen, formen für das Auge des Betrachters den Eindruck des zusammenhängenden Ganzen und beleben so die Oberfläche der Gesamtform. Diese Wirkung kommt nicht zustande, wenn die Kerben, aus denen ein Dekor zusammengesetzt ist, zu weite Zwischenräume haben und nur als einzelne Formelemente wirken.

Anwendungsformen des Reliefs im und am Haus

Möbel und Gebrauchsgegenstände wurden in der Vergangenheit gern mit geschnitzten Zierformen versehen. Es gab auch Zeiten, wo man des Guten zuviel tat. Prunk und Protz traten an die Stelle von maßvoll dekorierten Gegenständen; die Flächen wurden zu Staubfängern. Beim Verzieren bewährt sich der Grundsatz, daß der Schmuck nicht den Gebrauchswert der Dinge mindern darf.

Beispiele sollen zeigen, wie durch das Zusammenwirken von Form und Gebrauchswert der Gegenstände mit dem Reliefschmuck der ideelle Wert praktischer Dinge erhöht werden kann. Bei Stühlen und Bänken rustikal eingerichteter Räume verzichtet man gern auf weiches Polster. Die *Holzlehnen* der Sitzmöbel sind oft beschnitzt. Aus der Zeichnung ist zu ersehen, wie Tiere in die Stuhllehnen flach eingeschnitten und mit Durchbrüchen in den Rahmen der Umrißform eingebunden werden können. Alle scharfen Kanten werden verbrochen. Motiv und Maserung gehen ineinander über. Der Rücken des Sitzenden kann bequem anliegen. Die Lehne wird nach unten mit einem Zapfen verlängert, der durch einen Schlitz des Sitzes gesteckt und mit Keilen festgezogen wird.

Entwurf für die Lehne eines Bauernstuhls.
Flach eingeschnittene Tierform und
Durchbrüche durchdringen sich.

Entwurf eines Reliefs mit Durchbrüchen
für einen Briefkastendeckel. Die symmetrisch angeordneten Vögel bilden Ruhe-
punkte in dem Filigranwerk der Ranken
und Blätter, die nach dem Durchbohren
und Aussägen schräg angeschnitten
werden.

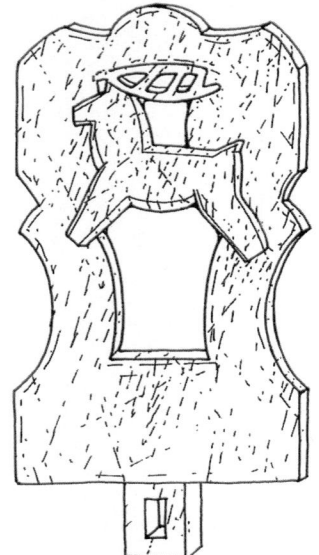
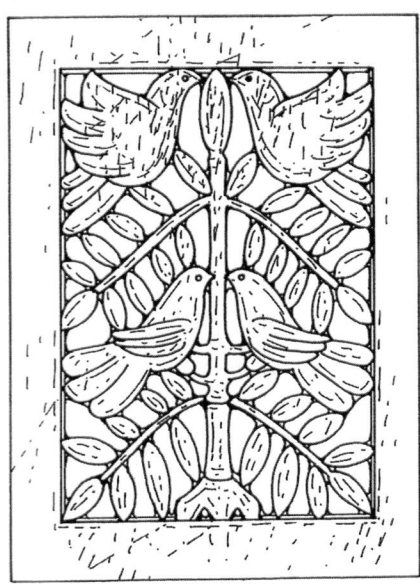

Reinhold Langner.
Bergmann vor Ort.
Detail aus der Rathaustür Marienberg.
Eiche.
1936.
Die Figur des hockenden Bergmannes,
der mit Schlägel und Eisen das Erz aus-
schlägt, bildet die Basis der Reliefs im
Anschlagpfosten der Tür. Großflächige
Formen des Menschen sind mit scharf-
kantigen, kleinteiligen Formelementen
der Gesteinsschichten und des Werkzeugs ins Gleichgewicht gebracht.

In ähnlicher Weise können die Lehnen von Ruhebänken beschnitzt sein.
Ist beispielsweise vorgesehen, Figuren in Berufstracht in die Lehne einzu-
schnitzen, so dürfen die Einkerbungen wiederum nur flach angelegt sein, damit das Sitzen nicht beeinträchtigt wird. Die Figuren bleiben erhaben in der
Brettoberfläche. Ihre Konturen werden nur leicht eingeschnitten und flach
vom Grund abgehoben. Dadurch entstehen weiche Übergänge zwischen
den Reliefebenen, die den Linienfluß der Maserung erhalten. Schriftzeichen,
auch Sinnbilder, z. B. Innungszeichen, lassen sich auf gleiche Weise in die
Gestaltung einbeziehen.

In Balkonbrüstungen und Treppengeländern können sowohl Pflanzenmotive als auch stark vereinfachte Figuren, z. B. Trachtenpaare verschiedener
Generationen, gestaltet werden.

Was über Banklehnen gesagt wurde, gilt auch für Anschlagpfosten von Türen und Rahmenpfosten an Truhen und Schränken. Das Bild zeigt den *Anschlagpfosten* der Rathaustür in Marienberg (Erzgeb.).

Betrachten wir eines der beschnitzten Felder. In dem Relief aus Eichenholz
ist ein Bergarbeiter vor Ort dargestellt. Der Winkel zwischen Fäustel und Unterarm kehrt am linken Arm und beim Eisen wieder. Die Kanten des Gesteins
fügen sich rhythmisch in die Bewegung ein und runden die Komposition ab.
Vom Geleucht strahlen Lichtbündel aus, die die großen, ruhigen Flächen des
konzentriert arbeitenden Bergmannes von seiner bizarren, gefahrbringen-
den Umgebung unter Tage abheben.

Ebenfalls in Eiche schnitzte der ehemalige Bergmann Georg Lenk das Mo-

Vogelnest. Relief.
Linde. Höhe 50 cm.
Lehrgangsarbeit im Haus der
erzgebirgischen Volkskunst
Schneeberg.
1956.
Das Flachrelief wurde durch alte Lebku-
chenmodel angeregt. Licht und Schatten
verbinden die Teilformen, die wie Buchstaben in einem Schriftsatz eng aneinan-
dergerückt sind.

Lüder Baier.
Truhe.
Lärche. 61 cm × 102 cm × 52 cm.
Füllungen mit Dekorformen
im Flachrelief.
Die rhythmisch sich wiederholenden
Dekorformen, die vertieft in die Fläche
eingeschnitten sind, wurden durch Aus-
bürsten der weichen Holzzellen zusätz-
lich mit einem Netz im flachen Relief der
Maserung überzogen.

tiv eines Bergaufzuges (s. Abb. S. 60). Die Figuren im Flachrelief überdecken
sich, und die dekorativen Bestandteile der Berufstracht beleben die Stellen
mit glatter Oberfläche. Werden auf diese Weise *Schranktüren* beschnitzt, so
fügen sie sich selbst in den sachlichen Stil moderner Möbel ein. Die Figuren
sind lasierend bemalt und zum Teil vergoldet.

Für *Türfüllungen* eignen sich gegenständliche Motive, wie Handwerkszei-
chen, Wappen oder auch, in Anlehnung an bäuerliche Volkskunst, Pflanzen-
und Blumenornamente, wie sie auch zum Verzieren der Stirnflächen an der
Wiege verwendet werden.

Der Vorschlag, neue Türen mit Schnitzwerk zu versehen, sollte gleichzeitig zu Überlegungen anregen, alte Schnitzereien an Haustüren und Portalen
zu pflegen und zu erhalten.

Den einschiebbaren *Deckel eines Briefkastens* schnitzen wir aus relativ
dünnem, feinstrukturiertem Holz, wie Linde, Ahorn oder Pappel. Als Motiv
bietet sich eine Komposition von Brieftauben und Blattranken an. Das Gitter
von positiven und durchbrochenen Formen wird in der senkrechten Mittelachse vom Baummotiv her aufgebaut. Die oberen, aufeinanderzu fliegenden
Tauben füllen mit ihren schwingenden Flügeln das Rechteck zu den Ecken
hin aus. Von Zweigen getrennt, deren Blätter die sanften Schwünge der Federn weiterführen, fügt sich ein zweites Taubenpaar darunter in das Feld ein.
Zweige und Wurzeln des Baumes schließen die Fläche nach unten hin ab.

Karl Lenk.
Sieben Schwaben.
Hochrelief. Eiche.
Lehrgangsarbeit im Volkskunstzentrum
Pochwerk Schneeberg.
1980.
Fast vollplastisch stehen die Figuren der
vom Hasen geängstigten Jäger vor dem
Reliefgrund.

Karl Lenk.
Historische Szene.
Hochrelief mit Durchbrüchen. Eiche.
Lehrgangsarbeit im Volkskunstzentrum
Pochwerk Schneeberg.
1976.
Die randfüllenden Figuren sind mit
Durchbrüchen deutlich begrenzt. Eine
querlaufende Zone mit Landschaftsele-
menten verfestigt die Figuren in der
Mitte. Schräge Schnittflächen verdichten
das Netz der Maserung.

Zwischen den Blättern ist die Fläche jeweils durchbrochen. Blätter und Federn sind flach dekorativ beschnitzt. Diese stark strukturierten Flächen werden von den Durchbrüchen noch gerahmt und betont. Sie erhalten ihre kompositorische Festigkeit durch die senkrecht aufsteigende Mittelachse und die relativ großen, ruhigen Flächen der Tierkörper. Die feine Maserung der unbearbeiteten Flächen an der Seite und am oberen und unteren Rand bindet die grazil bewegten Formen des Durchbruchreliefs fest ein.

Zum Kennzeichnen bestimmter Räume in größeren Gebäuden werden oft *Sinnbilder* verwendet. Aus Holz geschnitzt, lassen sich Reliefs mit klaren Umrißformen von Tieren auf ähnlich reiche Weise verzieren, wie es bei der Gestaltung von Modeln beschrieben worden ist.

Mit Malerei oder Schnitzerei geschmückte *Truhen* bildeten früher in den Familien der Bauern und Bürger wertvollen Besitz, der über Generationen weitervererbt wurde. In der Gegenwart weist dekorative Schnitzerei an einer Truhe oft unkonventionelle Formen auf, wie das Bildbeispiel beweist. In die Felder aus Lärchenholz sind mit dem Rundeisen Formen eingeschnitten, die sich durch die Wiederholung zum Ornament vereinigen. Nach dem Ausbürsten der weichen Zellen des Holzes heben sich die dunkleren Jahresringe erhaben heraus, überziehen die wellige Oberfläche mit einem plastischen Liniennetz und erhöhen auf diese Weise den Seh- und Tastreiz.

Kompositorisch in sich geschlossene Reliefs können auch an den Zimmerwänden hängen. *Märchenszenen* im Hochrelief und Gestaltungen historischer Themen im Durchbruchrelief sollen die Auswahl der Beipiele beschließen.

Weder die hier gezeigten Motive noch die Anwendungsbeispiele füllen das weite Wirkungsfeld der Reliefschnitzerei aus. Sowohl figürlich-thematische Arbeiten der traditionellen Reliefschnitzkunst als auch ungegenständliche, stark von der Maserung inspirierte Formen sowie abstrakte Gestaltungen haben im modernen Lebensgefüge ihre Berechtigung und Bedeutung. Dem eigenen Gestaltungsdrang und handwerklichen Können sind hier keine Grenzen gesetzt — wenn die entstehenden Arbeiten nur den ästhetischen Eigenwert des Holzes zur Geltung bringen.

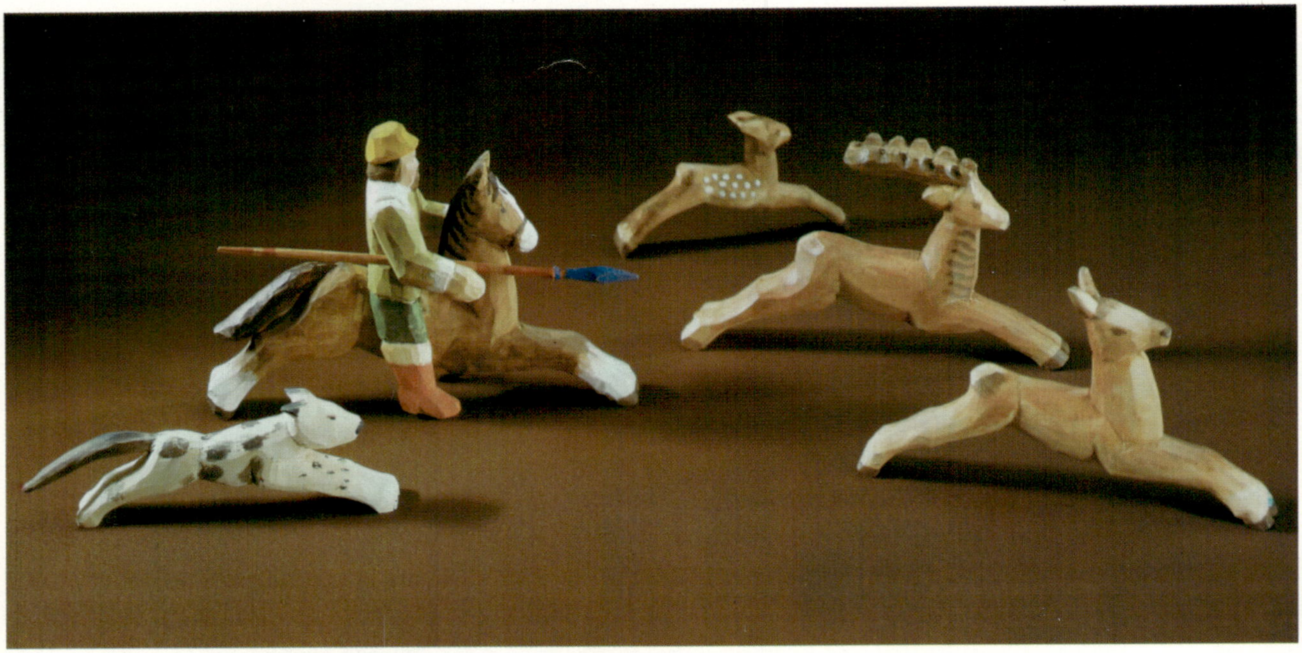

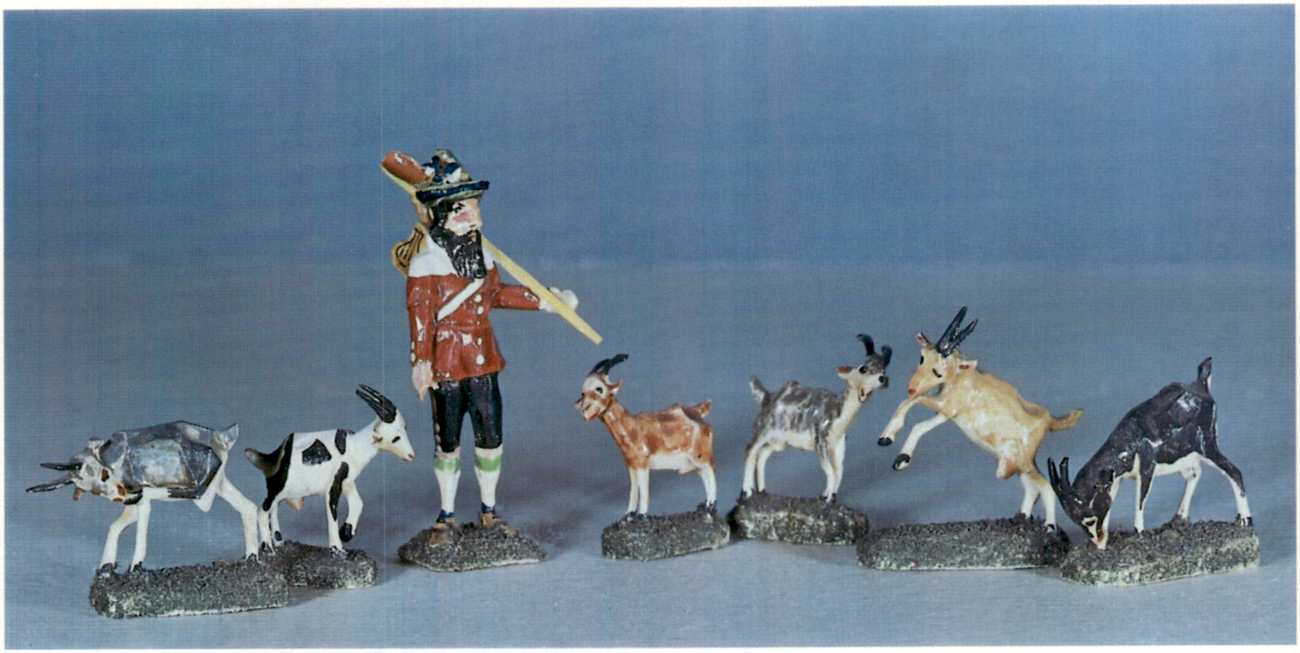

Rolf Kunze.
Hirschjagd.
Linde, bemalt. Höhe 12 cm.
1984.
Springende Tiere und Reiter sind auf
große Form geschnitten. Bei der Darstellung der bewegten Szene wurde auf stärkere Durcharbeitung einzelner Formelemente verzichtet.

Anna Schuster.
Hirte mit Ziegen.
Aus einer Weihnachtskrippe.
Linde, bemalt. Höhe bis 6 cm.
Berchtesgaden. 1930.
Das Schnitzen von Krippen für die Wohnungen der Bürger ist durch die Altarschreine in den Kirchen angeregt
worden, die in der Weihnachtszeit auf
den Flügeln geschnitzte Szenen der
Christgeburt zeigen. Bei der Darstellung
des Weihnachtsevangeliums wird das in
der eigenen Umwelt Erlebte besonders
lebendig widergespiegelt. ·

Erich Müller.
Tiere aus dem »Garten Eden«.
Linde, bemalt. Höhe 2,8 bis 18 cm.
1951.
Staatliches Museum
für Volkskunst Dresden.
Der Holzbildhauer schnitzte nach Studien
im Dresdener Zoo über 150 Tierarten. Die
Figuren sind räumlich, zum Teil in schreitender Haltung und mit Drehungen der
Körperglieder großformig erfaßt. Der
lasierende Farbauftrag läßt die Spuren
der Schnitzwerkzeuge auf der plastischen Oberfläche des Lindenholzes
erkennen.

Storch mit Wickelkind.
Linde. Höhe etwa 40 cm.
Lehrgangsarbeit im Haus der
erzgebirgischen Volkskunst
Schneeberg.
1956.
Feinfaseriges Holz verlangt eine Gliede-
rung mit dekorativen Flächen. Die
Dekore wurden nach historischen Leb-
kuchenformen gestaltet.

Der Garten Eden

Wesen und Aussage holzgeschnitzter Tierfiguren

Um die Vielgestaltigkeit der Tierwelt darzustellen, gab im Jahre 1960 der damalige Direktor des Dresdner Zoologischen Gartens, Prof. Dr. Wolfgang Ullrich, beim Bildschnitzer Erich Müller einen »Garten Eden« in Auftrag. Das Werk, aus 107 Teilen bzw. Gruppen bestehend, bildet seit 1975 einen Anziehungspunkt für Schaulustige im Staatlichen Museum für Volkskunst Dresden.

Besondere Eigenschaften der Tiere sind es, die den Menschen immer wieder anregen, Tiere bildhaft-plastisch zu gestalten. Je nach der Beziehung zum Tier werden dazu die unterschiedlichsten Materialien verwendet, vom Plüsch für Wuscheltiere über Plaste für Tastspielzeug bis zum harten Stein oder der schillernden Bronze für plastische Bildwerke. Jeder dieser Werkstoffe hat andere Eigenschaften, die zur Kennzeichnung bestimmter charakteristischer Seiten der Naturvorbilder dienen.

Wollen wir Tiere schnitzen, dann überlegen wir zuerst, über welche wesentlichen Eigenschaften in der plastischen Formensprache berichtet werden soll. Wir trachten danach, mit den Aussagewerten der verwendeten Holzart und durch die technisch-gestalterischen Mittel unsere Formvorstellung zu verwirklichen.

Viele Beispiele aus der Volkskunst und der Kunst der Meister lehren uns, daß es leichter ist, Tiere aus Holz zu formen, als gemeinhin angenommen wird. Wir dürfen nur nicht anstreben, das auserwählte Tier in kleinem Maßstab »naturgetreu« nachzubilden. Wenn wir nach dem Grundsatz vorgehen, beim bildnerischen Gestalten alles, was für die Aussage unwichtig ist, wegzulassen und alles Wichtige hervorzuheben, werden wir bald eine eigene plastische Bildsprache finden.

Die Beispiele, die verschiedene technische Möglichkeiten als auch gestalterische Lösungen unterschiedlicher Niveaustufen vorführen, ermöglichen jedem, für seine Ansprüche an das Gestalten die rechten Mittel einzusetzen.

Schmucke Vögel

Ein schmucker Vogel — eine Art Goldfasan — läßt sich aus Ästen und Schuppen von den Zapfen der Kiefer gestalten. An den Rumpf aus einem Stück Kiefernast setzen wir aus Teilen von einer Astscheibe bestehende Flügel und Ästchen als Beine sowie Hals und Kopf. Die Federn des Halses bilden wir aus Schuppen der Zapfen. Für Federbusch und Schwanzfedern können mit dem Messer Späne aus dünnen Zweigen gezogen werden. Als Augen sind dünne Astscheibchen möglich. Alles wird mit Leim befestigt und die Tierfigur auf eine Scheibe gesteckt.

Einfache Formen der Montageplastik. Der Körper des Fasans wird aus Astteilen und Schuppen der Kiefernzapfen zusammengeleimt.

Zootiere.
Lindenholz, lasierend bemalt.
Leder, Hanfbindfaden. Höhe 5 bis 12 cm.
Spielwarenfachschule Grünhainichen.
Vor 1933.
Aus Holz geschnitzte Tiere unter-
scheiden sich in der Form von Gestal-
tungen aus Ton oder anderen knetbaren
Werkstoffen. Die Zootiere sind in der
Seitenansicht aus dem Brett herausge-
schnitten. Mit wenigen schrägen Flächen
beschnitzt, haben sie ihre charakteristi-
sche Form erhalten.

   Wir erhielten die Gestalt des Fasanenhahnes durch Zusammensetzen von
Teilformen aus Holzstückchen verschiedener Größe und Form. Diese »Mon-
tage«plastik ermöglicht es, durch Probieren und Auswechseln der Teile verschiedene Formen zusammenzustellen. Die Form ist aufgebaut, im Gegensatz zur Holzskulptur, bei der die Gesamtform entsteht, indem die Masse des
überflüssigen Holzes mit dem Werkzeug abgetragen wird.
   Wir können auch Tiere aus unbearbeiteten Aststücken und beschnitzten
Teilen zusammensetzen wie die abgebildete Wildschweinfamilie oder die
Giraffe. Bei den Frischlingen wurden die charakteristischen Streifen durch
leichtes Abschälen der oberen Rindenschicht, bei der Giraffe die Flecken
durch kräftiges Herausschälen der Rinde bis auf den Holzmantel sichtbar.
   Wurden beim Fasan die einzeln gezogenen Späne angesetzt, versuchen
wir bei einem Wiedehopf, die Späne für Kopfputz und Gefieder aus einem
Stück mit dem Schnitzmesser zu schneiden und leicht zu rollen. Eintauchen
in heißes Wasser verstärkt die Krümmung der »Federn«.
   Als Raumschmuck sind Tierplastiken aus Holz sehr beliebt, deren Oberfläche glattgeschliffen wurde, wodurch Farbe und Maserung deutlich sichtbar
sind. Die Abbildung führt uns vor Augen, wie die Figur eines grazilen Vogels
in einer Astabzweigung enthalten ist, die wir durch unsere Bearbeitung mit
dem Werkzeug – mit Säge, Schnitzeisen, Raspel und Schleifleinen – aus
dem umhüllenden Holz befreien.

Vogel
aus Astabzweigung herausgearbeitet.
Apfelbaum, beschnitzt. Mit Raspel und
Schleifleinen geglättet.

Wiedehopf
aus Lindenast und Astscheibe.
Späne mit dem Messer abgeschlissen.

Die Wildschweinfamilie entsteht aus einzeln beschnitztem Astholz.

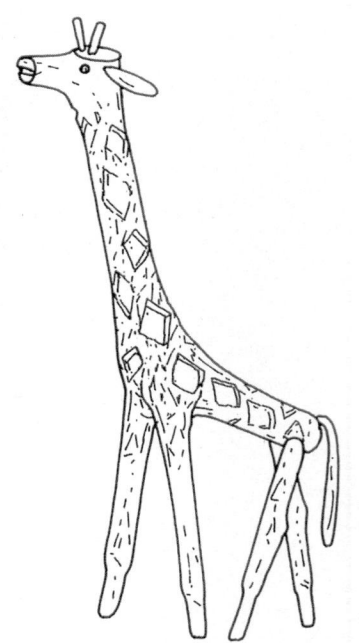

Durch Abschälen der Rinde entstanden die hellen Flecke auf der Giraffe.

Mit geschliffenen Tierfiguren läßt sich ein *Raumteiler* bilden, wenn die Vögel auf Stäbe gesteckt und rhythmisch in einen Holzrahmen eingefügt werden. Man kann die dekorative Wirkung des Raumteilers erhöhen, wenn quergelagerte geschliffene Holzteile — eventuell auch gedrechselte Scheiben — die Anordnung der massiven Formen auflockern.

Selbstverständlich lassen sich Vögel als Raumschmuck auch mit den herkömmlichen technischen Mitteln des Schnitzens gestalten. Ein Hahn kann in der Seitenansicht aus dem Lindenholzblock ausgesägt werden. Die plastische Grundform des Tierkörpers mit schlanken, schmalen Gliedern und breiter ausladenden Partien wird mit den Schnitzeisen auf leicht gewölbte, spannungserfüllte Oberfläche geschnitten. Die Flächen der klar gegliederten Form aus gering gemasertem Holz verlangen nach dekorativer Bemalung.

Bei dem Storch sind unsere Erfahrungen im dekorativen Beschnitzen angewendet. Die Oberfläche des Tierkörpers ist mit dem Schnitzeisen so gestaltet, daß das Federkleid reliefplastisch sichtbar wird.

Während die bemalte Tierfigur in einem kleinen Maßstab (etwa bis 10 cm Höhe) ausgeführt werden kann, lohnt es sich, dekorativ beschnitzte Tierplastiken in größerem Format zu gestalten, eventuell 25 bis 30 cm hoch.

Da wir immer bestrebt sind, die »Sprache« des Materials in die Aussage unserer Schnitzarbeiten einzubeziehen, wird uns Emil Teubners »Vogelnest« Anregungen bieten, selbst in Wurzelstubben oder in den Knoten von Wucherungen im Baumstamm Figur und Gestalt zu entdecken und diese mit unserem Werkzeug zu enthüllen. Der Wucherungsknoten wurde zum Nest, in dessen schützender Umhüllung die Vogeljungen sich geborgen fühlen. Die fütternden und sichernden Eltern sitzen auf dem Nestrand. Sie sind aus den Ästen herausgeschnitzt, die aus dem Knoten seitwärts herausragen. Die Maserung des verkrümmt gewachsenen Holzes wird bewußt als dekoratives Element in die Gestaltung einbezogen.

Von »schweren Brocken« und grazilen Schnellfüßern

Die Aussagewerte des Materials nutzen wir auch, wenn wir die »schweren Brocken« der Tierwelt als Motiv für unsere Schnitzarbeiten wählen. Wollten wir die majestätische Größe indischer Elefanten oder den dümmlich-plumpen Ausdruck des Nashorns naturgetreu mit verkleinerndem Maßstab in Holz nachbilden, so wären wir enttäuscht, weil durch das Nur-Verkleinern die Wirkung der Größe verlorengeht. Was uns an diesen Tieren in der Natur beeindruckt, ist die gewaltige *Masse* der Tierkörper.

Bereits an den Zeichnungen wird deutlich, daß diese Wirkung massiver Größe im Werk kleinen Maßstabs dadurch erzielt werden kann, daß die Körperglieder noch massiger in den Umriß des Tieres eingefügt sind als die natürlichen Proportionen. Im Holzblock wird von der Masse des Holzes nur so wenig abgetragen, daß die spezifische Form des Tieres mit wenigen leicht einkerbenden Schnitten gekennzeichnet ist.

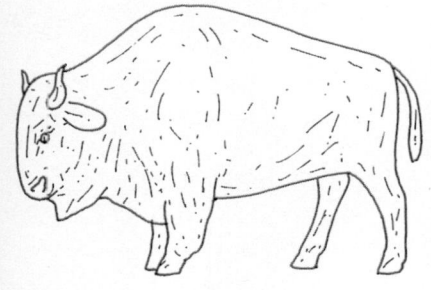

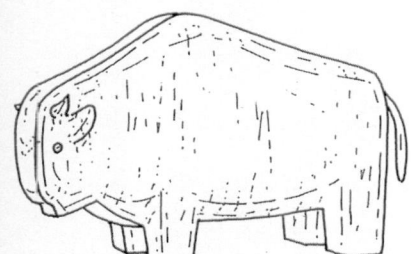

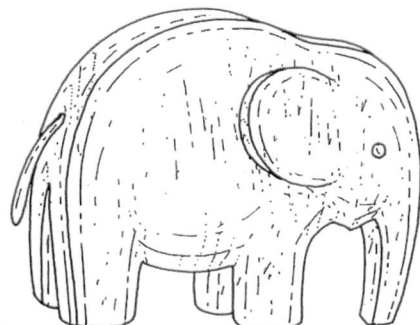

Massige Tierformen: Bison und Elefant.
Umsetzung der Tierzeichnung in einen
Entwurf für das Schnitzen

Kurt Bertram.
Waldtiere: Mufflonpaar, Füchse, Biber.
Eiche. Höhe 2,5 bis 6 cm.
1986.
Die Formen sind rundplastisch erfaßt und
dem Verlauf der Maserung des Eichenholzes angepaßt.

Keiler.
Fichte, beschnitzt.
Maserung nach Ansengen durch Ausbür-
sten reliefplastisch verstärkt.

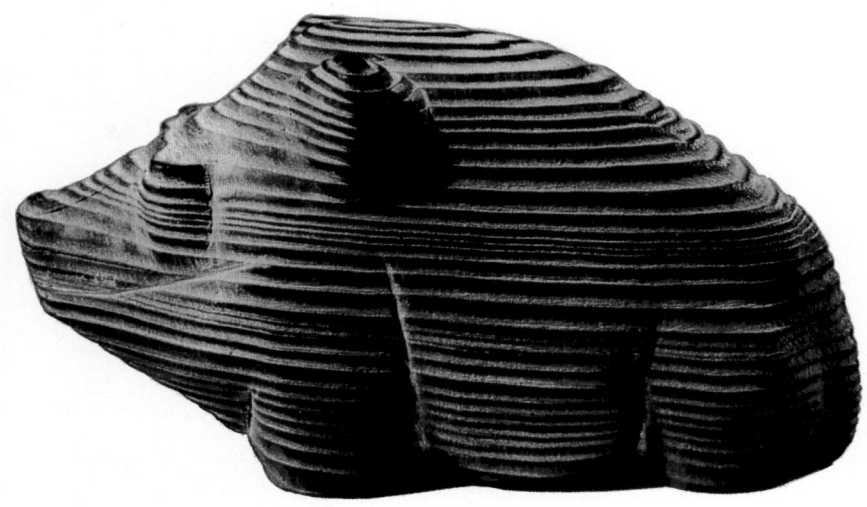

Wir suchen Holzarten aus, die unsere Aussageabsicht über wesentliche Eigenschaften der Tiere durch Struktur, Maserung und Farbe für das Auge und
den Tastsinn ablesbar machen. Der Keiler ist aus grobem Fichtenholz herausgearbeitet. Durch Ausbürsten der Oberfläche heben sich die festen Zellen
des Holzes gegenüber den Vertiefungen der Maserung plastisch ab. Das gibt
dem geschnitzten Tier in der stark verdichteten plastischen Form den Ausdruck urwüchsiger Kraft.

Eine Änderung der Oberfläche, der Farbe und der plastischen Struktur, erfolgt auch beim Brennen mit der Lötlampe und durch das Auslösen der verkohlten Holzpartikelchen beim Überbürsten mit der Messingdrahtbürste. Die
genannten Mittel können eingesetzt werden, wenn sie den Ausdruck der Figur erhöhen, ohne dabei die natürlichen ästhetischen Eigenschaften des Holzes zu zerstören oder andere Materialien zu imitieren.

Bei den Tieren, die wir bisher besprochen haben, genügte es, die Umrißform lediglich stark zu vereinfachen und dabei die typische Aussage durch
wesentliche Merkmale zu erfasen. Wollen wir grazilere Tierarten z. B. in bestimmten Bewegungshaltungen schnitzen, werden einige Grundkenntnisse
über den Bau und die *Wirkungsweise des Tierkörpers* unerläßlich. Ein Vergleich des Bewegungsapparates zwischen Mensch und Tier läßt deutliche
Unterschiede erkennen. Als typisches Beispiel soll das Pferd angeführt sein.
In Ruhestellung stützen zwei Säulenpaare die Last des Rumpfes. »Schnapp-
scharniere« arretieren die Gelenke, so daß das Pferd im Stehen schlafen
kann. Die Beine wirken als Träger, wie sie uns vom Turngerät Pferd her bekannt sind. Durch Muskeln und Bänder gehalten, befinden sich tragende und
lastende Körperteile im Gleichgewicht.

Für realistische Gestaltung sind Grundkenntnisse für die Bewegungsfunktionen des Knochengerüsts bei Mensch und Tier erforderlich. Die Lage der Gelenke bedingt die unterschiedlichen Gliederstellungen. Oberschenkel und Kniegelenk sind beim Pferd in den Rumpf eingezogen. Die Mittelfußknochen bildeten sich wie bei allen »Rennern« lang aus. Zehenglieder haben sich zu Hufen umgebildet. E – Ellbogengelenk, H – Handgelenk, K – Kniegelenk, F – Fersenbein

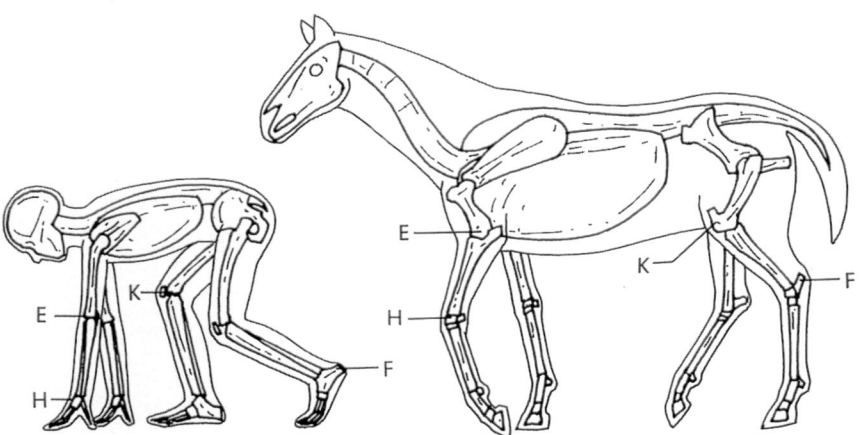

In leichter Grätschstellung ist das Pferd in der Lage, mit Lippen und Zähnen seine pflanzliche Nahrung vom Boden aufzunehmen. Kopf und Hals sind in der Länge auf die wichtige Funktion des Grasens abgestimmt.

Setzt das Pferd zum Gehen an, so stellt es eins der Hinterbeine vorwärts. Die Verlagerung des Körpergewichtes nach vorn gleicht es aus, indem es auf der anderen Seite mit der vorgestellten Vorderhand das Gleichgewicht wiederherstellt. So setzt es die Beine über Kreuz. Pferde und unsere Haus- und heimischen Wildtiere sind *Kreuzgänger*. Kamel und Elefant setzen abwechselnd beide linke und beide rechte Beine vor. Das führt zu einer schaukelnden Bewegung des Rumpfes. Beide Tiere zählen zu den *Paßgängern*.

Beinstellung und Verlagerung des Körpergewichtes spielen nicht nur bei der Ruhestellung oder dem Grasen des Pferdes eine Rolle. Sie bestimmen die Gangart und den Ablauf der Tätigkeit, die das Pferd für den Menschen verrichtet.

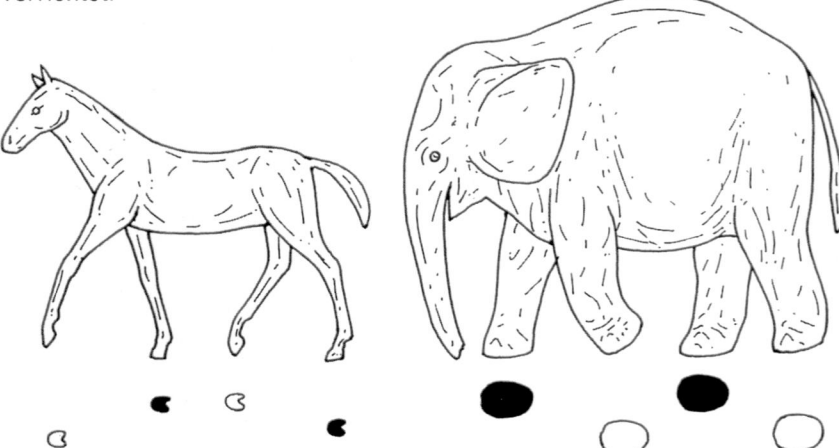

Unterschiedliche Gangarten: Kreuzgang (Pferd), Paßgang (Elefant)

Bewegungsarten des Pferdes: Ziehen von
Lasten; Trab; Sprung

Die Eichenholzplastik »Peter der Große«, von einem russischen Meister zu
Beginn des 18. Jahrhunderts geschaffen, zeigt uns, wie im Bildwerk Tier und
Mensch in ihrer repräsentativen Haltung verbunden sind. Der Zar, Beherr-
scher eines Weltreiches, zeigt sich dem Volke von oben herab. Dabei ist die
demonstrative Rückverlagerung des Oberkörpers nur möglich durch das
straffe Durchtreten der Steigbügel, mit dem der Reiter zugleich den tempera-
mentvollen Hengst beherrscht. Die Bewegung des Paraderosses ist im Kreuzgang erfaßt. Drei Hufe verbinden die Gruppe fest mit der Grundplatte. Die
tendelnde Bewegung der linken Vorderhand wiederholt sich in der Biegung
von Kopf und Hals, die sich nur gezwungenermaßen der Kraft des Stärkeren
fügen. Der nach links gedrehte Oberkörper des Reiters ist der leichten Krümmung der Rückenlinie und Drehung des Kopfes entgegengerichtet, was
ebenfalls das Spiel der Kräfte zwischen Mensch und Tier verdeutlicht.

Wohltuende Linienführung der Körperglieder beider und das reliefhaft-fla-
che Anbinden der Teilformen von Kleidung, Waffen und Zaumzeug an den
Körperkern aus senkrecht gemasertem Eichenholz erhöhen die stilvoll-maje-
stätische Wirkung dieses Schnitzwerkes eines unbekannten Meisters aus
dem Volke. Die Kenntnisse um Gesetzmäßigkeiten des Körperbaues sind
nicht vordergründig zur Schau gestellt, sondern, von starken Emotionen getragen, in das Gefüge der Gesamtkomposition eingebunden.

Bei einer in Freiberg aufgefundenen Pyramide, die vermutlich um 1830 entstanden ist, wird auf dem zweiten Teller eine Rotwildjagd dargestellt. Wenn
sich die Drehscheiben bewegen, erleben wir die Hetzjagd im Walde. Flüch-
tende Hirsche setzen in großen Sprüngen vorüber, von kläffenden Hunden
verfolgt. Das Vergnügen des Waidwerkes voll auskostend, sprengt der herr-
schaftliche Jäger dem gehetzten Wild nach. Er sitzt aufgerichtet im Sattel, die
bogenförmigen Bewegungen des edlen Rosses beim Galopp wie auf einem
Schaukelpferd mit ausführend. Das illusionistische Spiel von Licht und Bewegung auf dem warmluftgetriebenen Drehleuchter erfüllte die Schaubedürfnisse des Menschen vor der Erfindung des elektrischen Lichtes und der Kine-
matographie. Das Rotwild ist im Sprung mit weit ausladenden Bewegungen
der Beine erfaßt. Beim Vorüberziehen der wilden Jagd durch die Drehbewegung der Scheibe wird unser Blick von den Vorderhufen aufgefangen und
über die aufragenden Formen der Tiere und Reiter in spannungserfülltem Bogen zu Boden geführt. Durch die Überschneidung der Formen an den in
mehreren Schichten aufgestellten Tieren entsteht der Eindruck, als ob die
Dahinjagenden wirkliche Sprünge vollführen. Da die Tiere nicht fest auf dem
Boden haften, sondern auf federnde Drahtbügel gesteckt sind, vibrieren sie
beim Drehen leicht, was die schöne Illusion noch verstärkt (s. Abb. S. 25 o.).

Am Beispiel des springenden Hirsches soll der Bewegungsapparat galop-
pierender Tiere verdeutlicht werden. Bei Tieren, die auf die Flucht vor Raub-
tieren angewiesen sind, haben sich die Beine, die »Läufe«, besonders funk-

Unbekannter russischer Meister.
Zar Peter I. zu Pferde. Eiche.
Smolensk. 18. Jh.
Die majestätische Haltung des Zaren und
die Beweglichkeit des edlen Rosses
wurden im plastischen Formzusammenhang erfaßt.

tionstüchtig ausgebildet. Oberarm und Oberschenkel sind in den gestreckten Rumpf einbezogen. Ellbogen und Knie, dicht am Rumpf anliegend, wirken sehr beweglich. Unterarm wie Unterschenkel sind um ein Vielfaches länger ausgebildet als die im Rumpf steckenden oberen Gliedmaßen. Durch starke Verlängerung der Mittelfuß- und Zehenglieder und Ausbildung der vorderen Fingerglieder zu Hufen entstand im Bewegungsapparat bei vielen Tierarten ein äußerst wirksames Mittel der Selbsterhaltung (s. Abb. S. 80 o.).

Die Tierfreunde unter den Schnitzern werden sich nicht damit begnügen, die bekannten Vertreter der Tierwelt nur in standardisierten Körperhaltungen, wie Grundstellung, Schreiten oder Springen, bildnerisch wiederzugeben. Sie beobachten ständig ihre Umwelt, immer auf der Suche nach Objekten, die sie im Werkstoff Holz in plastische Form umsetzen können.

Aus den Tierplastiken Emil Teubners läßt sich erkennen, wie der Künstler ständig neue Lösungen für die Einheit von Bildmotiv und gestalteter Form suchte. Von seinen Gängen durch den Wald kam er nie mit leeren Händen zurück. In den Wurzelstubben, verschrobenen Astabzweigungen und Bruchstücken vom Holzeinschlag sah er immer Figuren. Kleingetier des Waldes und Spielgefährten der Kinder, wie Hund, Katze, Lamm und Zickel, löste er mit seinem Schnitzwerkzeug ebensogut aus dem Holz wie Pferd und Kuh, die Helfer der Bergbauern. Die Schnitzweise, der Einsatz der gestalterischen Mittel, ist bei ihm jeweils dem Anliegen untergeordnet, das Wesen des Tie-

Emil Teubner.
Erzgebirgischer Bauer mit Kühen.
Linde. Höhe 22 cm.
1932.
Emil Teubner schnitzte oft Gebirgsbauern mit ihren Tieren bei der Arbeit. Detailkenntnis aus persönlichem Erleben verführt den Schnitzer nicht dazu, Einzelformen zu betonen; sie sind in die Aussage einbezogen und für eine realistische Schilderung der Lebensverhältnisse notwendig. Die Gestaltung läßt erkennen, Menschen und Tiere sind bei gemeinsamer Arbeit miteinander verwachsen.

Emil Teubner.
Eichhörnchen am Baum.
Buche. Höhe 40 cm.

Um 1954.
Der Schnitzer verstand es, die im Holz
»schlafenden« Figuren zum Leben zu
erwecken. Aus dem stärksten Ast arbei-
tete er das Eichhörnchen heraus. Durch
den Kontrast der säuberlich geschnitzten
Form auf den unbearbeiteten Ästen wirkt
die Szene, als ob das Tier am Stamm
emporgehuscht sei und sich rasch einmal
umwendet.

res zu zeigen und den Betrachter an dem Erlebnis mit dem Tier teilhaben zu
lassen. Die Zickel, neugierig verspielt, der Hund, vor dem zischenden Gän-
serich den Rückzug antretend – beide Gruppen sind aus dem Lindenblock
herausgearbeitet. Dabei sind die unterschiedlichen Formenwerte der Körperglieder in den Richtungen und in der Oberflächenstruktur und auch die
Durchbrüche feinfühlig aufeinander abgestimmt. Specht und Eichelhäher
»sitzen plötzlich« auf dem Ast aus Buchenholz. Das Eichhörnchen huscht am
Stamm empor, rasch sich nochmals nach Beute umsehend. Der Kontrast zwischen dem dunkelgrauen, rauhen Mantel des Buchenastes und der unvermittelt daraus hervorgewachsenen vollplastischen Form des geschnitzten Tieres
überrascht zunächst. Das Momentane, Flinke gehört zum Wesen dieser
Tiere. Unvermitteltes Nebeneinander von unbearbeitetem Ast und der Tier-
gestalt in ihrer kultivierten geschnitzten Form läßt das Erlebnis der plötzli-
chen Begegnung nachklingen.

Der Bildhauer *Gerhard Marcks* (1889–1981) schuf mit der »Liegenden Kuh«
ein Urbild des Animalischen. Der Künstler, der mit dem Pferd und der Kuh
an den Pfeilern der Kröllwitzer Brücke in Halle Tierfiguren in einer Länge von
8 m geschaffen hat, gab auch seinen Tierplastiken in kleinerem Maßstab mo-
numentale Form.

Die Skulptur ist in ihrer Länge von 90 cm aus dem Lindenholzblock herausgeschlagen. Die beim Liegen eingefalteten Beine heben sich in ihren Konturen reliefhaft von der Körpermasse ab. Der Kopf ist, wie in plötzlicher Zuwendung zu einem Herantretenden, nach links gedreht. Breite Ohren sind
wie Antennen rechtwinkelig zur Achse des Kopfes ausgefahren. Zu dem
massiven Rumpf mit den fließenden Linien der Rückenpartie und den sanften
Hügeln, die das Becken und den Schultergürtel abzeichnen, stehen die flachen Scheiben der Ohren in starkem Kontrast. Dieser wird noch erhöht
durch die parallelen scharfen Einkerbungen, die die Höhlung des Ohres plastisch abschließen. In der Haarrolle zwischen den Ohren und in der Quaste
des Kuhschwanzes kehren diese die Oberflächen belebenden Einschnitte
wieder. Diese Ausdrucksmittel hat der Künstler von seinen grafischen Erfahrungen beim Gestalten expressiver Holzschnitte übernommen. Klar geglie-
derte Form und kontrastreiche Oberflächenstruktur bestimmen auch in seinen plastischen Werken die Aussagekraft. Was hier auf den ersten Blick
erkennbar wird, ist weniger auffällig bei der schnitztechnischen Behandlung
des Felles wiederholt. Die Zonen, wo die Haut von den darunterliegenden
Körpergliedern straff gespannt wird, wie über dem Becken, den Gelenken
und am Schädel, sind ganz glatt geschnitten. Die sonst unauffällige Maserung des Lindenholzes wird dort deutlich sichtbar. An Stellen, wo die Kuh-
haut locker und entspannt aufliegt, wie in den Höhlungen unter dem Schultergürtel, sind mit den Eisen feine Strukturen eingegraben, die die Fältelung
der Haut spürbar werden und das Tier »atmen« lassen.

Gerhard Marks.
Liegende Kuh.
Linde. Länge 90 cm.
1924. Privatbesitz.
Aus quer verleimten Lindenblöcken ist der Körper der liegenden Kuh herausgeschlagen. Das Vergnüglich-Animalische ist in der plastischen Form, in der feinen Bewegung der Umrißlinien, durch die Drehung der Körperglieder und mit differenzierter Behandlung der Oberfläche meisterhaft gestaltet.

Das Werk ist ein Schulbeispiel für meisterhaft gestaltete Holzschnitzerei, deren plastischer Aufbau und sensibel geschnittene Oberfläche vom Kenner mit dem Auge und dem Bewegungs- und Tastsinn erfühlt und genossen sein wollen.

Die angebotenen Beispiele für das Tierschnitzen erschöpfen keineswegs die Thematik. Es sollten lediglich Anregungen gegeben werden, das Tierschnitzen nicht als technische, sondern als inhaltlich-gestalterische Aufgabe zu sehen und die Wahl der Mittel jeweils der Aussageabsicht unterzuordnen. Das dürfte Anstoß sein, bei der Pirsch im »Garten Eden« noch viel Unentdecktes aufzuspüren.

Unbekannter Volkskünstler.
Schaukasten mit Darstellung
des Bergwerksbetriebes.
Höhe 19,3 cm, Breite 24 cm, Tiefe 5,8 cm.
Holz, bemalt, Mineralien, Karton.
Erzgebirge, zweite Hälfte 19. Jh.
Staatliches Museum für Volkskunst
Dresden.
Geschnitzte Nachbildungen des Bergwerksbetriebes sind seit dem zweiten
Drittel des 17. Jh. erhalten; in der Literatur
lassen sie sich seit der zweiten Hälfte des
16. Jh. nachweisen. Im 19. Jh. verdienten
sich Berginvaliden durch das Vorführen
ihrer »Buckelbergwerke« (auf dem
Rücken getragen, »gebuckelt«) kärgli-
chen Lebensunterhalt. Aus dem 19. Jh.
stammen auch kleine Schaukästen, die
die Arbeit der Bergleute schildern. Zu
den geschnitzten Figuren und bergmännischen Geräten sind mit Mineralien, die
im Schacht gefunden wurden, die
Schächte und Stollen nachgebildet.

Erich Müller.
Bauer mit Pferd.
Linde, bemalt. Höhe 47 cm.
Vor 1950. Staatliches Museum
für Volkskunst Dresden.
Die Gruppe des Bauern mit seinen wei-
denden Pferden ist in die Umrißform
einer Pyramide eingebunden. An der Haltung der Hände und an der Drehung des
Kopfes wird die Zuwendung des Menschen zu seinen Tieren erkennbar.

Erich Müller.
Rast der Waldarbeiter.
Linde, bemalt. Höhe 22 cm.
1938. Staatliches Museum
für Volkskunst Dresden.
Durch mehrere kleine Gruppen erhält die
Schilderung der Waldarbeiter bei ihrer
Rast eine interessante Gliederung.
Wieder in den Umriß von Pyramidenformen einbezogen, bilden die Teilgruppen mit dem Baum eine Dreiecks-
komposition. Das Einfügen in die Drei-
ecksform ist ein bewährtes Kompositions-
prinzip.

Bergzimmerer *Jakob Kurz*, gen. *Kusei*.
Berchtesgaden.
1831 bis 1908.
Arbeiter im Salzbergwerk
mit Salzkufe und Salzstock.
Holz, bemalt. Höhe 46 cm.
Zweite Hälfte des 19. Jh.
Nach alten Privilegien durften sämtliche
Salzbergknappen als zweiten Beruf ein
Holzhandwerk ausüben, z. B. Krippen-
schnitzer oder Spielzeugmacher. Dafür
war der Nachweis erforderlich, das
Handwerk erlernt zu haben.

Spiegel des Volkslebens

Von der Beliebtheit »erzählender« Schnitzfiguren

Wohl die meisten Leser suchen Tips und gestalterische Anregungen für das Schnitzen *kleiner Figuren*. Aus Holz geschnitzte Figuren und Szenen, die aus verschiedenen Epochen der Geschichte erhalten geblieben sind, erzählen uns anschaulich vom Leben der Menschen jener Zeiten. Im alten Ägypten wurden Figürchen aus Holz oder Ton dem verstorbenen Vornehmen mit ins Grab gegeben, um im jenseitigen Leben dem Herrn damit zu dienen, ihn mit Speise und Trank und anderen Genüssen des irdischen Lebens zu versehen. In den bilderfreundlichen katholischen Gebieten strebten Bauern und Bürger danach, die Heiligen der Kirche, in kleinem Maßstab geschnitzt, zur Andacht ins Haus zu holen. Teils wurde selbst versucht, sie mit einfachem Werkzeug zu schnitzen, oft erwarb man sie vom professionellen Bildschnitzer. Selbstbewußtes Bürgertum steckte die Handelnden der biblischen Geschichte ins Zeitkostüm. So erhalten wir durch die kleinen Schnitzfiguren religiöser Thematik manche Einsicht in Lebensbeziehungen und Zeitverhältnisse.

Dort, wo sich der Bergbau entwickelt hatte, besonders im sächsischen Erzgebirge, geben von Bergleuten geschnitzte Figuren seit dem 16. Jahrhundert ein getreues Bild der Verhältnisse im Montanwesen. Aus diesen Anfängen heraus entwickelt sich eine volkstümliche Schnitzkunst, die sich im 19. Jahrhundert weit verzweigt und wichtige Bereiche des menschlichen Zusammenlebens mit volkskünstlerischen Mitteln widerspiegelt (s. Abb. S. 96).

Schnitzereien aus dem zaristischen Rußland berichten von der Arbeit und den Wunschträumen der Bauern, von den Vergnügungen der Großen, von Jagden, Fahrten mit der Troika, von Soldaten und vornehmen Damen.

In verschiedenen Ländern entwickelten sich mit dem Nationalstaat Bildsprachen des Figurenschnitzens mit lokaler Färbung, wie in Osteuropa, im Moskauer Gebiet, in den baltischen Ländern und in Polen. Die Balkanländer besitzen reiche Traditionen im Holzschnitzen. Die slowakische Hirtenschnitzerei ist berühmt. In Tirol und Oberbayern ist das Figurenschnitzen durch Bergleute und Bauern von einer eigenen Prägung. Seit Beginn unseres Jahrhunderts verbreiten sich durch den Fremdenverkehr die kleinen Schnitzwerke über die Gebiete hinaus, in denen die Holzschnitzerei betrieben wird. Auch heute ist das Schnitzen kleiner Figuren sehr beliebt, und die geschnitzten hölzernen Männlein sind außerordentlich begehrt.

Einfache Pyramidenfiguren aus dem Vierkant

Die Nachfrage nach geschnitzten *Figuren für die Weihnachtspyramide* ist besonders groß. Wir finden eine Bauanleitung für den beweglichen Weihnachtsleuchter auf S. 42. Einige Figurentypen, wie Bergleute, Jäger und Hir-

Berchtesgadener Spielzeugschnitzer. Salzbergleute, überlieferte Form, angefertigt von einem Ramsauer Holzknecht.
Höhe 13 cm.

Die gewerblichen Schnitzer liefern neben feinerer Schnitzarbeit Grobschnitzware für den Massenbedarf. Neben biblischen Motiven sind Szenen und Figurengruppen aus dem Salzbergbau ebenso beliebt wie Trachtenfiguren und Schilderungen des bäuerlichen Lebens, z.B. des Almabtriebs mit geschmückten Tieren. Der Begriff Grobschnitzen bezeichnet die handwerkliche Arbeitsweise, die mit wenigen formgebenden Schnitten wesentliche Seiten der Figur hervorhebt. Mit Leimfarben bemalt, sind notwendige Details, wie Kleidung, Gesicht usw., ergänzt.

ten, haben wir nach unserer Anleitung schon geschnitzt. Figuren für die Pyramidenbesatzung können wir aus dem Längsholz mit rechteckigem Querschnitt herausschnitzen. Am besten ist dazu Linde geeignet, aber auch andere, nicht zu harte Holzarten sind brauchbar. *Figuren in Grundstellung* lassen sich leicht schnitzen. Die Bildfolge zeigt das technische Vorgehen. An den Beinen braucht das Vierkantholz nicht durchbrochen zu werden. Die einfachen Figuren fügen sich gut in die Drehbewegung der Pyramide ein, die lautlos durch den Warmluftstrom erzeugt wird.

Die Figur ist in zwei Ansichten erfaßt. Vorder- und Seitenansicht zeichnen wir so groß wie die zu schnitzende Figur, etwa 8 bis 12 cm, zunächst auf Papier, um sie beim Schnitzen immer zum Vergleich zur Hand zu haben. Aufs Holz übertragen wir zuerst die Seitenansicht. Mit dem Messer schneiden wir das überstehende Material ab. Nun ist die Vorderansicht dran. Das erfordert bei der stehenden Figur ohne Schrittstellung wenig Arbeit. Wenn wir das Holz lang genug haben, lassen wir zunächst unten so viel stehen, daß der Vierkantstab bequem mit der Hand festgehalten werden kann. In Schulterhöhe bleibt eine glatte Fläche stehen, an die die Arme angepaßt werden.

Am Beispiel der »Bäuerin mit dem Wickelkind« im Kapitel »Tages Arbeit, abends Gäste« ist das weitere Beschnitzen und Annähern der viereckigen Figur an die Körperform des Menschen bereits geübt worden. Bei Bergmann und Lichterengel trieben wir dieses »Auf-Kante-Schneiden« in größerem Format schon sehr weit. Deshalb wird es uns nicht schwerfallen, unsere Figuren großformig zu schnitzen, dabei ihren rechteckigen Querschnitt durch körper- und raumbildende schräge Flächen dem wirklichen Körperquerschnitt anzunähern.

So wie wir bei den Typen der Puppenköpfe im Großen die Formen des Antlitzes geschnitten haben, versuchen wir mit wenigen Schnitten, jeder unserer Figuren ein eigenes, charakteristisches Gesicht zu geben. Figurentypen, wie Jäger, Holzfäller, Pilzsucher, Heidelbeersammler oder Bauer, kennzeichnen wir durch Kleidung und charakteristische Gegenstände, z. B. Fernglas und Gewehr, Axt und Trage, Pilzkorb und Krug, Sense und Rechen. Dementsprechend fertigen wir dazu die Arme an.

Die Werkzeuge und Gegenstände befestigen wir mit schnellhärtendem Leim so, daß sie außer an den Händen noch an einer zweiten Stelle am Körper anliegen. Das schützt vor dem Abbrechen der Teile und gibt vor allem den Figuren größere kompositorische Geschlossenheit.

Wir bemalen die Figuren mit Wasserfarben oder verdünnter Tusche und überziehen sie stumpf mit Latexbinder oder mattem, stark verdünntem Lack.

Bald haben wir so viele Figuren fertiggestellt, daß wir den Teller der Pyramide damit besetzen können. Die Zivilisten wollen nicht wie Soldaten in Reih und Glied aufgestellt sein. Bei der gemächlichen Umdrehung der Pyramidenteller erfreut sich der Betrachter am Wechselspiel unterschiedlicher Größen

Pyramidenfiguren: Bauer, Waldarbeiter. Entwickeln der Grundform aus dem Vierkant. Teilformen werden einzeln geschnitzt und an den Rumpf angesetzt.

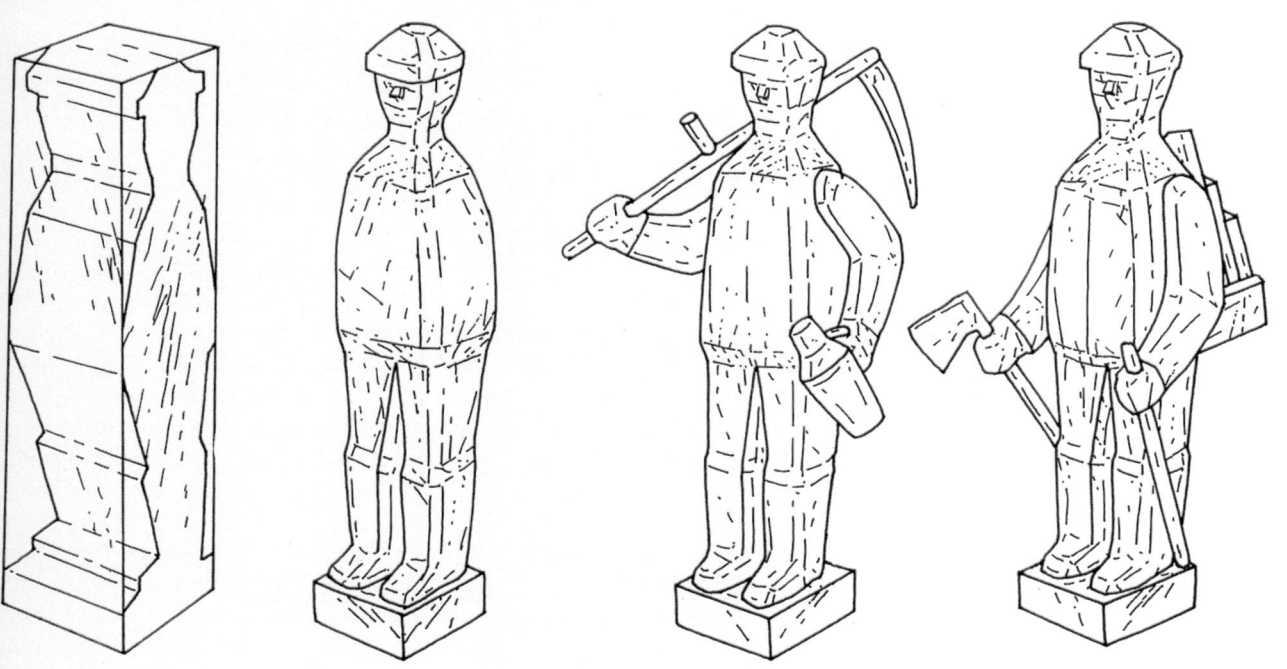

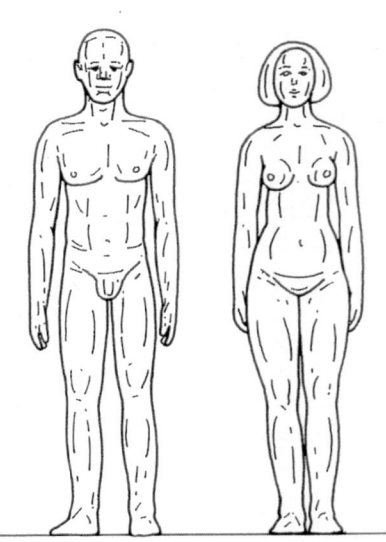

der Figuren, an den verschiedenen blickführenden Formen und Richtungen. Zum Jäger und den Waldgängern gehören springende Rehe und Hirsche. Spanbäume, ganz eng an die Spindel des Drehleuchters gestellt, leiten den Blick nach oben. Die geruhsam grasenden Tiere des Schäfers bilden einen Gegenpol zur Hatz im Walde.

So versuchen wir eine Gliederung im Wechsel von Mensch, Tier und Baum. Überschneidungen zwischen den aufragenden Formen der Menschen und den quergelagerten Tierkörpern lassen aus einzeln aufgestellten Stücken eine Gruppe zusammengehöriger lebendiger Wesen werden.

Nun können wir die Kerzen anzünden und das Spiel von Licht und Bewegung genießen.

Bauweise und Maßverhältnisse aufrecht stehender Figuren

Für unsere weiteren Übungen im figürlichen Schnitzen sind einige Kenntnisse über die Bauweise und die Proportionen des menschlichen Körpers erforderlich. Der Studierende an Kunsthochschulen erwirbt sich umfassendes Wissen und gründliche Vorstellungen darüber in einem mehrjährigen Studium, in dessen Mittelpunkt Zeichnen und Modellieren nach dem Aktmodell stehen. Erfahrungen besagen, daß das Modellstudium am bekleideten Körper unter einer inhaltlich-thematischen Zielstellung leichter zu bewältigen ist als unsystematisches, kurzzeitiges Zeichnen nach dem männlichen oder weiblichen Akt. Deshalb sollen an dieser Stelle am thematischen Beispiel Hinweise über Funktion und Proportion gegeben werden, die in Schnitzwerken praktisch umgesetzt werden können.

Der anspruchsvollere Schnitzer wird mit der globalen Darstellungsweise der bisher geschnitzten Figuren nicht mehr zufrieden sein. Besonders bei dem Leuchterpärchen Engel und Bergmann wird er sich durch differenziertere Gestaltung eine stärkere Annäherung an realistische Formen wünschen.

Historische Trachtenzeichnungen sind meist für die Umsetzung in die plastische Bildsprache sehr ergiebig. Um sie für unser gestalterisches Vorhaben in eine Werkzeichnung umzuwandeln, sind einige Grundregeln über das Finden rechter Maßverhältnisse beim Figurenschnitzen anzuwenden. Keineswegs dürfen die Schnitzfiguren nach dogmatischen Proportionsregeln konstruiert werden. Diese Praxis hat zur Erstarrung der Ausdrucksformen geführt und die Ursprünglichkeit der volkskünstlerischen Aussage zerstört. Wir versuchen, von der Vorstellung eines bestimmten Typs auszugehen und sie in der Figur mit unseren Grundkenntnissen vom Körperbau des Menschen zum Ausdruck zu bringen. Bei historischen Figuren orientieren wir uns an alten bildlichen Darstellungen, in unserem Beispiel an bergmännischen Trachtenzeichnungen. Es wäre zu simpel, einfach die Umrisse der Figuren in

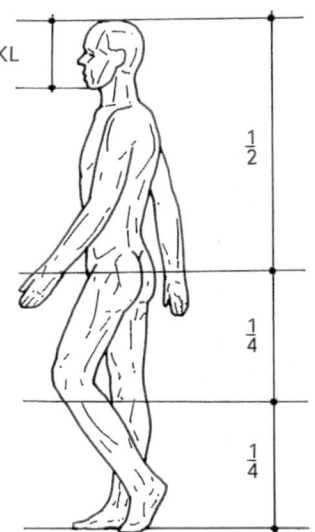

Körperbau und Gliederung der stehenden Figur. Oben: Männlicher und weiblicher Körper im Vergleich. Unten: Proportionen des menschlichen Körpers. KL – Kopflänge

ihren zeitbedingten verschrobenen Haltungen vergrößert aufs Holz zu zeichnen und sie so zu schnitzen. Wir überlegen uns, daß der Bergmann Repräsentant des Standes sein soll, der durch seine Arbeit Reichtum schafft und dessen Gestalt zum Sinnbild für das Lichttragen wird. Deshalb versuchen wir, mit wenigen Strichen *die* Form zu finden, die unserem Vorhaben am besten entspricht. Aus den Skizzen wählen wir die beste zur Verwirklichung unserer Idee vom Lichterbergmann aus. Nach der Skizze schaffen wir die Werkzeichnung in drei Ansichten. Dabei berücksichtigen wir, daß die Form des Rumpfes mit relativ geringem Arbeitsaufwand aus dem Block herausgeschnitten werden kann. Arme und Sockel setzen wir an.

Bei der Werkzeichnung gehen wir von der Seitenansicht aus, die vom Bau und der Wirkungsweise des menschlichen Körpers abhängig ist. Das schematisch gezeichnete Knochengerüst gibt uns den Leitfaden für die weitere gestalterische Auseinandersetzung mit der menschlichen Figur. Die angegebenen Maßverhältnisse zwischen Oberkörper (1/2 der Gesamtgröße) sowie Ober- und Unterschenkel (jeweils 1/4) sind Faustregeln. Der Kopf (Kl = Kopflänge) nimmt in unserem Fall ungefähr 1/7 der Gesamthöhe ein. Diese Größe Kl ist vom Menschentyp, vom Alter, von der Körpergröße und der beabsichtigten Aussage der Gestaltung abhängig. Eine feste, für verbindlich erklärte Größe wäre schematisch und würde jede schöpferische individuelle Ausdrucksweise abtöten.

Elisabeth Arlt.
Herr und Dame.
Linde, bemalt. Höhe 16 und 18 cm.
Das Schnitzen nach fest vorgegebenen Proportionsregeln führte zur Erstarrung des volkskünstlerischen Schaffens. Beobachtungen der Formenvielfalt und Kenntnisse über den Körperbau sind beste Voraussetzungen, Typisches an der menschlichen Figur zu erfassen und in ausdrucksstarken Schnitzwerken zu gestalten.

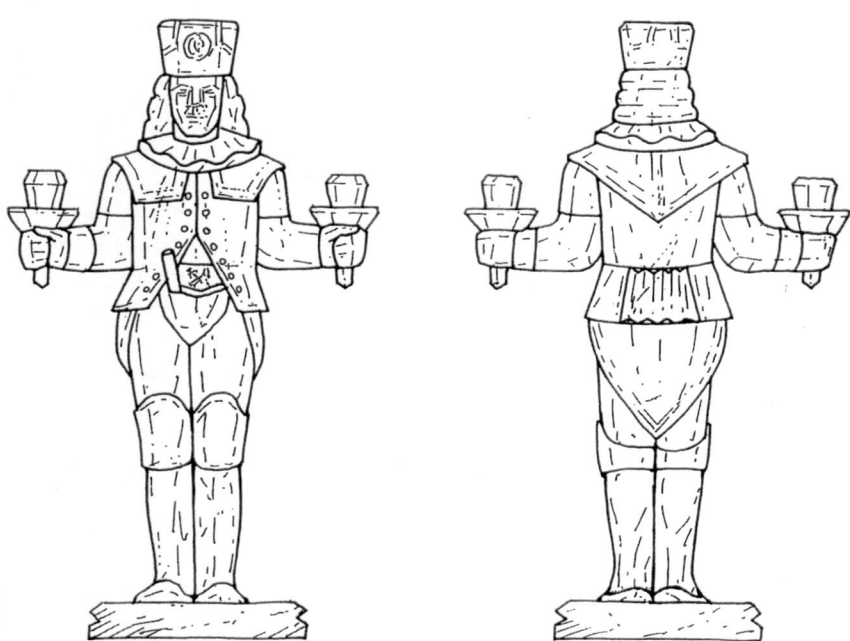

Werkzeichnung für Leuchterbergmann in drei Ansichten

Die dreiansichtige Werkzeichnung fertigen wir in der Größe, die unsere Leuchterfigur erhalten soll. Die Höhe zwischen Sohle und Scheitel der Figur beträgt 24 cm. Dazu brauchen wir noch 3 cm für den Schachthut und mindestens 2 cm für den Zapfen am Fuß, den wir in den 6 cm hohen Sockel einpassen. Der Leuchter wird demzufolge eine Höhe von rund 32 cm erhalten.

Der Hut sitzt kurz über den Augenbrauen, er überdeckt Stirn und Scheitel. Für die seitwärts gebeugten Arme suchen wir das Holz so aus, daß die Faserrichtung schräg, demzufolge etwa gleich lang sowohl durch den Oberarm als auch durch Unterarm und Hand, verläuft. Nach dem Aufzeichnen der Vorder- und Seitenansicht und dem Herausschneiden der Konturen (Ansatzstellen für die Arme als glatte ebene Flächen belassen) setzen wir das Holz für die Arme mit Holzdübeln an und leimen es fest. Auf diese Weise können wir beim Beschnitzen des Körpers immer die Figur als Ganzes überblicken.

Beim Spannen des Werkstückes in die Zangen der Hobelbank oder am Schnitzwinkel (s. Anhang) achten wir darauf, daß wir die Schnitzeisen sicher führen und uns beim Bearbeiten von Teilformen immer orientieren können, ob jeder Schnitt zur Verwirklichung des Gesamtausdrucks beiträgt. Wir tragen das Holz schichtweise vom ganzen Korpus ab.

Den rechteckigen Querschnitt, wie er nach der Durchdringung von Vorderansicht und Seitenansicht entsteht, nähern wir wieder durch Schräganschneiden der Flächen dem ovalen Körperquerschnitt an.

Der Ausdruck jeder Figur wird in der plastischen Sprache von der Haltung der Füße und Beine her nach oben über Wirbelsäule, Schulter, Kopf- und Armhaltung aufgebaut. Vorn schneiden wir Beine und Füße schräg an, kerben zur Kennzeichnung der Beinform von den Füßen her aufwärts mit flachen Schrägschnitten in der Mittelachse bis an den Übergang zum Rumpf leicht ein. Dabei beachten wir die Masse für die vorstehenden Kniebügel. Die Wölbung des Bauches mit den Ansätzen des nach hinten führenden Bergleders und der aufliegenden Tscherpertasche erarbeiten wir anschließend. Bei der Brustpartie ist der Übergang zum Oberarm und zu den Schultern mit dem gewichtigen Kragen, die zum Kopf überleiten, zu beachten. Ehe wir uns an den Kopf wagen, drehen wir die Figur, überprüfen den Ausdruck im Profil und schrägen dann, wieder von den Füßen an aufwärts, die Kanten von hinten zur Seite hin ab. Eine entsprechend weit nach hinten herausgeführte Ferse gibt den Füßen einen festen Stand. Das Bergleder liegt auf der ausladenden Partie des Gesäßes fest auf und hängt dann frei nach unten. Wir höhlen den Raum zwischen Unterkante des Leders und Beinen nicht aus, sondern verbinden beide Formen durch stumpfwinkeliges Anschneiden des Holzes. Nicht zu unterhöhlen, sondern alle Teilformen durch Schräganschneiden miteinander zu verbinden lassen wir uns zum festen Grundsatz werden, wenn wir es zu einer kultivierten Formensprache beim Schnitzen bringen wollen.

Die Schemazeichnung des Knochengerüstes zeigt den Verlauf der Wirbelsäule vom Rücken her über die Schultern und den Hals bis zum Kopf. Das leichte Ausladen des Rückens in Höhe der Schulterblätter erhöht den Eindruck des festen Stehens und des kraftvollen Tragens.

Langes, in Locken fallendes Haar rahmt das Antlitz und verbindet den Kopf massiv mit den Schultern. Die Gugel (Kapuze, auch »Fahrkappe«, ursprünglicher Kopfschutz des unter Tage arbeitenden Bergmannes) liegt als zweiter Kragen unter der Halskrause nur flach auf. Kopf und Schachthut legen wir, nachdem Beine, Rumpf und Arme in der ersten Schicht des Schrägschneidens die grobe Form erhalten haben, ebenfalls nur in den Hauptmassen an, wie wir es beim Schnitzen der Handpuppenköpfe erprobt haben.

Nun beginnen wir mit dem Ausarbeiten der Feinheiten. Wenn wir die Kanten der Kleidung, der Knöpfe, Borten usw. durch flaches Schräganschneiden des Holzes sichtbar machen, bleibt der organische Zusammenhang der Figur auch im Verlauf der Maserung erhalten. Tiefes Einkerben oder Unterhöhlen der Kanten zerschneidet die Maserung und löst die Figur in zusammenhanglose Einzelformen auf.

Neben einem männlich-würdevollen Antlitz sind die Hände als Träger des Ausdrucks stark wirksam. Die Hand, die den Schaft der Kerzentülle umfaßt, hat etwa die Umrißform einer Kugel. Sie wird so durchbohrt, daß die Mittelachse des Kerzenhalters senkrecht hindurchläuft. Der Handrücken ist abge-

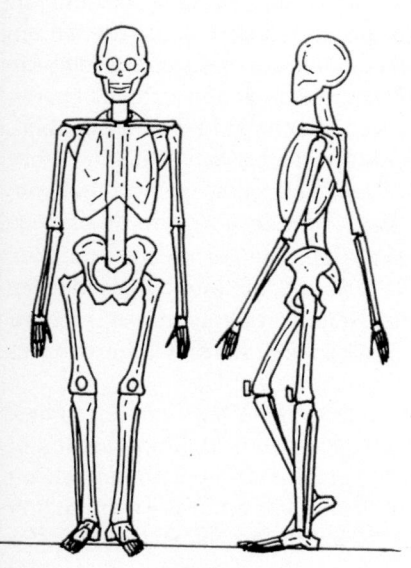

Knochengerüst des Menschen

Bergmannsleuchter, historische Formen

rundet, und die ungleich langen Fingerglieder, die den Schaft umschließen, führen die Rundung bis zum Anschluß an die Handwurzel fort. Dadurch bleiben die Hände massiv genug, die Last der Kerzen zu tragen.

Die radial verlaufenden Falten der Halskrause schneiden wir mit einem Schnitzeisen (Bohrer) von 6 bis 8 mm Durchmesser zum Hals hin ein, und mit schmalem Balleisen fügen wir die nach oben gewölbten Flächen leicht kantig rings um den Hals an Brust und Schultern an. Beim abschließenden Sauberschneiden der Oberfläche drehen wir die Figur öfters. Wir prüfen, wie sich die Teilformen in die Aussage der Gesamtform unseres Bergmannsleuchters einfügen. Dazu setzen wir den Zapfen an den Füßen probeweise in den runden oder rechteckigen profilierten Sockel ein. Wir haben erlebt, wie aus ungeformtem Material eine menschliche Gestalt herauswächst, und können jetzt kritisch prüfen, ob Figur und Masse des Sockels in ihren Proportionen ausgewogen sind.

Auf daß das Glück vollkommen werde, erschaffen wir nun dem Lichtsteiger die Gefährtin in Gestalt eines Engels. Dessen Erscheinung plastisch wirken zu lassen ist unser Anliegen, und deshalb müssen wir uns an irdische Maßverhältnisse halten (s. Abb. S. 41 o.).

In der Kunstgeschichte sind zahlreiche Beispiele der lichten, herabschwebenden, weil mit Flügeln ausgestatteten Wesen geschaffen worden. Ihre Gewänder sind bei den klassischen Beispielen in kunstvollen Falten an den Körper geschmiegt; das verhüllt ihn und läßt ihn zugleich sichtbar werden.

In der volkskünstlerischen Drechselarbeit ist die typische Frauenfigur durch das Wechselspiel von eingeschnürten und ausladenden Partien am spindelförmigen Drehkörper auf ausdrucksstarke Form gebracht. Wenn unser Engeltyp zum Bergmann, den wir großflächig auf Kante geschnitzt haben, passen soll, dann werden wir ebenfalls eine einfache Form finden müssen, die mit ruhigen Flächen und gliedernden Kanten die typisch weiblichen Körperpartien wiedergibt. Auf verwirrende Falten verzichten wir weitgehend. Den Zuschnitt des Gewandes nutzen wir, um die Körperpartien deutlich zu kennzeichnen und sie miteinander zu verbinden. Die Form des Frauenkörpers erfassen wir als Typ mit schmalen, fallenden Schultern, eingeschnürter Taille und sanft ausladenden Hüften. In der Seitenansicht wird das Leichtbeschwingte des Herabschwebens an der Rückenlinie mit dem Übergang zu den Flügeln und an der gelösten Haltung der Arme sichtbar.

Wir vergrößern unsere Werkzeichnung auf das reale Maß und übertragen sie wieder auf das Holzstück. Beim Herausarbeiten der Körperumrisse in beiden Ansichten lassen wir jeweils einige Millimeter Holz mehr stehen, als unsere Zeichnung zeigt. Diese Reserve wird uns helfen, wenn wir beim Schnitzen auf Fehler im Holz eingehen und die Schnittfläche nachsetzen müssen. Da wir Körperkanten nie unterhöhlen, sondern schräg anschneiden, kommen wir bei Korrekturen nie in Verlegenheit.

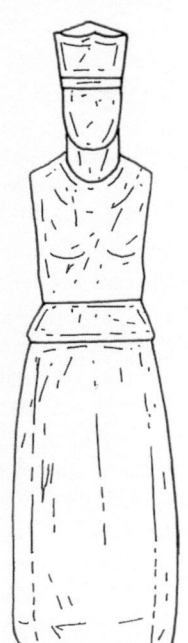

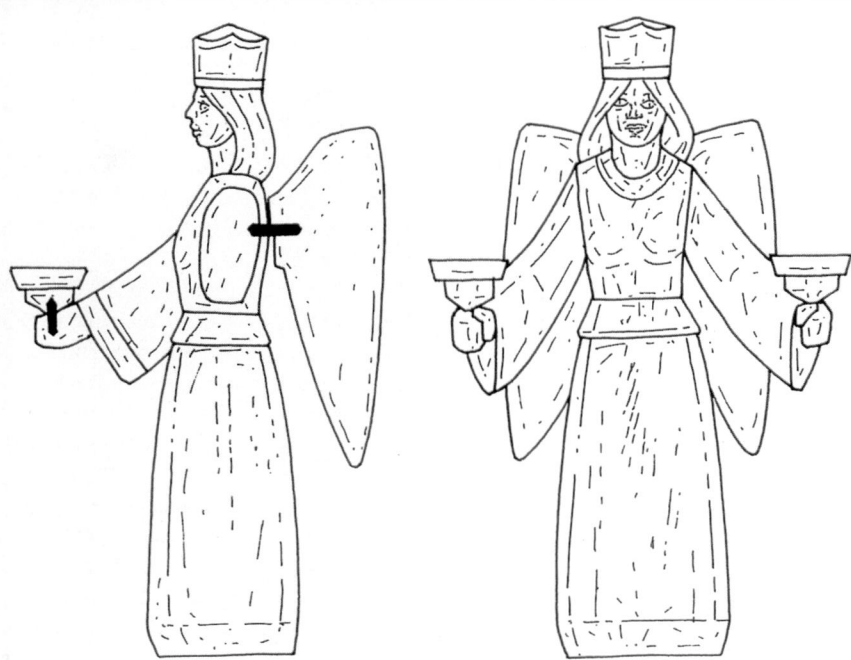

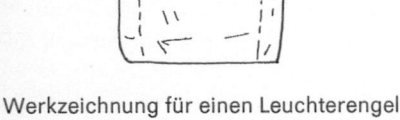
Werkzeichnung für einen Leuchterengel

Beim Anfügen der Arme verfahren wir so, wie uns vom Steiger her bekannt ist. Die Flügel, aus flachem Holz in Längsmaserung ausgeschnitten, fügen wir mit Dübeln zunächst probeweise an den Rumpf, wenn dessen Kanten abgeschrägt sind. Die Stärke der Flügel kann von außen nach innen und nach unten abnehmen. Wenn die Engelsgestalt schön und organisch wirken soll, ist es empfehlenswert, den Verlauf der Formen am menschlichen Körper zu studieren. Die Schnittkanten der geschrägten Flächen sollen nicht schematisch geführt werden, sondern das Ausladen und Einschnüren der Partien verdeutlichen. Unsere Abbildungen geben wieder nur Anregungen. Jeder kann die Figuren nach dem Grad des eigenen Könnens und nach persönlichem Empfinden abwandeln.

Die Farben für die Bergmannstracht sind durch Kleiderordnungen festgelegt: weiße, eng anliegende Hose, rote Weste unter dem schwarzen Rock, weißer Kragen, weiße Fahrkappe. Kniebügel, Tscherpertasche und Bergleder sind schwarz. Der Berghut ist in Natur aus grünem Filz, die Rosette aus gelbem und schwarzem Band. Für unseren Lichtsteiger können wir die Borten vergolden (vergl. auch mit dem folgenden Abschnitt).

Das Engelsgewand wird in den Farben Weiß und Hellblau besonders festlich wirken. Sparsamer Umgang mit Gold beim Dekorieren läßt uns die Figur würdevoll und repräsentativ erscheinen und sie zum Mittelpunkt des Festschmuckes werden.

Das Schreiten als Ausdruck von Lebenshaltung

Im Folgenden wollen wir uns mit »bewegten« Figuren gestalterisch auseinandersetzen. Für eine Pyramide schnitzen wir einen Bergaufzug, jede der unterschiedlichen Figuren in Schrittstellung. Die dabei zu gewinnenden Kenntnisse und Erfahrungen sind auch auf andere Figurentypen übertragbar.

Voran soll der älteste Steiger schreiten. Knappen beleuchten mit Fackeln den Weg. Es folgen die Bergmusikanten: Trompeter, Posaunisten, große und kleine Trommeln, Holzbläser. Die Häuer mit ihren Barten sind die nächsten. Bergschmiede, Bergzimmerlinge, Hüttenleute und Blaufarbenwerker schließen sich an. Das Ende des Zuges bilden die »Bergfertigen«, die Invaliden. Jede der im Zug schreitenden Personen ist ein Mensch, der sich außer in der bergmännischen Tracht, in Statur, in Ausdruck und Gebärden von anderen unterscheidet. Arbeit und Lebensweise hinterließen in Körperhaltung und Bewegung ihre untrüglichen Spuren. Die Steiger charakterisieren wir aufrecht und stolz. Die Häuer gehen, durch schweres Gedinge unter Tage gezeichnet, gekrümmt und schwerfüßig. Die Musikanten müssen Kopf- und Armhaltung nach ihren Instrumenten richten. Die Bergfertigen haben ihre Kräfte im Berg verbraucht. Durch die Individualisierung der Figuren, ihre unterschiedliche Haltung, verschiedene Werkzeuge und Instrumente, führen wir den Betrachter zum beschaulichen Genießen des Aufzuges im Kerzenschein.

Schreitende Bergleute im Aufzug.
Von links nach rechts: Steiger, Häuer, Bergmusiker, Bergschmied, Bergzimmerling, Hüttenwerker, Blaufarbenwerker, Bergfertiger (Invalide).
Hinweise zur Trachtenordnung in den Anmerkungen am Schluß des Buches

Die durchschnittliche Höhe der Figuren richtet sich nach der Größe der Pyramide, für die sie bestimmt sind. Sie wird sich zwischen 6 und 10 cm bewegen. Da Arme und Geräte für sich geschnitzt und angesetzt werden, können wir Leisten aus Linde mit einem Querschnitt von 2 cm × 3 cm für die 10 cm hohen Figuren verwenden.

Von der Skizze, die wir auf das erforderliche Maß bringen, tragen wir die Seitenansicht auf die breitere Fläche des Stabes auf. Die Umrißform arbeiten wir heraus. Wir lassen etwas mehr Holz stehen, als der Riß zeigt.

Die Zeichnung dient uns als Orientierung beim Abtragen etwa der Hälfte des Holzes für die Körpermasse des rechten Beines. Vorher bohren wir über der linken Ferse und dem rechten Fußrücken quer durch. Damit ist eine wichtige Markierung für das Beschnitzen von der rechten Seite aus gegeben. Bis über die Knie herabreichende Bekleidungsstücke, wie Schürze oder Bergleder, müssen beim Herausformen der Beine beachtet werden. In bekannter Weise legen wir den Oberkörper großformig an. Arme und Werkzeug, einzeln gefertigt, sind seitlich anzupassen. Die Körperglieder im rechteckigen Querschnitt nähern wir wieder mit formgebenden Kanten der realen Körperform an.

Die Kennzeichen der bergmännischen Berufszweige und Ränge sind — bei etwa gleicher Grundausstattung der Kleidung — zwischen den europäischen Bergbaugebieten verschieden. Für die Entwurfsskizzen wurde die *sächsische*

109

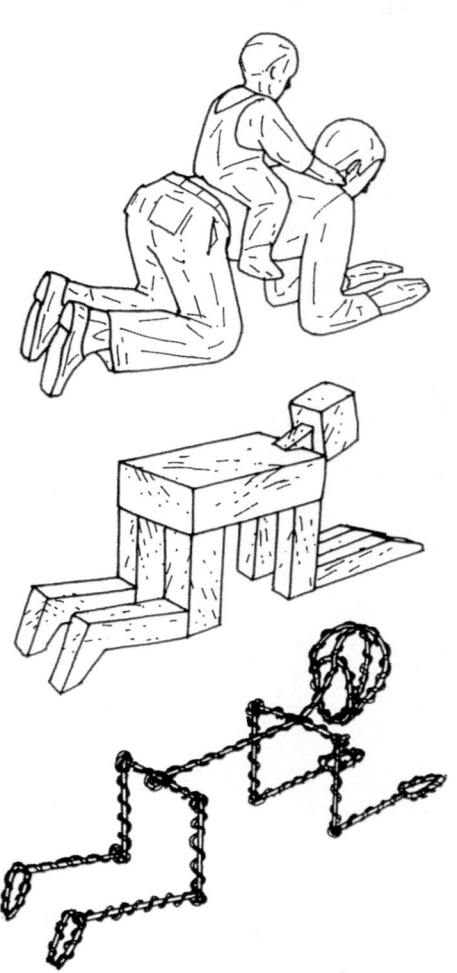

Aufzugstracht zugrunde gelegt. Obwohl es nicht vordergründige Aufgabe sein sollte, *Trachten*figuren zu schnitzen, sei darauf verwiesen, daß vielerorts in Museen oder auch in Veröffentlichungen bildliche Darstellungen und Quellenmaterial zu finden sind, die es ermöglichen, beim Schnitzen von Szenen aus dem Bergbau oder eines Bergaufzuges auf lokale Traditionen einzugehen (s. Abb. S. 40).

Das Schnitzen des Bergaufzuges diente uns als Schulbeispiel. Die Erfahrungen beim Gestalten schreitender Figuren versetzen uns in die Lage, das Leben des Volkes in vielfältiger Weise widerzuspiegeln: verliebt Wandelnde, eine Hochzeitsgesellschaft, die Familie beim Wochenendausflug, Mutti mit der Einkaufstasche, Eltern und Kinder auf dem Weg zur Arbeit und zur Schule ...

Wollen wir Geschehnisse der Vergangenheit durch geschnitzte Figuren wieder lebendig werden lassen, wird ein Studium der Lebensverhältnisse ebenso notwendig wie die Kenntnis der Trachten, die die Menschen zu jenen Zeiten ihrer sozialen Stellung gemäß trugen und deren Ausstattung von den geltenden Kleiderordnungen bestimmt waren.

Wie bereits beim Reliefschnitzen mit figürlichen Motiven dargelegt wurde, geht es keineswegs darum, die Tracht maßstäblich verkleinert modellgetreu zu kopieren. Auch bei moderner Kleidung stehen wir immer vor der Aufgabe, zuerst die Gestalt des Menschen zu formen und jene Seiten der Kleidung, die diesen Menschentyp charakterisieren, so ins Plastische umzusetzen, wie sie im Werkstoff Holz und mit den Schnitzwerkzeugen ausgedrückt werden können. Das Blockhaft-Kantige der Gesamtgestalt darf durch Details der Kleidung nicht zerstört, die Maserung nicht zerschnitten werden.

Farbe, die beim volkstümlichen Schnitzen eine große Rolle spielt, hat sich dem Gesamtausdruck unterzuordnen und die Oberflächenwirkung des Werkstoffes zu erhalten.

Der Körperbau des Menschen und sein Bewegungsausdruck

Das volkskünstlerische szenisch-figürliche Schnitzen ist in seinem Wesen der *Kleinplastik* verwandt. Die Kleinplastik unterscheidet sich nicht nur in der Größe von der Plastik und Skulptur in Großformat. Während diese meist epochale Ereignisse und Besonderheiten in einer »offiziellen« Aussage und oft in monumentaler Form widerspiegelt, wird in der Kleinplastik die Breite möglichen Erlebens in der ganzen Vielfalt individueller Äußerungen sichtbar. Das Geschehen am Rande großer Ereignisse wird beschaulich, oft mit unbeschwerter Fabulierfreude oder selbstbespiegelndem Humor in plastische Form gefaßt. Beim Schnitzen von Figurengruppen in kleinem Maßstab sind all die täglichen Beobachtungen, Entdeckungen im Alltag, möglicher Stoff,

Methodisches Vorgehen beim Entwikkeln plastischer Bildvorstellungen. Vereinfachte zeichnerische Darstellung der Körperhaltung.
Plastische Skizzen mit kubischen Teilformen verdeutlichen die Raumbeziehungen der Figuren. Drahtmodelle – vereinfachte Nachbildung des Knochengerüsts – vermitteln räumliche Vorstellungen von der Lage der Gelenkpunkte und Körperachsen.

Kurt Horke.
Figuren spielender Kinder.
Linde. Höhe etwa 8 cm.
1980.
Die Figuren der Kinder, die sich nach
dem ersten Schnee im Freien tummeln,
sind in ihrem Bewegungsausdruck und in
den individuellen Besonderheiten beobachtet und in Holz gestaltet. Teilformen
wurden in den großen Formzusammenhang einbezogen.

der ohne große Kenntnis bildhauerischer Regeln und Gesetzmäßigkeiten mit
einfachem Werkzeug in persönlicher Handschrift gestaltet werden kann.

An geschnitzten Arbeiten, Studien und Entwurfsskizzen sollen weitere Erkenntnisse über die Bauweise des Körpers und über Methoden des Erarbei-
tens *plastischer* Bildvorstellungen beim Gestalten von Figurengruppen vermittelt werden.

Das fröhliche Treiben bei einer Schneeballschlacht ist in einer Szene bild-
haft erfaßt. Die kleinen Schnitzwerke sprechen an, weil die Bewegungshaltung gut beobachtet wurde und in der plastischen Form zum Ausdruck
kommt. Dem Schnitzer ist es gelungen, bei den real feststehenden Figuren
die Stellung des Rumpfes und der Körperglieder in ihrer blickführenden Wirkung so anzuordnen, daß der Betrachter den *Eindruck von Bewegung* erhält.

Unsere Kenntnisse über den Körperbau helfen uns immer dann, wenn un-
gewohnte Körper- und Bewegungshaltungen bei der Darstellung von Handlungen zu schnitzen sind. Dem Herausarbeiten der Figur aus dem Holz geht
das Erarbeiten der konkreten Vorstellung von der Stellung der Körperglieder
im Bewegungszusammenhang voraus.

Eine Zweiergruppe — ein Vater, der im Spiel die Stellung eines Pferdes ein-
genommen hat und sein Kind aufsitzen läßt — soll als Beispiel dienen, wie
man sich Bildvorstellungen selbst erarbeiten kann, die dann das Schnitzen
erleichtern. Zuerst wird versucht, in mehreren Zeichnungsskizzen den Auf-

bau der Körperglieder als tragende und lastende Teile – wie bei einem Bauwerk – zu erfassen. Die Gelenke der Schultern, der Hüften, der Knie und der Ellenbogen markieren den Aufbau und die Bewegungshaltung des menschlichen Körpers.

Da die wahren Raumbeziehungen mit der Zeichnung noch nicht erfaßt sind, schneiden wir aus Plastilina oder feuchtem Ton vereinfacht ziegel- oder säulenförmige Körperglieder zu und fügen sie der Zeichnung entsprechend zusammen. Dieses *Raummodell* der Figur zu schaffen ist nicht sehr zeitaufwendig, es hilft uns aber ungemein, beim Schnitzen die Stellen zu finden, an denen Holz abzutragen ist und wo es stehenbleiben muß.

Ein noch einfacher zu handhabendes methodisches Mittel sind *Drahtmodelle*. Die vereinfachte Nachbildung des Knochengerüstes kann jeder selbst anfertigen. Mit Drahtmodellen und plastischen Modellfiguren lassen sich ganze Figurengruppen aufbauen und immer wieder verändern, bis die optimale Aussagewirkung erzielt wird.

Es sei nochmals gesagt: Diese methodischen Mittel ersetzen nicht das gründliche Studium sowohl des Körpergefüges als auch der Detailformen des Antlitzes und des Ausdrucks der Hände, Füße usw. Sie sind aber bei ernsthaften figürlichen Schnitzarbeiten unentbehrlich für das Entwickeln der ausdrucksstärksten Form.

Mehrfigurige Szenen erfordern, die Beziehungen zwischen Figur und Zwischenraum vorher mit zeichnerischen und plastischen Skizzen und Studien zu klären. Dabei wird auch vor dem Schnitzen ersichtlich, ob sich weit ausladende Bewegungen in einer Figur überzeugend ausdrücken lassen. Die beiden Zeichnungen eines Holzhackers machen dies deutlich. Bei der ersten wird das Beil etwa in der Mitte des Bewegungsverlaufs zwischen Ausholen und Aufschlagen gehalten; die Bewegung erscheint erstarrt, »eingefroren«. Soll beim Betrachter der Eindruck von Bewegung entstehen, so verlangt das, den Umschlagpunkt zu erfassen, entweder die Haltung, die das Aufheben des Beils erwarten läßt, oder besser die des kraftvollen Ausholens.

Diese Phase, die den Beginn einer Aktion in der kurzzeitigen Ruhestellung anzeigt, bezeichnet man in der Bildhauerkunst als *fruchtbaren Moment*.

In der Szene der Schneeball werfenden Jungen ist das Wissen um den fruchtbaren Moment in der Bewegungshaltung gestalterisch verarbeitet.

Diese Überlegungen gehen immer dem Schnitzen voraus. Weit ausladende Bewegungshaltungen erfordern viel an handwerklicher Arbeit und hohe Konzentration, um sich die besondere Haltung konkret vorstellen und sie aus dem festen Werkstoff herausarbeiten zu können. Deswegen versuchen geübte Schnitzer, die Körperglieder möglichst eng an den Körper zu binden. Es wird der fruchtbare Moment gesucht, der weites Ausladen der Formbestandteile vermeidet. Dieses Prinzip wird an den folgenden Beipielen aus dem Wintersport weiter ausgeführt.

Fruchtbarer Moment bei der plastischen Darstellung von Bewegungshaltungen. Die Körperhaltung, die den Beginn einer Bewegung andeutet, erweckt den Eindruck von Bewegung. Wird ein Moment mitten im Bewegungsablauf erfaßt, wirkt die Haltung erstarrt.

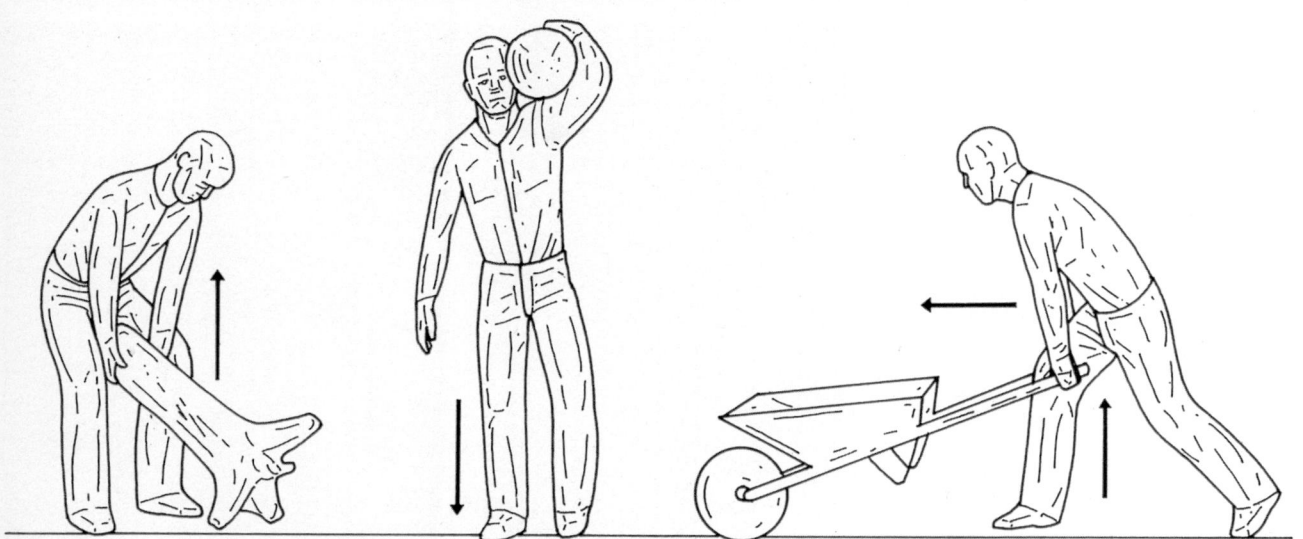

Verlagern des Schwergewichts und blickführende Linien an den Körperformen bewirken den Eindruck von Bewegung, beispielsweise beim Heben und Tragen, Ziehen oder Schieben von Lasten.

Eine Eiskunstläuferin im Spitzenrock, die zum Dreifachen ansetzt, Arme und rechtes Bein schraubenartig in den Raum gedreht, eignet sich nicht als Motiv für das Schnitzen im brüchigen Werkstoff Holz. Man wird eine Haltung wählen wie Sitzen oder Hocken, die Arme zum Überprüfen an die Schlittschuhe geführt. Hier wird die Konzentration vor dem Auftritt zum Ausdruck gebracht, nicht die Show.

Am Beispiel des »Jungen mit Skiern« wird ebenfalls deutlich, wie man Freude am Wintersport in einer geschlossenen Körperhaltung ausdrücken kann (s. Abb. S. 115).

Die Schlitten fahrenden Geschwister wollen wir so schnitzen, daß wir dadurch den Rodelspaß an der sausenden Talfahrt erlebnisstark wiedergeben. Diesen Eindruck vermittelt die gespannte Körperhaltung mit ihren blickführenden Elementen. Kopf und Rumpf der großen Schwester sind spannungsvoll nach vorn gebeugt. Die Arme, wie beim schwebenden Skispringer nach hinten fassend, fördern den Eindruck des Fliegens. Zum Lenken schräg nach vorn gestreckte Beine lassen im Zusammenspiel mit den übrigen blickführenden Formen die pfeilschnelle Fahrt nacherlebbar werden. Die Naturbeobachtung ist in gestaltete Form umgesetzt. Der fruchtbare Moment wurde erfaßt durch Richtung und Gewicht der Körperglieder. Der Oberkörper führt schräg nach vorn über den Schwerpunkt des Körpers hinaus. Damit wird deutlich, daß die *Gewichtsverteilung* der Körperglieder ein wesentlicher Faktor des Ausdrucks figürlicher Plastik ist.

Beim *Ziehen* oder *Schieben* wird besonders deutlich sichtbar, daß man durch die *Verlagerung des Schwerpunktes* Kräfte auf bewegliche Gegen-

Karl Hunger.
Rodelnde Kinder. Figurengruppe.
Linde.
Um 1960.
Museum für bergmännische Volkskunst
Schneeberg.
Die Gruppe der Rodelnden ist aus dem
Holzblock herausgeschnitten. Die Gegen-
sätze zwischen blickführenden schlanken
Gliedern und massiven Formen, das Ver-
lagern des Schwergewichts und das
Wechselspiel der Richtungen lassen die
Freude der Kinder an der rasanten Tal-
fahrt nacherlebbar werden.

 stände überträgt, die deren Ortsveränderung in die Richtung der Kräfteverla-
gerung verursachen.

Auch das *Tragen* schwerer Gegenstände wird nur durch Schwergewichts-
verlagerung überzeugend darstellbar. Eine Mutter, die ihr Kind seitwärts auf
der Hüfte trägt, beugt ihren Oberkörper zum Ausgleich des Gewichtes nach
der anderen Seite. Korbträger beugen sich um so weiter nach vorn, je grö-
ßer die Last auf dem Rücken spürbar wird. Körpergewicht und Last werden
so über dem Schwerpunkt ausbalanciert.

Dieses Wissen um Methoden und elementare Gesetzmäßigkeiten läßt sich
auf weitere sportliche Themen wie auf alle Bereiche, die Spannung und Bewegung im geschnitzten Werk ausdrücken sollen, übertragen. Es anzuwenden ist für den Gestalter ausdrucksvoll geschnitzter Figuren in kleinem Maßstab ebenso erforderlich wie für den, der aus großen Blöcken oder Stämmen
Holzskulpturen herausschlagen will.

Heinz Staude.
Winterfreuden.
Linde. Höhe 18 cm.
Um 1965.
Museum für bergmännische
Volkskunst Schneeberg.
Freude am Wintersport kommt in der
Figur des Jungen zum Ausdruck, der
seine Skier aufgerichtet trägt. Die Teil-
formen sind an den Rumpf gebunden.

Das Gruppieren von Figuren in szenischen Schnitzarbeiten

Stellen wir gleichartige Figuren beziehungslos nebeneinander, so erzeugen wir damit Langeweile. Gegensätze ziehen sich an. In der Sprache der Plastik heißt das, unterschiedliche Wesensart in deutlich unterschiedene Formen zu prägen.

Der Bildschnitzer *Iwan K. Stulow* gibt in der geschnitzten Szene »Bär und Granatapfelverkäufer« ein klassisches Beispiel dafür, wie man Stimmung und Gehalt einer Fabel in zwei gegensätzlichen Figuren erfassen kann. Der Wesensgegensatz zwischen Mensch und Tier wird in der unterschiedlichen Bauweise der Körperformen deutlich: Die Kleidung des Händlers ist auf Kante geschnitten; das Wendige des gierigen Bären wird in den weichen, fließenden Übergängen der Oberflächenformen sichtbar. Die verschraubten Haltungen beider sind gegenläufig und führen den Blick zur Frucht in den Händen des Wartenden.

Die Gruppe »Bauer mit Pferd« ist von *Erich Müller* aus einzeln geschnitzten Figuren zusammengesetzt. Das grasende Tier und das andere, das mit den Nüstern Kontakt zu dem Menschen sucht, gliedern mit ihren bewegten Umrissen die Komposition. Der Bauer, der das eine Tier mit den Händen berührt, wendet sich dem zweiten mit dem Kopf zu. So wirkt er im Mittelpunkt der Gruppe raumbildend vor dem Eichenbaum, der die Szene nach hinten abschließt und dessen Äste und Blätter wie Arme und Hände in den Raum greifen. Alle Formen sind so angeordnet, daß sie sich in den Umriß einer Pyramide einfügen (s. Abb. S. 97 o.).

Ein völlig anderes Prinzip des Gruppierens wird in der von *Claus Leichsenring* geschnitzten Szene angewendet, die drei »Männer am Stammtisch« belauscht. Die Figuren sind nicht einzeln gearbeitet und nachträglich zur Gruppe zusammengestellt, sondern nach einer vorher gefaßten kompositionellen Konzeption ganzheitlich im Formenzusammenhang mit dem runden Tisch gestaltet, der ohne Durchbrüche die Figuren an das massive Eichenholz bindet. Die Oberkörper sind frei im Raum sichtbar, in der Höhe gestaffelt. In der Haltung der einzelnen zeichnen sich unterschiedliche Grade der Hingabe an den Trank ab, der die Zunge löst. Der Stamm bildet die kompositorische Hülle für die Figuren mit gleichen »Freizeitinteressen« und regt zum Umschreiten und zu genauem Betrachten der drei Typen an.

Vergleichen wir den Aufbau der drei besprochenen szenischen Schnitzarbeiten, so lassen sich kompositorische Erkenntnisse gewinnen, die uns beim Erfinden und Schnitzen eigener Gruppenszenen helfen können.

Durch geschicktes Anordnen der Figuren läßt sich die Aussagewirkung erhöhen. Unterschiede in der Körperhaltung und im Ausdruck des Kopfes und der Hände kennzeichnen die inneren Haltungen und Absichten und lassen diese beim Betrachten erkennbar werden.

Kurt Bertram.
Dorfmusikanten um 1925.
Erle. Höhe 27 cm.
1985.
Aus Jugenderinnerungen gestaltete der
Schnitzer das Bildwerk zweier Musikanten aus dem Erzgebirge. Schürze, Hals-
tuch und Kopfbedeckung lassen
erkennen, daß die beiden nicht in den
besten Verhältnissen leben. Durch
Gesichtsausdruck und unterschiedliche
Körpergröße sind Volkstypen unsenti-
mental erfaßt. Die Zuwendung und das
Zusammenspiel beider wird durch eine
leichte Achsendrehung der Figuren im
Raum und durch enges Aneinander-
lehnen erzeugt. In der Gestaltung
werden Gesetzmäßigkeiten der Gruppen-
plastik wirksam.
Mit starker Erlebnisnähe und menschlicher Wärme ist ein bildhafter geschichtli-
cher Beitrag zur Lebensweise des Volkes
gegeben, der sich deutlich von karikaturi-
stischen Darstellungen abhebt.

Claus Leichsenring.
Am Stammtisch.
Eiche. Höhe etwa 40 cm.
Männer am Stammtisch sind in einen
Zustand der Bierseligkeit geraten, der
den einzelnen seine Probleme vergessen
läßt. Selbst das Trinken steht nicht mehr
im Mittelpunkt der Bestrebungen; man
berauscht sich am Redefluß und
Zuhören. Die Typen sind, bei großzü-
giger Formgebung, bis in Einzelheiten
des Habitus, des Gesichtsausdrucks als
auch der Kleidung charakterisiert. Der
Reiz dieser Kleinplastik besteht in der Bindung in den runden Querschnitt des
Eichenstammes. Die Männer lehnen sich
an den Tisch. Ihre Unterkörper sind von
der plastischen Masse des Eichenholzes
gebunden, die in der Tischzone nicht
durchbrochen ist, aber von den Schatten
in den Höhlungen gegliedert wird. In der
Höhe nach Bedeutung gestaffelt, ragen
Köpfe und Oberkörper vollplastisch über
den Tisch hinaus. Das Werk will als Kleinplastik, die oft die kleinen menschlichen
Schwächen mit nachdenklichem Humor
spiegelt, beim Betrachten umschritten
sein.

Iwan Konstantinowitsch Stulow.
Bogordoskoje, UdSSR.
Bär und Granatapfelverkäufer. Linde.
1947.
Die Szene lebt von den Gegensätzen der
Form und der Haltung der beiden
Figuren. Die unterschiedliche Schnittfüh-
rung mit dem Werkzeug trägt zur Charak-
terisierung der Eigenschaften von
Mensch und Tier bei.

Bei der Zweiergruppe wirken Gegensätze in Größe, Typ, Haltung und Mi-
mik belebend. Eine leichte Achsendrehung der Figuren in den Raum entspricht mehr der plastischen Bildsprache als frontale Gegenüberstellung
oder lineares Nebeneinanderstellen.

Erlebnisse zwischen Eltern und Kindern oder zwischen Mensch und Tier,
heiteres Geplänkel zwischen Jugendlichen usw. sind Themen, die jeder aus
seinen täglichen Beobachtungen ableiten und mit den uns bekannten Mitteln
gestalten kann.

Das Einordnen in eine Pyramide oder einen Kegel ermöglicht, Figuren
oder Gegenstände in ihrer besonderen Bedeutung hervorzuheben. Die Ab-
stufung vom Mittelpunkt zum Rand hin zeigt den Grad der Wichtigkeit oder
des Beteiligtseins an. Das sollte nicht nur von der Hauptansicht, sondern von
allen Seiten einschließlich der Draufsicht ablesbar sein.

Zeigt eine geschnitzte Szene, daß die Meinungen auseinandergehen, so
können das zwei Teilgruppen in entgegenstehender Haltung und Richtung,
eventuell auch im Grad der differenzierten Oberflächengestaltung zum Ausdruck bringen.

Es empfiehlt sich, vor dem Schnitzen mit Modellfiguren aus Draht oder
Plastilina skizzenhaft die Komposition zu erproben und durch Drehen der
Gruppe in Augenhöhe die Aussage von allen Seiten zu überprüfen. Solche
Themen mit einer zentralen Figur können beispielsweise Märchen oder Sa-
gen sein.

Läßt man sich vom Geschehen aus der Umwelt anregen, gibt es viele The-
menkreise und Motive, die eine Gruppierung um eine Zentralfigur verlangen. Was der Schnitzer bei der gedanklichen Konzeption einer solchen
Gruppe zu erarbeiten hat, ist in kleinem Maßstab die Arbeit eines Regisseurs,
der auf der Bühne die Figuren um den agierenden Solisten gruppiert. Beim
plastischen Gestalten hat man dazu noch auf die allseitige Wirkung der
Gruppe zu achten.

Von der Rockgruppe über alle Arten kultureller Darbietung mit Publikum,
Szenen aus dem Familienleben, aus Vorschuleinrichtungen und dem Schulle-
ben, sportliche Ereignisse und Aktionen aus dem Bereich der Arbeit bis zur
Forschungsexpedition reicht die Palette der möglichen Motive.

Der Abstand der Figuren innerhalb der Gruppe wird selten gleichmäßig
sein. In der Gesamtszene kann es Teilgruppen geben, die enger zusammengefügt sind, und andererseits größere Abstände, die vom Inhalt der Gestaltung her erforderlich sind.

Eine andere Art der Gruppierung ist die *Reihung*. Diese wird erforderlich
beispielsweise bei verschiedenen Märchen, wie »Schwan kleb an« oder
»Das Rübchen«. Außer der Charakterisierung der Typen in Größe, Gestalt,
Ausdruck usw. sollte eine leichte Drehung der Figuren aus der Hauptrichtung die allansichtig-räumlichen Beziehungen der Gruppe verwirklichen. Aus

Paul Loos.
Kindergarten.
Linde. Höhe 6 bis 15 cm.
1974.
Fürsorge der umsichtigen Erzieherin und Freude am Ausdruck der kindlichen Individualität regten den Schnitzer zur Gestaltung der Szene an. In der Körperhaltung und im Gesichtsausdruck ist jedes der in der Doppelreihe gehenden Kinder unterschiedlich charakterisiert.

dem realen Leben ergeben sich allerlei Motive für eine Anordnung mit Betonung der Längsachse, z. B. Lampionumzug, Kinder beim Spaziergang, Familienausflug oder Wettlauf.

Bestimmte Handlungen werden vor einer Rückwand vollzogen oder vor Gegenständen, welche die Gruppe nach einer Seite hin abschließen. Dadurch sind die Figuren, wie in einen Schaukasten gestellt, nur von einer Seite sichtbar. Sie sind entsprechend zu gruppieren. Die Gliederung in räumliche Schichten ähnelt dem Hochrelief.

Mythologische Motive, wie »Adam und Eva am Baum der Erkenntnis« oder der »Lebensbaum« mit Tieren als Quelle oder als Hüter des Lebens, in traditioneller wie in modern abgewandelter Form können in hohem Verdichtungsgrad wie bei der Gruppe »Am Stammtisch« gestaltet werden. Auch Volkslied und Heimatsage regen zu dieser kultivierten Form des figürlichen Gestaltens in Holz an.

Die abgebildeten Beispiele für die Gliederung von Figurengruppen sollten den Blick darauf richten, wie man durch Gruppieren und Kombinieren der Figuren originelle Lösungen von hoher Aussagewirkung finden kann. Oft ist der Abstand zwischen den Figuren zu groß, oder die Figuren agieren nicht zusammen. Ein Verdichten der Formbeziehungen durch überlegte Gruppenkomposition erhöht dann den ästhetischen Wert dieser Gestaltungen, bei denen es auf des Zusammenspiel mehrerer Akteure ankommt.

Brigitte Großmann-Lauterbach.
Weihnachtskrippe.
Figuren aus dem Rundstab, bemalt.
Mit Stoff und Federn ergänzt.
Höhe der Figuren 4 bis 8 cm.
Um 1949.
Staatliches Museum
für Volkskunst Dresden.
Die Körper sind aus vorgedrechselten
Formen geschnitzt, mit Stoff, Moos,
Wollfäden, Federn und Teilen von Ästen
ergänzt und mit Farbe zu einer emotional
wirkenden Gestaltung vereinigt. Die
beim Lufthauch sich an den Fäden dre-
henden Engelchen mit vibrierenden Flü-
geln aus weichen Flaumfedern erhöhen
die festliche Stimmung.

Erich Müller.
Krippenfiguren. Die Heiligen Drei Könige
zu Pferd und auf Kamelen reitend.
Linde, bemalt. Höhe etwa 10 cm.
1975.
Staatliches Museum
für Volkskunst Dresden.
Der Künstler gestaltete die Gruppe volks-
tümlich erzählend. Die suchende Haltung
der Könige und der verhaltene Schritt
der Kreuz- und Paßgänger entsprechen
einander.

Erich Müller.
Krippenfiguren.
Linde, bemalt. Höhe etwa 13 cm.
1951.
Staatliches Museum für
Volkskunst Dresden.
Maria, das Kind auf dem Schoß haltend.
Josef mit Zimmermannsaxt, stehend. Ein
Hirte mit Lamm, der zweite mit Hirten-
stab. Die geschlossene plastische Form
der Figuren ist durch strukturierte Zonen
aufgelockert.

Form und Farbe der Figuren einer Weihnachtskrippe

In der christlichen Kunst wie in den volkskünstlerischen Schnitzarbeiten ist das Krippenmotiv, die Szene der Geburt Christi, seit Jahrhunderten in vielfältiger Weise plastisch geformt und individuell abgewandelt worden. Die Begrüßung bzw. Anbetung des Neugeborenen durch Maria und Josef, die Hirten, Engel, Heiligen Drei Könige und das staunende Volk wurde häufig mit Figuren in zeitgenössischer Kleidung dargestellt. Dadurch erhalten wir mit der Darstellung der Szene nach biblischer Überlieferung interessante Einblicke in die Lebensverhältnisse der Menschen über mehrere Jahrhunderte hinweg.

Wer sich vornimmt, das erstaunliche, ergreifende Erleben bei der Geburt des Christkindes in einer geschnitzten Krippenszene zu gestalten, der müßte mit Überlegungen darüber beginnen, welche Haupt- und Nebenfiguren

Entwurfsskizze für Figuren einer Weihnachtskrippe

Figur des Schäfers in drei Ansichten

seine Empfindungen zum Ausdruck bringen sollen. Der Grad der Durchformung der geschnitzten Figuren wird sowohl vom individuellen Stilempfinden als auch von den Eigenschaften des verwendeten Holzes abhängen, die beispielsweise bei der Entscheidung über eine eventuelle Farbgebung eine Rolle spielen. Die vorangegangenen Darstellungen haben Methoden vermittelt, die man für Krippenfiguren nach eigenen Vorstellungen nutzen kann. Die gezeigten Entwürfe sollen nur anregen, sie gewähren jedem die Freiheit einer eigenen Konzeption der Figurengruppe. Das betrifft sowohl die Anzahl und Art der Figuren als auch die persönliche Handschrift beim Schnitzen und Zuordnen in der Gruppe.

Plastische und zeichnerische Skizzen und Einzelstudien bilden die Grundlage für eine sichere Folge der Arbeitsschritte.

Es empfiehlt sich, zunächst die Figuren skizzenhaft aus Ton oder Plastilina zu formen und ihre Größe, Körperhaltung und den Ausdruck von Gesicht und Händen aufeinander abzustimmen.

Das Schnitzen der Figuren nach der Kompositionsskizze kann auf den Abbildungen verfolgt werden. In Anlehnung an die Zeichnungen in Seiten- und Vorderansicht ist die Körperhaltung zunächst grob im Holzklotz angelegt. Immer ringsumführend wird beim Ablösen der Holzschichten die Form weiter ausgearbeitet. Einzelheiten der Kleidung und des Gesichts sowie Hände und Füße werden dem Gesamteindruck untergeordnet. Überwiegend mit dem Messer geschnitten, sind Form und Oberfläche der Figuren aus Flächen und Kanten im Lindenholz gebildet, die nicht Einzelheiten unberechtigt hervorheben, wohl aber wesentliche Zonen betonen. Die ruhige Oberfläche verträgt Stellen, die mit eng nebeneinanderliegenden Einschnitten durch Licht und Schatten dekorativ betont sind.

Beim Anlegen der Figuren sind Unterschneidungen, z. B. an der Hutkrempe oder am Rocksaum, zu vermeiden. Stumpfwinkeliges Aneinanderfügen der Flächen zerschneidet nicht den Zusammenhang der Maserung, vermeidet aber das Abbrechen dünner Teile und ermöglicht Korrekturen ohne großes Zurückschneiden des Holzes.

Der Gefahr, daß zu weit ausgearbeitete Einzelheiten des Antlitzes, wie zu tief ausgehöhlte Augen oder Lippen, die Einheit des Gesamtausdrucks zerstören, kann man entgehen, indem nur die große Form der Gesichts»landschaft« relativ flach angelegt wird. Dabei jedem Kopf den besonderen Ausdruck zu geben wird leichter möglich, wenn vorher die verschiedenen Kopftypen an einem Übungsstück geschnitzt wurden.

Die großformig geschnitzten Figuren vertragen eine Bemalung, die Einzelheiten, wie Augen, Haar, Kleidungsmuster usw., farbig auflegt, die aber weder die plastische Struktur noch den Charakter des Holzes zerstört. Eine Entscheidung wird uns nicht sehr schwerfallen, wenn wir noch weitere Einsichten in die Geschichte des Krippenschnitzens erhalten.

Arbeitsgänge
beim Schnitzen des sitzenden Hirten:
Die Figur nach vorausgegangenen zeichnerischen und plastischen Skizzen auf
dem Umriß des Holzblockes; Vorderansicht, Umriß mit groben Schnitten ausgearbeitet; Formen der Körperglieder raumbildend ringsum aus dem Block herausgeschnitzt.

Die Figuren von Maria, Josef und dem
sitzenden Hirten mit dem Messer
geschnitzt. Feinformen plastisch
gebunden, vor dem lasierenden Bemalen
und dem Kennzeichnen von Details mit
Farbe.
Linde. Höhe 7,5 und 11 cm.

Die Bildschnitzer, die vor Jahrhunderten Figuren und Szenen der biblischen Geschichte in kleinem Maßstab für die häusliche Andacht aus Holz fertigten, nahmen sich die mitunter lebensgroßen Figuren an den Wandelaltären der Kirchen zum Vorbild. Oft versuchten Bauern oder Handwerker das Schnitzen einfacher Figuren mit dem Messer selbst. Diese kleinfigurig geschnitzten Krippen sind farbig wie die Heiligen in den Kirchen, die vom »Faßmaler« mit starken Farben belegt wurden, damit sie sich deutlich vom Goldgrund der Altarwand abheben. Selbst Steinplastiken sind, in Anlehnung an die Holzbildhauergepflogenheiten, »gefaßt«, das heißt mit Farbe überzogen. Das feinfaserige Lindenholz verlangt nach dekorativer Oberflächengestaltung. Nur wenige Künstler wie Tilman Riemenschneider durchbrachen diese Regel. Riemenschneider vermochte dem Holz so starken Ausdruck zu verleihen, daß man glaubt, in den Adern seiner Figuren das Blut pulsieren zu sehen und von den Gesichtern Schmerz und Leidenschaft ablesen zu können. Das »Fassen« der Figuren mit Kreidegrund, Bolus, Blattgold und Farben hätte bei seiner hochkultivierten Oberflächengestaltung die Feinheiten zerstört (s. Abb. S. 140).

Mit der Übernahme des Krippenschnitzens durch »Kunstgewerbler« im 20. Jahrhundert verfiel man dem Ästhetizismus, das Holz der geschnitzten Figuren roh zu belassen, es eventuell an einigen Stellen mit Goldbronze zu belegen. Damit wurden volkskünstlerische Frische und Ursprünglichkeit aus den Krippendarstellungen verdrängt. In gleicher Weise war weitverbreitet die Farbe auch bei den geschnitzten Szenen, die die Ereignisse aus dem Umwelterleben darstellen, verpönt. Das sind ungesunde Einflüsse einer späten Entwicklungsstufe auf die Volkskunst des Schnitzens. Das Bemalen geschnitzter Kleinfiguren erhöht deren Aussagewert und bringt auch im übertragenen Sinne Farbe in die Volkskunst. Unter Bemalen sollte nicht ein naturalistisches Anmalen verstanden werden. Der Charakter des geschnitzten Holzes sollte durch Formvereinfachung, Betonen der Körperkanten und dekorative Werkzeuganwendung gewahrt sein. Farbe, in großen Farbklängen lasierend aufgetragen, und betonte Dekorkanten verleihen diesen Figürchen wieder den Ausdruck des Kostbaren, den Wert von Volks*kunst*, die über Banales und Alltägliches hinausgeht.

Diese grundsätzlichen Bemerkungen sollten nicht in dem Sinne falsch verstanden werden, daß alles beschnitzte Holz mit Farbe zu überdecken sei. Wie in den vorangegangenen Abschnitten dargelegt, verbietet sich an gestaltetem Holz mit ausgewogener Form und schöner Maserung das Überstreichen mit Farbe. Auch bei den kleinen volkstümlichen Schnitzfiguren sollte nicht in jedem Fall Farbe verwendet werden. Bei einer Kleinplastik im Werkstoff Holz wäre ein Bemalen sinnwidrig; Färben der gesamten Gestalt mit entsprechenden Mitteln, wie Beizen oder Räuchern, ist allerdings möglich und manchmal erforderlich (s. Abschnitt »Oberflächengestaltung«).

Claus Leichsenring.
Schäfer.
Kiefer Höhe 80 cm.
1982.
Der stehende Schäfer, der das Lamm
auf seinen Schultern trägt, ist aus dem
Stamm herausgearbeitet. Das Tier
schmiegt sich schutzsuchend an den
Menschen; diese Aussage bewirken
gegensätzliche Formen und die unterschiedlich beschnitzte Oberfläche in
ihrer gestalterischen Einheit.

Kleinplastik in Holz

Die Bindung an den Block und die Bildsprache der Plastik

Bei den ersten plastischen Figuren, die die Menschen vor Jahrtausenden mit ihren Händen schufen, füllten die Formen, rund und kraftvoll nach außen drängend, das Volumen des Körpers aus. Die Frauenfiguren in der Altsteinzeit hatten die Funktion eines Idols im Dienste der Fruchtbarkeit. Mehrere Funde dieses Typs bestätigen das Urbild plastischer Form, das als *Venus von Willendorf* bekannt ist.

Das Menschenbild der Antike ist uns vollplastisch und greifbar durch die *griechische Skulptur* überliefert. Im Verlauf der Kunstgeschichte erregte diese Gestaltvorstellung, wie sie in den Bildwerken des Phidias oder des Polyklet verwirklicht war, immer wieder das Gemüt der Menschen. *Michelangelo* (1475–1564) wurde ständig davon inspiriert. Fortwährend Gestalt suchend, setzte er sich mit der Formen*hülle* auseinander, die die Elemente der plastischen Figur einschließt. Das *non finito* der »Gefesselten Sklaven«, d. h. die Form der Figur, der sich nicht völlig aus dem Stein gelöst hat und in ihrer plastischen Geschlossenheit gebunden bleibt, erfüllte Michelangelos Vorstellungen von plastischer Gestaltung. Sein »Hockender Knabe« in der Ermitage zu Leningrad gilt als *das* Lehrbeispiel für Bildhauer. Die Formen des Kopfes, der Beine, der Arme und des gebeugten Rumpfes fügen sich in die gedachte Hülle einer Kugel ein. Michelangelo wird der Ausspruch zugeschrieben, eine Skulptur müsse so geformt sein, daß von ihr nichts abbrechen könne, wenn man sie die Steinbrüche von Carrara hinabstürze.

Eine derartige Bindung an eine Formenhülle ist auch beim gestalteten Holz von Anfang an nachweisbar. Nur das hat die Zeiten überdauert, bei dem im Entstehen auf die Eigenschaften des Werkstoffes, seine Beschaffenheit, wie gewachsene Struktur, Festigkeit und Witterungsbeständigkeit, eingegangen wurde.

Die *Bindung an den Stamm* ist Notwendigkeit und zugleich Bedingung für die Freiheit gestalterischer Ideen. Die Formgewalt des Stammes läßt sich in der Geschichte der Bildhauerkunst immer so lange nachweisen, bis Stileinflüsse die Naturnähe der Figur über die Form stellen, die aus den eigenen Gesetzen der Kunst und der künstlerischen und handwerklichen Erfahrungen erwachsen ist. Selbst in Stilepochen wie der Spätgotik suchen Bildschnitzer, bei aller geforderten Zergliederung der Gestalt in körperauflösende Details, die bindende Kraft des einhüllenden Stammes. So gibt es Zeiten und Kulturen, wo die Bindung an den Stamm oder Holzblock stilbestimmend ist, ständig aber auch Gegenströme, für die als Ideal das *Abbild* der Figur in deren naturnaher Form gilt.

Ernst Barlach, einer der größten deutschen Bildhauer des 20. Jahrhunderts, setzt sich in seinem Werk ständig und eigenwillig mit dem Block und der Gestalt in ihm auseinander. Das wird an seiner Eichenholzskulptur »Der Mann

Ernst Barlach.
Der Mann im Stock. Eiche.
1918.
Die Figur des Sitzenden, die in den Kubus eines Holzblockes eingezwängt ist, wird ein zweites Mal real in Holz eingebunden, in den »Stock«, die schwere hölzerne Fessel im mittelalterlichen Strafvollzug. Kopf und Hände, durch die Platte wie vom Rumpf getrennt, erflehen, vom Zwang des einbindenden Holzes befreit zu werden. Damit wurde die Skulptur zum Gleichnis für die schöpferische Arbeit des Bildhauers, der seine Gestalt gewordene bildnerische Idee verwirklicht, indem er das umhüllende Material von außen abträgt und dadurch die Figur aus den Fesseln des Blockes »erlöst«, ohne dabei die einhüllende Form ganz zu negieren.
Vom Betrachter seiner Werke befragt, was diese ausdrücken, antwortete er: »Äußere Darstellung eines inneren Vorganges.«

im Stock« deutlich. In diesem Werk sind mit bildhauerischen Mitteln Zeitverhältnisse charakterisiert worden.

Die sitzende Figur, die den mächtigen Holzquader ganz ausfüllt, ist in einen Holzblock eingebunden. Wie im mittelalterlichen Strafvollzug sind Hals und Handgelenke des Mannes in einer massiven Holzplatte arretiert: Damit ist ein Geächteter qualvoll einer höhnenden Menge zur Schau gestellt.

Die schwere hölzerne Fessel, Stock genannt, schließt das Volumen des Holzquaders, aus dem die Figur herausgearbeitet ist, nach oben ab. Nur noch die geballten Fäuste und das fragende Antlitz ragen, durch die schwere Platte wie vom Rumpf getrennt, darüber heraus. Ernst Barlach, dessen zutiefst humanistisches künstlerisches Werk später vom Faschismus als entartet verfemt wurde, drückt in dieser Gestalt seine innere Haltung gegen physischen und psychischen Terror und die Mißachtung menschlicher Werte aus.

Der Bildhauer weiß aus Erfahrung, daß in jedem Holzblock oder Stamm *Figur* steckt, die durch das Wegschlagen des einschließenden Materials heraustritt. Ernst Barlach hat in jeder bildhauerischen Arbeit verstanden, die Figur aus dem Block zu »erlösen«, zugleich aber alle ihre Körperglieder kompositorisch darin einzubinden, so daß nur wenig von dem Material abgetragen werden mußte. Diese Doppelfunktion des Holzblocks als Ausgangsformat und als »Hülle«, in die alle Teilformen der Figur kompositorisch eingefügt sind, gab allen Barlachschen Bildwerken jene brisante Ausdruckskraft, die ihren Schöpfer für alle Zeiten zu den ganz Großen der Bildhauerkunst emporhebt. Alle nachfolgenden Bildhauergenerationen mußten und müssen sich mit der Gewalt seiner an den Block gebundenen Formensprache auseinandersetzen.

Betrachten wir noch die Bindung an den Block bei der Kleinplastik eines weiblichen Aktes, die der amerikanische Bildhauer *Dan Olney* schuf. Der Körper einer Frau ist aus dem Block von Walnußholz herausgearbeitet. Die Körperglieder sind verschränkt wie bei einer Artistin, die sich in einen Hohlwürfel zwängt. Gebeugter Rumpf und nach innen gerichteter Kopf demonstrieren noch Abwehr eines Kontaktes nach außen. Die unentschiedene innere Haltung der Frau wird am Ausdruck von Armen und Beinen ablesbar. Während die linke Hand, die das Knie des aufgerichteten Beines umschließt, das Abweisen noch bekräftigt, hat sich das rechte Bein bereits aus der verkrampften Stellung gelöst, ebenso die rechte Hand, die sich behutsam öffnet. Daraus läßt sich aufkommende Bereitschaft erkennen, den inneren Zwiespalt zu überwinden und auf eine Werbung von außen zu reagieren.

Der Schöpfer des Werkes hat in guter bildhauerischer Disziplin große Formen zur klar strukturierten Gestalt aneinandergefügt. Die Kanten zwischen den gewölbten Flächen sind mit weich modellierenden Hohleisenschnitten entschärft. Diese formverbindenden weichen Übergänge, wie sie besonders am rechten Bein, am Arm und an der Hand sichtbar sind, weisen dem Licht

Dan Olney, Virginia.
Defeat. Walnuß.
Um 1935.

»Äußere Darstellung eines inneren Vorganges« wird in der Skulptur einer sitzenden Frau sichtbar, deren Körperglieder sich in einen Würfel einordnen. Während Kopf und Rumpf sich noch in die einengende äußere Form fügen, lassen Beine und Hände die zunehmende Bereitschaft erkennen, sich von auferlegten inneren Bindungen zu lösen. Widersprüche in den Gedanken und Haltungen der Menschen werden in der plastischen Formensprache aus unterschiedlichen Richtungen und aus der Aussage verschiedenwertiger plastischer Teilformen ablesbar.

eine besondere Rolle für die Aussage des Werkes zu. Die flachen Schnittspuren in der Oberfläche des Nußbaumholzes streuen das Medium Licht über den Körper der Frau. Sie lassen ihn »atmen«.

Nicht äußere Gestalt oder vordergründige Handlung sind durch die plastische Bildsprache sichtbar geworden, sondern Gedanken, wie sie die Menschen bewegen. Diese Gedanken, die oft recht widerspruchsvoll sind, werden an der Körperhaltung – nach innen eingebunden oder nach außen gerichtet – und an der Sprache der Hände, des Antlitzes, auch der Beine und Füße plastisch ablesbar. Der Betrachter, der nicht zuerst nach dem Titelschild schauen sollte, liest die einzelnen plastischen Aussagen ab, wird beim In-Beziehung-Setzen widersprüchlicher Teilaussagen selbst mit in die Gedanken und eventuellen Entscheidungen einbezogen. Wollen wir plastische Werke mit starker Wirkung auf den Betrachter gestalten, so setzt das voraus, daß wir die plastische Bildsprache selbst verstehen und anwenden können.

Die Skala des Ausdrucks ist keineswegs auf ernste und schwerverdauliche Inhalte eingeengt. *Kleinplastik* erfreut sich ihrer Beliebtheit durch das Vermitteln heiterer Erlebnisse, durch Freude am Unbeschwerten und Absonderlichen, am Verliebtsein in das Leben, an verträumt-spielerischen Haltungen. Allerdings ist es leichter, solche Bildgedanken in ein Material zu prägen, das stärker zum spielerischen Formenfinden anregt als das oft widerspenstige Holz.

Wir sprechen nicht von Plastik aus Holz, sondern von Figur und Gestalt *in* Holz. Holz prägt Inhalt und Form bildhauerischer Arbeit, wie wir bei unserer bisherigen gestalterischen Auseinandersetzung mit diesem naturgegebenen Werkstoff vielfach erkannt haben. Die Maßverhältnisse der Kleinplastik werden vom Stamm oder Block bestimmt, die Masse der Körperglieder von der Festigkeit der Fasern im Längs- oder Querholz, die Aussagewerte der Oberfläche vom Charakter der Maserung. Plastische Themen sind in die Formen umzusetzen, die im eigenwilligen Werkstoff Holz möglich sind. Spaßiges läßt sich durch Unterschiede in Größe und Masse aussagen, beispielsweise mit Hilfe von schlanken gegenüber molligen Figuren. Jugendfrische äußert sich im unbekümmerten Zuwenden zur Umwelt.

Bei der Entwurfsskizze einer am Strand sitzenden Frauenfigur in strukturiertem Holz sind die Körperglieder an die prismatische Form gebunden. Beine und Arme wirken in den Richtungen wie strenge Architektur. Durch leichte Drehung des Oberkörpers, Verschiebung der Schulterhöhe und Schrägstellen des Kopfes löst sich die Figur *ideell* aus dem Block. Das Gesicht sucht erwartungsvoll Beziehung zur Umgebung und spricht den Betrachter an. Dralle Formen füllen den Block, vermitteln den Eindruck jugendlicher Kraft und Vitalität. Maserung und auf spannungserfüllte Wölbungen geschnittene Oberfläche wollen das Bild des heiteren, sinnenfreudigen Daseins abrunden.

Rolf Kunze.
»Sitzende«.
Zeichnerischer Entwurf
einer Kleinskulptur,
Ausführung in Eschen- oder Rüsterholz.
Höhe: 30 cm
Die Teilformen des Körpers einer lässig am Strand Sitzenden sind in das Gefüge des prismatischen Holzblockes eingebunden, vom rechten Arm umschlossen. Der aufragende linke Unterarm mit der angelehnten Hand führt den Blick von den fest am Boden haftenden Füßen über die stützenden Beine nach oben. Eine Drehung des Schultergürtels und der leicht aus der Mittelachse herausgehobene Kopf lassen unbeschwerte Lebenshaltung der Jugendlichen und Blickzuwendung zu Umstehenden erkennen.

Der Grundsatz für alle Bildhauerarbeit, die Figur in den Umriß einer Kugel bzw. in einen Block einzubinden, gilt auch für die *stehende Figur*. Etwa zur gleichen Zeit, da Michelangelo, dem man die Formulierung dieser Gesetzmäßigkeit zuschreibt, das Licht der Welt erblickte, schuf ein Wiener Meister zwei Figuren von großem Liebreiz: Verkündigungsmaria und Verkündigungsengel, 1,16 m und 1,20 m hoch. Sie sind aus dem ungefähr 50 cm starken Lindenstamm herausgearbeitet. Die Zeitauffassung äußert sich unverkennbar im Stil der späten Gotik, der den menschlichen Körper verhüllt und im Antlitz, in den feingliedrigen Händen und über die Faltensprache des Gewandes *seelische Regung* zum Ausdruck bringt (s. Abb. S. 132).

Die Erwartung der freudigen Botschaft wird in hingebungsvoller Haltung ausgedrückt. In die stilbedingte S-förmige Krümmung des Körpers sind die Armhaltung und die großen Linien des Faltenwurfs – wieder in S-förmigen Schwingungen – kompositorisch verflochten. Der Blick wird vom Fuß aus über die Hände und das als Attribut gebrauchte Buch nach oben zum Antlitz geführt. Die starke Höhlung aus dem Volumen des Stammes im unteren Viertel nimmt der Figur alle irdische Schwere. Trotz der stark bewegten Oberfläche, bei der die tiefen Schatten der Falten die Körperlichkeit der Erscheinung aufzulösen haben, sind alle Teilformen wie in einer Reliefzone rings um einen massiven Kern an den Körper gebunden.

Bei dem Verkündigungsengel, der den Eindruck erweckt, er sei urplötzlich

zur Erde herabgeschwebt – das Tuch flattert noch, vom Lufthauch bewegt –, wird das Bedeutsame der überbrachten Botschaft in der Gebärdensprache des Antlitzes und der erhobenen Hand erkennbar. Wie bei der Maria das Buch, so löst sich auch beim Engel die rechte Hand so weit aus der kompositorischen Bindung an den Block, daß der Betrachter darüber den Zugang zum Inhalt des Werkes findet. Obwohl das faltige Gewand die Körperformen verdeckt, wird erkennbar, daß beide Figuren nahezu schwerelos dargestellt sind.

In den meisten Stilepochen stehen die geschnitzten Figuren fest und sicher auf dem Boden. In der Volkskunst drücken die – meist in den Block eingebundenen – Figuren, wenn sie auf beiden Beinen gleich belastet sind, Erdschwere und oft auch eine gewisse Starrheit aus. Die klassische Kunst der Griechen hat eine Art des Stehens der Figuren entwickelt, bei der durch den Wechsel der Belastung zwischen *Standbein* und *Spielbein* ein gefälliger, harmonischer Ausgleich zwischen den unterschiedlich geneigten und räumlich verschobenen Körperachsen zustande kommt. Wird dieser *Kontrapost* schematisch angewendet, so ist die schöpferische Methode, auch in der Art des Stehens feinste Nuancen zu beobachten und plastisch zu formulieren, unwirksam, und der Reichtum der Ausdrucksmöglichkeiten wird eingeengt.

In der Zeit des Expressionismus negierten die Künstler klassische Ideale; sie suchten Vorbilder in den Kunstformen archaischer Stilstufen oder bei den Völkern, die von klassischer Kultur unberührt waren. Gegen die Nivellierung individueller Eigenarten, wie sie jede Anpassung an einen Schönheitskanon nach sich zieht, richteten sie eine Auffassung, die Charaktervolles und oft auch Unproportioniertes, Unausgeglichenes als kunstwürdig wertete.

Aus jener Zeit ist eine Holzskulptur von Gerhard Marcks erhalten, die nichts will, als unbekümmerte Nacktheit eines Mädchens in einer unauffälligen Art des Dastehens – ohne Motiv und allegorische Hintergründigkeit – darzustellen. Der Eindruck, die Körperhaltung sei symmetrisch, wird bei genauerem Hinsehen korrigiert. Durch das leichte Vorstellen des linken Beines auf der schrägen Standfläche erfolgt eine kaum wahrnehmbare Verdrehung des Beckens, der Wirbelsäule und der Schultern. Zum Gewichtsausgleich pendeln der rechte Arm, die schlanke Hand und die parallel hängenden Finger ein wenig nach vorn, die Glieder auf der linken Seite dagegen leicht nach hinten (s. Abb. S. 141).

Der eiförmige Schädel, auf dessen Vorderseite Augen, Nase und Mund wie grafische Zeichen reliefhaft flach aufgesetzt sind, ist gering zur Seite geneigt, durch den senkrecht fallenden Zopf plastisch an der Schulter wieder mit dem Rumpf verbunden. Flache Kerben markieren bestimmte Partien am Körper, wie Zehen, Finger, Kniescheiben, Körperfalten zwischen Bein und Rumpf und im Gesicht. Behaarte Zonen sind mit eingeritzten, grafisch wirkenden Schnittspuren gekennzeichnet.

Wiener Meister.
Verkündigung, Engel und Maria.
Linde, farbig gefaßt. Höhe 120 cm und
116 cm.
Um 1480.
Wien. Burgkapelle.
Selbst bei Figuren, die der Formen-
sprache der Spätgotik verpflichtet sind
wie Maria und Verkündigungsengel des
Wiener Meisters, bleibt der Stamm als
Ausgangsform und Hülle für die Oberfläche der äußeren Teilformen sichtbar.
Der tiefe Schatten zwischen dem Körper
und dem glatt herabhängenden Mantel
und die Aussage des noch flatternden
Gewandes erwecken den Eindruck, der
Engel sei soeben herabgeschwebt, um
die bedeutungsvolle Botschaft zu über-
bringen. Eine tiefe Einkerbung in der
Zone zwischen Fuß und Knie und die
emporführenden S-förmigen Falten
nehmen der Skulptur von Maria alle irdische Schwere.

In den Hauptrichtungen hebt sich die Körperform nicht aus dem Block heraus. Details bleiben am Rumpf angelegt. Die Oberfläche, die nachträglich in
Anlehnung an Bildhauertraditionen aus der frühbürgerlichen Kunst vergoldet
wurde, ist *geschnitten*. Sie wahrt den Charakter des bearbeiteten Holzes.
Spontanes und Individuelles sind in der Skulptur erfaßt durch einfühlsa-
mes Abwandeln des klassischen Kontrapostes in eine Haltung, bei der die
kleinen Unregelmäßigkeiten beobachtet und zur Aussage genutzt wurden.
Das Werk beweist, daß es nicht theatralische Körperhaltungen sein müssen,
die den menschlichen Körper als Gegenstand für künstlerische Form geeignet machen. Die ausgewogene Anordnung der leicht unregelmäßigen Teilformen hebt die plastische Gestaltung aus der Starre heraus, läßt durch die
rhythmische Verschiebung aus der Regelmäßigkeit das Formengefüge interessant werden.
Mit diesem Exkurs in die Eigenart der plastischen Bildsprache, deren For-

menvielfalt längst nicht erschöpfend dargestellt werden konnte, sollten erforderliche Voraussetzungen gegeben sein, das eigene Können beim Gestalten kleinplastischer Werke zu erproben.

Kleinplastik nach eigenem Maß und Können

Im Folgenden werden Möglichkeiten der Verwirklichung bildnerischer Ideen mit verschieden hohen handwerklich-gestalterischen Schwierigkeitsgraden angeboten. Wir erinnern uns, wie es gelang, aus Astabzweigungen die Form eines Vogels durch Abtragen des überflüssigen Holzes herauszuarbeiten. Das Verfahren läßt sich auf die menschliche Figur übertragen. Wir suchen ein Stück Holz, aus dem wir ohne große Mühe die geschlossene Form einer weiblichen Figur herauslösen, ähnlich wie bei einer Steckpuppe, aber blockhaft-kantig im Querschnitt (s. Zeichnungen).

Die abgerundete Form des Kopfes führt in die Schulterbreite über. Der Rumpf, den wir in leicht gewölbten Flächen mit weichen Kanten geschnitten und geschliffen haben, wird durch das gedachte Kleid bis zum Boden geleitet, bis zur Standfläche der Figur. Die Arme haben wir nicht besonders plastisch abgesetzt. Sie werden wie alle anderen Teilformen mit Tusche oder Wasserfarbe auf die glatte Oberfläche aufgemalt.

Bäuerin mit Hahn. Entwurfsskizze. Körperglieder und Detailformen sind reliefplastisch auf den Körperkern aufgetragen und dekorativ beschnitzt.

Entwurfsskizzen für vereinfachte, im Block angelegte, plastische Formen des menschlichen Körpers, die aus einer plastischen Grundform entwickelt werden. Antlitz, Arme, Kleidung und beigegebene Gegenstände werden mit farbiger Zeichnung aufgelegt.

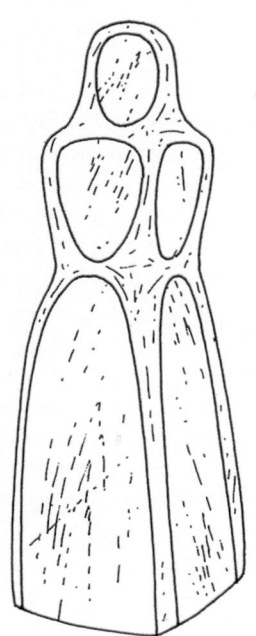

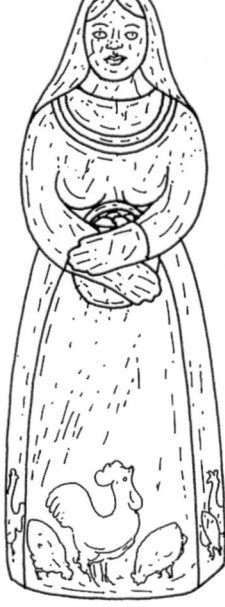

Rolf Kunze.
Bergmann in historischer Tracht.
Detail. Eiche. Höhe 52 cm.
1970.
Die Figur ist in ihrer Grundform vorge-
drechselt. Durch das reliefhaft flache
Herausschnitzen der Körperglieder aus
dem Mantel und das Einfügen dekorativer Kanten wird die Oberfläche rhythmisch in ruhige und belebte Zonen
gegliedert.

Bei der »Geflügelzüchterin« zeichnen wir mit dem Pinsel die Begrenzung
des Kopftuches, die Arme mit dem Futtergefäß, Details der Kleidung und das
Gesicht. Vorher tauchen wir das Holzstück mit der geschliffenen Oberfläche
in verdünntes Latexbindemittel und lassen es trocknen, um das Auslaufen
der Farben zu verhindern. Nun können wir der Fabulierfreude freien Lauf lassen.

Der »Hühnerhof« wird rings um den Rock der »Puttenfee« aufgezeichnet:
der »Herrscher«, stolz seine Hennen zum Futter rufend, die farbenprächti-
gen Hühner, die Küken und vielleicht auch freche Spatzen. Ist die Zeichnung
gelungen (wir können auch Teile wieder abwaschen), legen wir die großen
Flächen farbig an. Dabei verwenden wir Aquarellfarben, die mit Gummiarabi-
kum und etwas Glyzerin vermischt sind. Es eignet sich auch farbige Auszieh-
tusche. Sie kann mit destilliertem oder abgekochtem Wasser verdünnt werden; die verschiedenen Farbtöne lassen sich mischen. An einigen Stellen
bleibt das Holz unbemalt, wie auch die Farbschichten der großen Flächen, lasierend aufgesetzt, die Maserung mitklingen lassen. So entsteht eine kleine
plastische Figur von hohem Reiz — aus Holz, unverwechselbar mit Keramik
oder anderen plastischen Werkstoffen.

Die fertige Figur überziehen wir mit einer Schicht verdünntem nichtglän-
zendem Alkydharzlack oder mit ebenfalls stark verdünnter Nitromattine.

Wir suchen nach weiteren Motiven. Es reizt uns, Trachtenfiguren zu ge-
stalten. Die Umrisse des Holzkörpers richten sich dabei nach den plastischen
Kennzeichen der Tracht, wie Kopfbedeckung und Zuschnitt der Kleidung.
Besonders Kragen und Röcke beeinflussen die große, im Block angelegte
Form. Bei den Lichtträgern Bergmann und Engel haben wir bereits erprobt,
wie Trachtenzeichnungen vereinfacht als Schmuckformen der plastischen
Form angepaßt werden können. Wir verfahren hier ähnlich, zeichnen die
Arme und Hände wieder in die Maserung der Vorderseite ein, versuchen die
typischen Formen und Merkmale der Tracht ringsum aufzutragen und legen
die Flächen wie bei der ersten Figur in abgestimmten Farbtönen an.

Für jeden Figurentyp drücken wir bereits mit der Form des blockhaft vereinfachten Rundkörpers unsere Empfindungen aus. Rotkäppchen erscheint
puppenhaft, liebenswürdig, Schneewittchen elegant-damenhaft als Prinzes-
sin. Weitere Vorschläge wären z. B. das schlanke Modepüppchen und die
»Raumpflegerin von Format«.

Nun wagen wir uns an das »starke Geschlecht«. Der Fischer von der Wa-
terkant steht fest auf beiden Beinen. Mit der Säge haben wir in den Block nur
einen schmalen Spalt eingeschnitten, damit genügend Holz für die massiven
Wasserstiefel bleibt. Beim »Südwester« ist die Krempe vorn hochgeschla-
gen, nach hinten führt sie zum Rücken über. Die Arme mit den großen Händen, die den »tollen Hecht« zur Schau stellen, können mit Farbe aufgetragen
werden.

Bauer mit Futternapf.
Linde. Höhe 30 cm.
1956.
Nach Skizzen und einem Modell
schnitzte ein Junge im Kinderzirkel die
Figur des Bauern. Die Oberfläche des
gering gemaserten Lindenholzes wurde
mit Schnittspuren dekorativ belebt.

Auch der Geck, der immer alles besser weiß, ist Bildmotiv für blockhaftes Gestalten. So gespreizt, wie er sich aufspielt, bilden wir ihn in Holz nach; dabei dürfen wir durchaus seine »liebenswerten« Seiten etwas überzeichnen.

Thematische Anregungen finden wir jeden Tag. Unsere Leidenschaft, Erlebtes als plastische Form zu sehen, drängt uns, bei der Durchformung der Figuren einen Schritt weiter zu gehen. Wir versuchen, Arme, Hände und erforderliche Gegenstände flach wie im Relief auf den plastischen Kern aufzulegen und auch den Kopf plastisch herauszuarbeiten. Die gesamte Form soll aus einem Ast von Linde oder einem anderen weichen Holz mit einem Durchmessser von rund 10 cm etwa 40 cm lang herausgeschnitzt werden.

Als Beispiel für andere Motive ist eine *Bäuerin mit einem Hahn* in den Händen empfohlen.

Nach der Zeichnung oder einer kleineren plastischen Modellskizze in Ton oder Plastilina orientieren wir uns beim Abtragen der Holzmasse. Zuerst arbeiten wir ringsum die großen Formen heraus: den Kopf mit einer Einschnürung am Hals, der ausladenden Holzmasse der Haare und den Zipfeln des Kopftuches. Der plastisch flach aufgelegte Kragen leitet zu den fallenden Schultern, zum leichten Auswölben der Schulterblätter und vorn zu den vollen Rundungen der Brust über. Die Arme wiederholen die ovale Form vom Gesichtsumriß. Beide Hände umfassen das Tier, das sich in die Vertiefung zwischen Brustbein und Beckenrand einfügt. Der Unterkörper bleibt von der Taille an als Säule stehen, die im Rhythmus von glatten und dekorativ überzogenen Flächen gegliedert wird. In entsprechender Weise lassen sich andere Frauenfiguren mit reliefplastischer Gliederung der Arme und Hände gestalten.

Einen *Schäfer*, der sich das lange Stehenmüssen mit Strümpfestricken verkürzt, arbeiten wir aus dem Block heraus. Die Tiere, die ihn umdrängen, binden wir reliefhaft in den Block ein. Holzart und Maserung bestimmen den Grad dekorativer Oberflächengestaltung. Wir haben vielfach erfahren, daß man mit dem Werkzeug die Maserung zum Klingen bringen kann. Wir haben aber auch erkannt, daß ein Zuviel an gewolltem Dekor die Aussagewerte des Materials verstümmelt.

Die Schnitzarbeit eines 13jährigen Jungen, ein Bauer mit einem Futternapf, macht deutlich, daß das Lindenholz reiche Verzierung nötig hat, wenn die Oberfläche interessant wirken soll.

Inspiriert von der Schnitzfreude alter Lebkuchenmodelstecher, gestaltete in einem Schnitzlehrgang der Holzbildhauer Heinz Heger eine modisch gekleidete Dame der Biedermeierzeit. Die etwa 60 cm große Figur ist mit handwerklicher Akkuratesse geschnitzt. Ziel des Lehrgangs war es, durch den Nachvollzug der handwerklich-gestalterischen Arbeit vergangener Blütezeiten bei den Schnitzern ein Gefühl für die dekorative Bereicherung von Schnitzwerken der Gegenwart auszubilden.

Heinz Heger.
Dame mit Federhut. Dekorative
Skulptur.
Linde. Höhe etwa 6o cm.
1955.
Lehrgangsarbeit im Haus der
erzgebirgischen Volkskunst
Schneeberg.
Beim Beschnitzen der Figur wurde hand-
werkliches Können alter Meister wieder-
erworben. Die Dekorformen sind von
alten Backmodeln auf die Skulptur aus
Lindenholz übertragen.

Entwurfsskizze für Bewegungshaltung. Die Haltung kommt durch eine schraubenförmige Körperdrehung zustande. Die Achse der Hüftgelenke unterscheidet sich stark von der Richtung der Schulterachse. Die Verdrehung der Gelenkachsen im Raum ist für den Bewegungsausdruck jeder Skulptur bedeutsam.

Entwurfszeichnung für das Schnitzen eines Schafhirten. Entwicklung der plastischen Bildidee

Die zweckmäßige Alltagskleidung ist heutzutage schmuckarm. Sie war lange Zeit – und ist es zum Teil noch – stark figurbetonend. Will man in kleinplastischen Werken liebenswerte und auch zu belächelnde Eigenheiten der Menschen unserer Zeit zum Ausdruck bringen, dann bleibt es uns nicht erspart, zu beobachten, »wie er sich reckt und wie er spuckt«. Wer Motive für plastisch Bildbares sucht, hat nie Langeweile. Wir belächeln die gewollt provozierende Haltung mancher Teenager, genießen den Ausdruck grazilier Bewegung oder auch sportlicher Gewandtheit junger Menschen. Womit jeder täglich umgeht, das hängt ihm an, prägt bestimmte Körperhaltungen aus, formt die Sprache seiner Gebärden. All dem spüren wir mit Vergnügen nach und halten es in zeichnerischen oder plastischen Skizzen fest. Vieles prägt sich auch auf Abruf in unser Gedächtnis ein, und wenn wir an einer Figur oder Gruppe arbeiten, hilft es uns, ihr die rechte Form zu geben.

Bestimmte Orientierungspunkte, die den spezifischen Ausdruck eines Körpers markieren, dienen uns als Leitfaden beim »Bauen« der Figur. Das sind, wie schon dargestellt wurde, Hüftgelenke, Schultergelenke und die verbindende Wirbelsäule, die die Stellung und Neigung des Schädels vorbereitet. Bei der stehenden Figur markieren die Fußgelenke die Aussagen über den Charakter des Stehens oder Gehens. Im Gegensatz zu dem schleppenden Gang Gealterter bewegen sich Halbwüchsige gespreizt. Beim »bestrickenden« Gang junger Frauen verschieben sich die Achsen der Hüftgelenke und des Schultergürtels auffallend. Halten wir das in Skizzen fest, so sind wir in der Lage, Typisches der Menschen an ihren äußeren Erscheinungen auszudrücken.

Bei der Figur eines spähenden Jägers (Entwurfsskizze) ist der Oberkörper schraubenartig nach links gedreht. Das wird in der Schemazeichnung an den Körperachsen sichtbar, und diese dient uns beim Herausarbeiten des Körpers aus dem Holzblock als Orientierungshilfe. Das System der Körperachsen – eine vereinfachte gedankliche Nachbildung des Skeletts – hilft uns vor

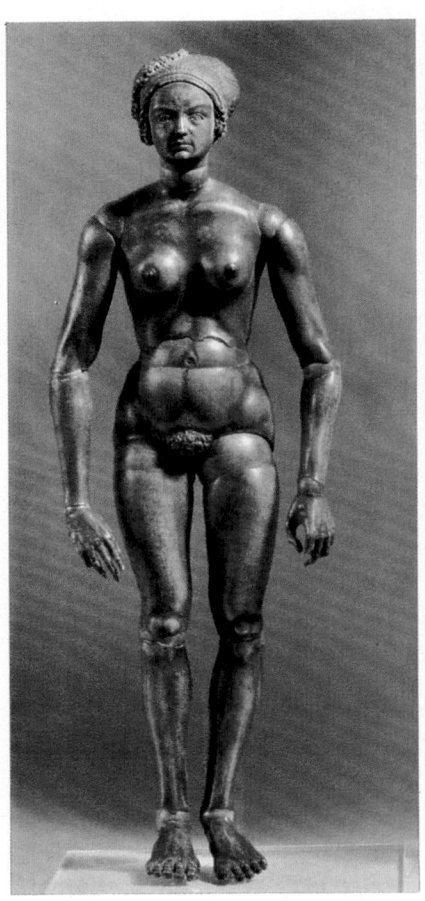

allem, Figuren mit in sich verschränkten oder ausladenden Körpergliedern aufzubauen. Wollen wir Körperformen von der Fläche der Zeichnung her räumlich veranschaulichen, so kann uns das einfache Drahtgefüge, das wir in Anlehnung an die mögliche Bewegung der Gelenke zurechtbiegen, gute Dienste leisten (vgl. vorangehendes Kapitel). Zu diesem Zweck verwendeten die Bildhauer gern Gliederpuppen.

Wie sich gedanklich-konzeptionelle Arbeit und handwerklich-gestalterischer Prozeß durchdringen, soll am Beispiel sitzender Figuren demonstriert sein.

Zuerst beschäftigt uns die plastische Bildvorstellung von einem Schäfer, der eines seiner Tiere pflegt. Es ist zu überlegen, wie die Körperhaltung des Hirten und die Körperlage des Lammes aufeinander bezogen sind. Sitzt der Schäfer auf dem Boden oder etwas erhöht? Durch welche Art der Körpergliederung kommt die Fürsorge des Menschen für das zu betreuende Tier zum Ausdruck? Behält der Hirte die ganze Herde im Auge, oder ist ein Moment erfaßt, in dem er sich auf das hilfesuchende Tier konzentriert?

Diese Gedankenfolge findet ihren Ausdruck in entsprechenden Zeichnungen und in verschiedenen plastischen Formulierungen. Die Fürsorge des Menschen gegenüber dem Tier wird in der unterschiedlichen Zuordnung der Teilformen zum Formganzen ablesbar.

Bei der Suche nach der optimalen Aussage der gegenständlichen Beziehungen ist der Holzbildner immer bemüht, die Formgesetzlichkeit der Holzskulptur zu beachten. Er bindet die Teilformen in eine Formenhülle ein — Hirten und Lamm in eine prismatische Grundform oder in den Umriß einer Pyramide. Formzertrennende Unterschneidungen oder Höhlungen werden bei der Binnengliederung vermieden, um den fließenden Verlauf der Maserung zu erhalten. Das Licht als verbindendes Element wird in den Verlauf der plastischen Oberfläche einbezogen.

Es bedarf oft mehrerer konzeptioneller Fassungen, aus denen die aussagewirksamste ausgewählt wird. Nach den Skizzen sind die Körperglieder in stark vereinfachten kubischen oder zylindrischen Formen *räumlich* zu erfassen. Die aufragenden Beine denkt sich der Bildhauer wie Säulen, quergelagerte Trakte der Schenkel oder Arme wie Balken. Diese Vereinfachung ermöglicht das leichtere Einfügen der Glieder in den Block. Licht und Schatten erhöhen die Raumwirkung. Gelenke funktionieren wie Scharniere. Das Umfassen eines Gegenstandes ist durch den Richtungswechsel der gewölbten Flächen der Mittelhand und der Fingerglieder gekennzeichnet.

Beim Anlegen der geplanten Figur im Material Holz arbeiten wir zunächst diese großen Formen blockhaft heraus. Wir drehen die entstehende Skulptur ständig, achten dabei darauf, daß Form und Masse der Körperglieder mit der ganzen Figur harmonieren. Im nächsten Arbeitsschritt nähern wir die Körperglieder durch das Wölben der Oberflächen und das Entschärfen der Kanten

der organischen Form wieder an. Den Charakter gestalteten Holzes wahren wir durch die Klarheit und Bestimmtheit der Teilformen, die von der Materie Holz durch Maserung und Oberflächenbeschaffenheit verbunden sind.

Es wird deutlich, daß sich das handwerkliche Können im gestalterischen Prozeß nicht auf das richtige Führen des Werkzeuges und auf rationelle Arbeitstechnik beschränkt. Zu den handwerklichen Fertigkeiten beim Arbeiten an der Holzskulptur gehört immer, sich Modellvorstellungen von der fertigen Gestalt und ständig Orientierungsmöglichkeiten für das Formgefüge zu schaffen, das nach dem Abtragen der umhüllenden Holzmasse als Figur sichtbar werden soll. Die Proportionen richten sich nicht uneingeschränkt nach der maßstäblichen Verkleinerung des Menschen. Das Eingebundensein in die Formhülle und das Herausragen aus dem Block verändern das Gewicht des Kopfes in der Wirkung der Gesamtmasse und -aussage. Was in der Fläche der Zeichnung proportioniert erschien, fällt im massiven Holz in der dritten Dimension durch, wirkt dünn und kraftlos. So fordert jede Aussageabsicht des Bildners für die Figur eigene Maß- und Masseverhältnisse, die letztlich von blickführenden und proportionsverändernden Eigenschaften des Mediums Holz beeinflußt werden.

Eine Folge von bildnerischen Überlegungen wird ebenfalls erforderlich, wenn wir *Selbstdarstellungen als Bildschnitzer* vorhaben. Die Entwurfsskizzen dienen als Anregung für die eigene gestalterische Auseinandersetzung mit dieser Bildidee oder für Themen ähnlicher Art, beispielsweise für die Figur einer sitzenden, in Gedanken versunkenen älteren Frau. Die Formen der Kleidung überdecken die Orientierungspunkte der Gelenke und Körperachsen, die sich der Bildhauer beim Erarbeiten der Holzskulptur immer *in* der Figur vorstellen muß.

Was über das Beobachten von Körperhaltungen der Menschen gesagt wurde, gilt verstärkt auch für die Ausdruckswerte des Gesichts. Einige Bildbeispiele sollen gestalterische Lösungen zeigen, bei denen Physiognomisches sowie Werkstoffwirkung und Werkzeuganwendung meisterhaft zur Aussage vereint sind. Ständiges Studieren der »Bauweise« und der Veränderung des Gesichtsausdrucks in unterschiedlichen Situationen, was bei jeder Begegnung mit anderen Menschen als auch durch Selbstbeobachtung vor dem Spiegel geschehen kann, ermöglicht ein Reservoir an Vorstellungen für das plastische Gestalten.

Es müßte dem Leser, der nach unserer Anleitung einige wesentliche Arbeiten praktisch ausgeführt hat, möglich sein, die Beispiele nach eigenen Bildvorstellungen abzuwandeln und weitere Themen und Motive zu gestalten. Die gestalterischen Mittel sollte jeder selbst bestimmen. Da versucht wurde, nicht Rezepte zu geben, sondern bildkünstlerisches Sehen zu lehren, wie es das räumlich wirkende plastische Gestalten erfordert, dürfte es nicht allzu schwer sein, Anregungen für das Schnitzen und Gestalten in Holz zu finden.

Christoph Walther.
Anbetung vor dem Stall.
Relief vom Seitenflügel
des Münzeraltars, Detail.
Farbig gefaßt und mit Blattgold belegt.
St. Annenkirche, Annaberg.
1522.
Für die Kirche in der aufblühenden Berg-
stadt Annaberg – der Heiligen Anna,
Schutzpatronin der Bergleute, geweiht –
schuf Christoph Walther die Schnitzwerke eines Altarschreines mit Szenen
aus dem Marienleben. Von zeitgenössischen Holzschnitten angeregt, ist im Seitenflügel reliefplastisch geschildert, wie
Josef und Maria das Kind anbeten. Groß
in die Fläche gesetzt, rahmen sie die
Szene. Engel und grüßende Hirten,
wesentlich kleiner dargestellt, und die
Tierköpfe, die sich mit langem Hals ins
Bild drängen, füllen die Restfläche aus.
Die Figuren der Schnitzaltäre wurden mit
leuchtenden Farben gefaßt und mit Blattgold belegt.

Gerhard Marcks.
Stehende Frau.
Birne. Vergoldet. Höhe 96 cm.
Um 1922.
Angermuseum Erfurt.
In unbekümmerter Nacktheit, ohne Pose
oder allegorische Hintergründigkeit, ist
eine stehende Frau aus dem Holzblock
herausgeschnitzt. Das leicht vorgestellte
rechte Bein, die im Gegenspiel pen-
delnden Arme und der Zopf gliedern die
Figur vertikal im Zusammenwirken mit
den deutlich begrenzten organischen
Formen des Rumpfes und Kopfes.
Der Künstler wendet sich mit seiner Formulierung über Schönheit und Würde,
die in leichten Verschiebungen aus der
Regelmäßigkeit heraus das plastische
Körpergefüge interessant werden läßt,
gegen klassische Schönheitsideale und
-normen.

Walter Arnold.
Frühling.
Linde. Höhe 100 cm.
1973.
Rostock, Kunsthalle.

Die Figur des in Selbstbetrachtung versunkenen Mädchens läßt noch den ursprünglich umhüllenden schlanken Stamm erahnen. Die Holzfasern verbinden über das gelöste herabströmende Haar den geneigten Kopf mit den Schultern. In der leicht überzeichneten Stellung der Körperachse an den Hüften klingen Vorstellungen von der eigenwilligen Gangart Jugendlicher nach. Der Verzicht auf anatomische Details durch das Vereinfachen auf plastische Grundformen, wie Walze und schwellende, runde Formelemente, ist kein Verlust an gestalterischer Qualität, sondern bewußter Einsatz der Mittel für die Aussage über Anmut und jugendliche Frische. Die Gestalt ist als Torso gearbeitet, das heißt, der Phantasie des Betrachters bleibt freier Spielraum, die Aussage der real wiedergegebenen Körperglieder mit dem eigenen abgerundeten Bild des Menschentyps zu ergänzen.

Handwerk und Intuition

Handwerkliche Praxis und verallgemeinerte Erfahrung

Die vorangegangenen Anregungen zur bildnerisch-praktischen Tätigkeit sollen abschließend mit einigen Gedanken zur Bildhauerkunst aus der Sicht der *Kunsttheorie* ergänzt werden.

Mit der praktischen Tätigkeit des Menschen in seiner Entwicklung bilden sich Ansichten über Eigenschaften der Dinge aus, wie Zweckmäßigkeit, Ebenmaß und Schönheit. *Handwerk* sind die Waffen zur Jagd, das Gerät zum Ackerbau und auch das Werkzeug aus Holz, Stein und Metall. Die Axt der Steinzeitmenschen, bei der die schlanke, symmetrische Form durch Gebrauchseigenschaften bedingt ist, besitzt eingebohrte und geschliffene Zierformen. Über das Maß der Notwendigkeit hinaus ist sie bereits nach *ästhetischen Grundsätzen* gestaltet.

Werkerfahrung verdichtet sich in späteren Kulturen zu Theorien und Gesetzmäßigkeiten. Die Regeln der ägyptischen Bau- und Bildhauerkunst, Polyklets Kanon über den harmonischen Aufbau des Körpers in der Skulptur, die verbindlichen Grundsätze der Bauhütten über Proportionen und Gestaltungsformen der Bauplastik oder auch die Zunftregeln und Gesetze der Bildschnitzer sind ebenso verallgemeinerte Praxis wie Michelangelos Grundsatz vom Einbinden der Figur in die Kugelgestalt oder Brâncuşis Lehrmeinung, die volkommene plastische Form sei das Ei (*Constantin Brâncuşi* 1876–1957, rumänischer Bildhauer).

Verschiedene Bildhauer formulierten Gesetzmäßigkeiten, wie *Adolf von Hildebrand, Auguste Rodin, Theo Balden, Jürgen Weber* und andere. Der Bildhauer *Waldemar Grzimek* äußerte: »Wesentliche Faktoren unter künstlerischen Mitteln sind die Gesetzmäßigkeiten, die wie die Tonleiter immer neue Kombinationen zulassen.« [1]

Der Sinn dieser verallgemeinerten Erfahrungen liegt darin, bewährte Methoden und Prinzipien des Gestaltens dem Lernenden zu übermitteln, ohne ihm dabei die Hände zu binden. Sie helfen dem Suchenden, über das Entwickeln eigener Ideen zu bildnerischen Leistungen zu kommen. Das Gestalten eines plastischen Bildwerkes ist ebenso wie die Arbeit eines Baumeisters ein Zusammenfügen von plastischen Baugliedern, eine konstruktive Tätigkeit, bei der geistige und technisch-materielle Vorgänge in Einheit und Durchdringung ablaufen.

Theoretische Äußerungen der Bildhauer, die sich auf Formeigenschaften beziehen, wie die der Kugel, des Eies oder von Block, Stamm usw., gelten diesen Formen in ihrer Funktion als Bauelemente in der Tektonik des plastischen Werkes. Darauf bezieht sich Theo Balden: Der Bildhauer »kann nichts Unmögliches von seinem Material verlangen. Es hat seine Einzigartigkeit und Schönheit, seine Gesetze. Der gute Bildhauer wird danach trachten, diese Gesetze zu erkennen und zu verstehen. Die von ihm erkannte und erlebte

Die Kugelform

Das Ei als plastische Grundform

Die Form der Pyramide

Wirklichkeit wird er wiedererlebend mit den Mitteln eines Bildhauers zu einer neuen, einzigartigen, erregenden Wirklichkeit umformen: zur Plastik. Das Material für diese endgültige, neue und umgesetzte Wirklichkeit wird er sehr sorgsam nach Eignung und Ergänzung wählen«.[2]

Das »Material« für die Plastik aus Holz sind die *geometrischen Grundformen*, wie Kugel, Würfel Zylinder, Kegel oder Prisma, die zu Formkombinationen vereinigt werden können, und zum anderen die *realen Ausgangsformen*, wie Stamm, Block oder Pfosten, aus denen die plastische Form durch Abtragen der überflüssigen Holzmasse herausgearbeitet wird.

Grundformen und deren Aussagewirkung

Die *Kugelform* hat für die Tektonik der Skulptur Bedeutung als Hülle. Durch die gleichmäßige Krümmung der Oberfläche wird die Masse im Inneren von allen Seiten mit gleicher Intensität zusammengedrückt. Die Körperglieder der Figur fügen sich etwas unter Zwang in die Kugel. Alle Teilformen sind, von der gedachten Hülle gedrängt, nach innen gerichtet. Sie drücken Verinnerlichung aus. »Sich abkapseln« ist in der Wortsprache bildhafter Ausdruck für diese Haltung. Die geringe Berührungsfläche gegen Einflüsse von außen sagt in der plastischen Sprache aus, daß der Dargestellte sich dem Zwang von außen unterwirft oder sich dem Einfluß der Umwelt entzieht. Das Sich-dem-Zwang-von-außen-Widersetzen wird ablesbar, wenn Körperglieder die Hülle durchstoßen, sich nach außen bewegen.

Die *Eiform* als Hülle schließt ebenfalls die Masse im Inneren ein. Durch die Polarität zwischen dem spitzeren und dem flacheren Ende tritt eine Formspannung auf. Das Wissen um die biologische Funktion überträgt auf das Ei den Charakter des Vitalen, was real durch die Schwellzonen an der Oberfläche verstärkt wird. Von der Schwerkraft hervorgerufen, tritt die Schwellform auch am Wassertropfen wie an plastischen Teilformen des Körpers bei Mensch und Tier auf (s. Abb. S. 142 und 156).

Wird das Ei mit der Spitze nach oben gerichtet, erweckt es den Eindruck des Emporstrebens. Ausdruck dafür ist die schwellende Form der Knospe. Das stumpfe Ende der senkrecht stehenden Eiform drückt nach unten. Die Achsen, schräg in den Raum gerichtet, ergeben die mannigfaltigsten Ausdrucksmöglichkeiten. Der Bildhauer nutzt die Polarität der Schwellzonen und die richtungweisende Wirkung der Achsen in der Eiform bzw. von Teilen dieser Grundform als Elemente der plastischen Formensprache. Die Spindelform des Frauenkörpers ist z. B. aus der Durchdringung von Teilen der Eigrundform und von Walzenformen aufzubauen. Schwellzonen tragen stark zum Ausdruck gesunder Sinnlichkeit bei.

Das Ei kann sowohl Teilform als auch ganzheitliche, umschreibende Form

Gregor Erhart (Zuschreibung).
Schutzmantelmadonna.
Lindenholz, gefaßt.
Um 1515. ·
Die Ausdruckswerte der Pyramide als
Symbol für Unvergängliches und diffe-
renzierte Rangordnung sind in der bil-
denden Kunst für entsprechende Aus-
sagen genutzt.

sein. Viele Köpfe, die von großen Bildhauern gestaltet wurden, sind in die
Hülle des Eies eingebunden (s. die Skulpturen von Ernst Barlach). In der Gesamtform der Skulptur ist die Eiform des Kopfes nur ein Detail. In dieser Teil-
Ganzes-Beziehung ist auch das Wirken der Formen im Ausdrucks- und Ge-
staltungsgefüge der Skulpturen zu verstehen.

Es gibt keine absolut verbindlichen Aussagen oder Gesetze über den Ausdruckswert der Grundkörper. Benachbarte Formen, die Binnengliederung
und die Werkstoffeigenschaften wirken auf sie ein.

Bei der *Pyramide* drückt der massive Körper Stabilität und unveränderliche
Existenz der Materie im Inneren der Formhülle aus. Das geschichtliche Wissen über die Grabmale ägyptischer Könige verfestigt diese Vorstellung. Die
christliche Kunst hat in der *Schutzmantelmadonna* einen Figurentyp hervorgebracht, der sich im Sinne des Wortes in den Mantel einer Pyramide einfügt. Die Madonna gewährt zu beiden Seiten unter ihrem Mantel einer
Gruppe von Gläubigen Schutz. Oft nehmen Engelfiguren zu beiden Seiten
dem großflächigen Mantel die Schwere. Er wirkt dann wie Flügel, die eine
Vogelmutter schützend über Junge im Nest ausbreitet. Die Bedeutungsper-
spektive hebt die Madonna mit dem Kinde in der Größe hervor. Bewegungen der anbetenden Haltung und das Faltenwerk der Kleidung erwecken
auch bei den Figuren unter dem Mantel an der Basis der Pyramide einen
recht lebendigen Eindruck. Die Polarität der Richtungen zwischen Spitze und

Emil Teubner.
Kriegselend.
Linde. Höhe 28 cm.
1944.
Auch ohne Kenntnis des Titels läßt sich
der Inhalt der Figurengruppe emotional
erfassen, die sich in den Umriß einer flachen Pyramide fügt. Bedrückt, völlig
erschöpft, haben sich die drei vom
Terror des Krieges gezeichneten Menschen im Freien gelagert, ohne Hoffnung
und Ziel. Die Mutter des Kindes, auf dem
Bündel der verbliebenen Habe sitzend,
stützt ihr Haupt mit dem Arm; sie bildet
mit der Gliederung ihres Körpers eine
weitere, steile Pyramidenform, die durch
die Verlagerung des Schwerpunkts
Unrast in der zeitweiligen Ruhestellung
ablesen läßt.

Hannelore Flechsig.
Studien mit organisch-gerundeten
und bizarren Formen.
Fichte. Höhe 35 cm.
1986.
Bei Formverbindungen abstrakter Art löst
die Bildsprache der Formelemente im
Wechselspiel mit der Aussage der Holzmaserung beim Betrachter subjektive
Emotionen und Vorstellungen aus. Diese
können wie bei den beiden Studien
gegensätzlicher Natur sein.
Die runden, schwingenden Formen in
der Oberfläche des Holzblocks rufen
angenehme Assoziationen und Bilder
hervor wie bei Einsichten in Vorgänge
der belebten Natur, bei Zellteilung,
Wachstum usw. Die Phantasie kommt ins
Spiel.
Das Aufeinanderstoßen der spitzwinke-
ligen Körper erzeugt abwehrende Reak-
tionen gegen ungezügelte Gewalt,
Aggression und Zerstörung.

Basis ist durch die Gerichtetheit der Formelemente und das unterschiedliche Gewicht der Teilformen zum Träger des Ausdrucks von Beschützen und Beschütztsein geworden.

Der Ausdruckswert der Pyramide läßt sich durch verschiedene Faktoren verändern. Neben der eben beschriebenen Art, durch Masse und Richtung der Teilformen zu gliedern, wird der Charakter der Aussage durch die Höhe und die Verlagerung der Spitze vom Mittelpunkt der Grundfläche nach außen stark verändert. Wird die Pyramide flacher, so erscheint die Spitze entschärft, die Form wirkt träge hingelagert. In dem Maß, wie die Spitze erhöht wird, werden die Wände steiler, der Ausdruck wandelt sich. Der Begriff »spitz« deutet drohende Gefahr oder aggressive Haltung an. Begriffliches Denken kommt ins Spiel, formuliert den Eindruck von der Bildwirkung, wenn abstrahierte Formelemente im Bildwerk den Charakter der Aussage bestimmen.

Wird die Pyramide oder der Kegel so verformt, daß die Spitze über den Rand der Grundfläche hinaus gerichtet ist, erhöht sich die Spannung um ein weiteres Maß. Durch die Verlagerung des Schwerpunktes nach außen treten emotionale Spannungen auf.

Im Schaffen von Ernst Barlach gibt es eine Periode, wo seelische Spannungen in Figuren ausgedrückt sind, deren Körperhaltung den Gesetzen der Schwerkraft zu spotten scheint (s. Abb. S. 157).

Reinhold Langner.
Geängstigtes Kind.
Beschnitzter Kiefernstamm.
Höhe etwa 150 cm.
Um 1950.
Baumstämme als Säulen regen zum
schmückenden Beschnitzen an. Werden
sie stützend in Bauwerken verwendet, so
dürfen die eingeschnittenen Formen die
Tragfähigkeit nicht vermindern. Der Bildhauer demonstriert, wie die Körperformen eines hockenden Kindes so in
den Stamm eingefügt sein können, daß
die Oberflächen aller Formelemente
flach im Mantel der Säule liegen.

Form – Hülle – Werkstoff

Bedingungen und Vorzüge für die Verwendung zum plastischen Gestalten
sind bei jedem Werkstoff anders. Die brüchige Materialstruktur des Steines
führte zu der Erfahrung, daß die Bruchsicherheit einer Gestalt innerhalb
einer Kugel als »Hülle« am höchsten ist. Das ließen die Kugel und das form-
verwandte Ei in den Ruf kommen, eine ideale Grundform für die Arbeit des
Bildhauers zu sein.

Holz als lebendiger Werkstoff hat Vorteile und auch Grenzen beim plastischen Gestalten in seiner vom Wachstum bedingten Struktur und seiner
stofflichen Eigenart.

Der *Stamm* in seiner aufragenden Form mit kreisförmigem Querschnitt
und konzentrischer Schichtung der Jahresringe besitzt von sich aus die technischen wie ästhetischen Eigenschaften, die ihn zur bevorzugten Ausgangsform für die Holzbildhauerarbeit werden ließen. Seine geometrische Form ist
die *Säule*. Die aufragende Gestalt ist richtungweisend. Sie übernimmt tragende Funktion, vermittelt Festigkeit und den Ausdruck des Dauerhaften.
Der Mantel des Stammes regt an, mit dem Werkzeug Bildzeichen einzu-
schneiden.

Der Bildhauer *Reinhold Langner* (1907–1957) hat in vielen seiner künstlerischen Werke die Ausdrucksmöglichkeiten des beschnitzten Stammes erprobt. Bei der Bindung der Figur eines Kindes in die Formenhülle der Säule
wurden die realen Proportionen so verändert, daß alle Körperglieder das Volumen ohne tiefe Einschnitte ausfüllen. Die sonst erforderlichen Einschnürun-
gen am Hals sind von den Händen überdeckt, die sich wie erschreckt hilfesu-
chend an die Wangen legen. Die Arme, reliefhaft flach über den plastischen
Kern gezogen, stützen sich im spitzen Winkel auf die Knie. Mit den Mitteln
der Reliefschichtung sind auf diese Weise die realen Tiefendimensionen des
Unterkörpers reduziert und für das Auge deutbar um den Mantel gelegt.
Durch Formvereinfachung hat die Figur im Stamm die suggestive Kraft eines
Males gewonnen. Auf diese Weise drückt sie starke persönliche emotionale
Bezüge des Künstlers aus.

Die Ausdruckswerte verändern sich mit dem Verhältnis von Länge und
Dicke des Stammabschnittes. Bezeichnungen der Wortsprache, wie Scheibe,
Trommel, Walze, Mast, Pfahl, erwecken jeweils bildliche Vorstellungen in
uns. Ein dicker Bauch »ist« ein Faß. Das überschlanke Mädchen wird spöt-
tisch als Bohnenstange bezeichnet.

Der kurze, dicke, trommelförmige Abschnitt vom Stamm bindet die Teilformen, hüllt sie, ähnlich wie die Kugel, ein. Die lange, schlanke Form leitet
den Blick von einem Ende zum anderen. Beim Gestalten kombinierter Formen, z. B. der menschlichen Figur, sind diese gegensätzlichen Formwerte erforderlich.

Stamm, spiralig beschnitzt.
Höhe etwa 140 cm.
Lehrgangsarbeit im Haus der
erzgebirgischen Volkskunst
Schneeberg.
Um 1955.
In den Mantel eingekerbte Spiralen
führen den Blick an dem tragenden Bau-
teil aufwärts. Mit ihrer Mittelachse nach
oben weisende Blattranken betonen das
Emporstreben, bringen aber gleichzeitig
das Spiel der Kräfte zwischen Aufstreben
und Feststehen ins Gleichgewicht. Die
lebendige Maserung ist in die Gesamtwir-
kung einbezogen.

Die Gestaltwirkung des Stammes erfährt eine Änderung mit der Richtung, der Größe und dem Anschnittwinkel der eingeschnitzten Formen im Mantel. Einschnitte *quer* zur Längsachse gliedern die Mantelfläche in kürzere Abschnitte. Sie lassen die Gesamtform optisch kürzer erscheinen. Einkerbungen längs in den Mantel des Stammes führen den Blick von der Basis empor zu den lastenden Baugliedern. Körperpartien an figürlicher Plastik erscheinen durch *Längsfalten* schlanker. Eine lange Schnittspur schräg um den Mantel wird zur *Spirale*. Sie erweckt die Illusion einer Aufwärtsbewegung wie bei einer Wendeltreppe. In einigen Stilepochen, besonders im Barockzeitalter, bestimmt die dynamische Wirkung der Spirale stark den Ausdruckscharakter der Bildwerke.

Die Verbindung der Walzenform mit dem spitzen Kegel ergibt den Pfeil. Seine dynamische Wirkung entsteht durch das Betonen der Längsachse. Ein hohler Pfeil ist das Boot.

Das Höhlen des Stammes läßt sich längs der Faserrichtung durch Spalten der Fasern verhältnismäßig leicht vollziehen. Quer zur Faser muß der Bohrer die zäh aneinanderhaftenden Zellen durchschneiden. Nahezu ideale Eigenschaften beim Bearbeiten verführen oft den Bildhauer dazu, den massiven Holzkörper mit Bohrungen oder tiefen Höhlungen zu entmaterialisieren.

In der Gegenwart haben Höhlungen in der plastischen Gesamtform starke Bedeutung. Durch das Zerklüften und durch Bohren ändern sich die Ausdruckswerte des Holzes. Aus Festigkeit und Beständigkeit der Form, der Schwere vom Masseeindruck her, wird durch das Entfernen der Holzmasse und systematisches Höhlen der Eindruck von schwebend Leichtem erzeugt; oft aber werden damit Emotionen des Morbiden bzw. der Zerstörung der Form ausgelöst.

Die Ausdruckswerte der geometrischen Grundformen sind für das Formengleichgewicht der Holzgestaltung mitbestimmend. Bei den Figuren Hans Brüggemanns am Bordesholmer Altar sind die Kopfbedeckungen und verschiedene Partien der Kleidung ganz regelmäßig geformt. Beim Skeptiker, einem Gefolgsmann Melchisedeks, stoßen Pyramide und Eiform unvermittelt aufeinander. Spitze Schultern scheinen die runde Schwellform des Kopfes aufzuspießen. Mit gewollt unregelmäßigen Zügen, mit Wülsten und geschürzten Lippen steht das Antlitz dazu in starkem Kontrast.

Der Fries der Lauschenden steht für viele Werke Barlachs, bei denen mit stark vereinfachten Körperformen ein Kopf harmoniert, der sich in die Grundform des Eies einfügt. Mit sparsamsten Mitteln hat der Künstler jeder Figur ein ausdrucksstarkes individuelles Antlitz geformt. Durch Unterschiede im Schnitt der Augen, der Nasenflügel, im Verlauf der Brauenbogen und vor allem bei der Linienführung und Wölbung von Mund und Kinn ist jedem der Meditierenden ein anderer Ausdruck menschlicher Selbstbesinnung gegeben (s. Abb. S. 150/151).

Hans Brüggemann.
Bordesholmer Altar. Um 1525.
Begleiter des Melchisedek, Detail.
Eichenholz.
In den Eichenholzplastiken des Meisters
vom Bordesholmer Altar ist stärkstes Ein-
fühlungsvermögen in die Sprache des
Antlitzes und der Gebärden mit der Mei-
sterschaft des Gestaltens im Wechselspiel stark reduzierter elementarer
Formen vereinigt. Beim »Gefolgsmann
Melchisedeks« spießt die Pyramide der
spitzen Schulterpartie die Eiform des
Kopfes förmlich auf. Die Physiognomie
des gespannt beobachtenden Skeptikers
steht im Kontrast zu der regelmäßigen
einhüllenden Grundform, die von der
Lammfellmütze und dem Krausbart
gebildet ist. Durch die Gegensätze in der
Oberflächengestaltung zwischen dem
glattgeschnittenen Rumpf und den Einkerbungen der Kopfbedeckung und der
Wirbel des Bartes wird der Blick auf das
unregelmäßig geformte Antlitz der Figur
in der alttestamentlichen Szene gerichtet.

Vom Wirken der Gesetzmäßigkeiten im Prozeß des plastischen Gestaltens

Aus Äußerungen bildender Künstler, aus Schriften der Kunsttheoretiker und
aus eigener Lehrtätigkeit sollen einige wichtige Gedanken über gestalterische Vorgänge zusammengefaßt werden.

1. Grundsatz:
   Alle plastischen Formelemente ordnen sich der Gesamtform unter.
   Innerhalb einer figürlich-plastischen Gestaltung haben die Teilformen der
   Körperglieder verschiedene Aussagewerte. Das Erschließen der Gesamtaussage des plastischen Bildwerkes erfolgt über das Ablesen der Teilaussagen,
   z. B. über die Stellung der Füße und Beine, die Haltung des Rumpfes, den
   Ausdruck der Hände und des Antlizes. Beim Gestalten von figürlicher Plastik
   sind deshalb die plastischen Teilformen mit ihren Ausdrucksmöglichkeiten
   so in die Gesamtform einzubauen, daß sich der Betrachter durch das Aneinanderfügen der jeweiligen begrenzten Aussage die Gesamtaussage erschließen kann.

2. Grundsatz:
   *Jede Teilform der figürlichen Plastik hat organischen Sinnbezug und zu-
   gleich tektonische Funktion.*
   Beim Gestalten einer Figur sind die Körperglieder zugleich Bauelemente. Die
   Beine wirken als Säulen, Gelenke funktionieren als Scharniere. Richtungs-
   weisende schlanke Formen sind gegen massive gesetzt, die die Augenbewe-
   gung bremsen. Im Prozeß des Gestaltens müssen wir beachten, daß klare
   Gliederung des Bauwerkes und organische Form der Gliedmaßen in ihrer
   Wechselbeziehung übereinstimmen.

3. Grundsatz:
   *Durch das Wirken der Kontraste in der Tektonik der plastischen Gestalt
   kommt die Aussage zustande.*
   Die Aussagewerte der Formglieder in der plastischen Gestaltung können
   gleichartig sein oder sich widersprechen, wie dick gegen dünn, auffahrend
   gegen behäbig liegend, gespannt gegen schlaff usw. Diese Gegensätze stei-
   gern die Wirkung der Aussage. Sie werden bewußt genutzt, um Widersprüche in der äußeren Erscheinung oder in inneren Haltungen der Menschen
   von den plastischen Formen ablesen zu lassen.

Von den Grundgesetzen leiten sich weitere Gesetzmäßigkeiten ab, die bestimmte Prinzipien des Zuordnens von Teilformen in den Gesamtzusammen-
hang betreffen.

Hans Brüggemann.
Bordesholmer Altar. Um 1525.
Eva, Detail aus der Vorhölle. Schmer-
zensmutter, Detail aus der Beweinung.
Leidtragende, Detail aus der Abnahme
vom Kreuz.
Formbindende und formtrennende Wir-
kung von Licht und Schatten werden
beim Vergleich zwischen der Eva und
den trauernden Frauen am Bordesholmer
Altar deutlich.
Das Licht kann sich ungehindert auf die
schwellenden Formen der unbekleideten
Figur legen, und der Körper erscheint im
Formzusammenhang, da keine Unter-
schneidungen das Holz im Fluß der
Maserung unterbrechen.
Schmerz und Trauer im Antlitz der Leid-
tragenden werden durch die harten
Schatten verstärkt, die das durch tiefe
Einkerbungen zerschnittene Holz zwi-
schen dem einhüllenden Tuch und den
Körperformen am Kopf und Oberkörper
legen.

*Die Tektonik der plastischen Gestalt muß von allen Seiten die Aussage ab-
lesen lassen.*
Beim Umschreiten verändert sich die Sicht auf die Lage der plastischen Teilformen im Raum. Im Prozeß des Gestaltens ist darauf zu achten, daß die
kompositorische Gliederung allseitig die gleiche Aussage bewirkt.

Es gibt Formen der Vollplastik, die für eine Ansichtsseite gearbeitet sind,
wie die Figuren an den Schnitzaltären, die vor der Altarrückwand stehen,
oder die griechische Grabmalskulptur. Der Bildhauer *Adolf von Hildebrand*
(1847–1921) hat davon die Theorie abgeleitet, jede Plastik müsse für eine
Hauptansicht gestaltet sein, welche »die ganze plastische Natur der Figur als
einheitlichen Flächeneindruck darstellt und zusammenfaßt«.[3]

Die großen Bildhauer vertraten mit ihren Werken den Grundsatz der Allan-
sichtigkeit. *Auguste Rodin* (1840–1917) sagt dazu folgendes: »Zeichnung von
allen Seiten, das ist die Beschwörungsformel der Skulptur, die den Geist in
den Stein hinabsteigen läßt. Das Ergebnis ist wunderbar: Diese Methode läßt
zugleich mit allen Profilen des Körpers die Seele entstehen.«[4]

*Bei der Holzskulptur ist auf die optische Veränderung der plastischen
Form durch die grafischen und farbigen Werte der Maserung und auf
die unterschiedliche Festigkeit der Fasern im Längs- und Querholz einzugehen.*

Die Auswirkung dieser Gesetzmäßigkeit erfährt jeder in der Praxis, der im Werkstoff Holz Gebrauchsgegenstände oder figürliche Bildwerke gestaltet.

Die mittelalterlichen Zünfte faßten diese Erfahrungen in Regeln. Aufrecht stehende Figuren mußten aus einem Stück gearbeitet sein. Lediglich die Hände und bei der Figur des Gekreuzigten die querstehenden Arme wurden angesetzt.

Bei Bildwerken, die nicht mit Farbe gefaßt sind, läßt sich beobachten, wie die Maserung zum Ausdrucksträger geworden ist. So hat z. B. *Ernst Barlach* bei seinem Magdeburger Ehrenmal, mit dem er das Leid der Menschen im Kriege aus der Sicht von Soldaten verschiedener Nationen ausdrückt, die Jahresringe und die Wirkung der Markstrahlen des Eichenholzes zur Charakterisierung der Qualen und Ängste im Antlitz genutzt. Mit dem gleichen Werkstoff vermag der Künstler, bei Figuren im Fries der Lauschenden lyrische Empfindungen auszudrücken.

Licht und Schatten gliedern die plastische Form. Das Licht verbindet die Teilformen; der Schatten trennt sie.
Rodin leitete beim Betrachten antiker Skulpturen ab, daß die großen Meister jener Epoche das Medium Licht in den Dienst einer lebensbejahenden Aussage zu stellen wußten. Die großen Bildhauer »vermählten so trefflich die Kühnheit des Lichtes mit der Bescheidenheit des Schattens, daß ihre Skulpturen so zart und köstlich sind wie die feinsten und duftigsten Stiche«.[5]

Wie gegensätzlich die Wirkung von Licht und Schatten sein kann, beweisen die Frauenfiguren des Bordesholmer Altars. Eva erhält ihren sinnlich-vitalen Ausdruck dadurch, daß das Licht ungehemmt auf die gewölbten, spannungserfüllten Flächen ihres Körpers auftreffen kann. Schmerz und Verinnerlichung bei den Trauernden kommen durch die tiefen Falten zustande, die sich mehrmals wiederholen und wie eine schwere Last um das Antlitz legen. Die scharfen Schatten setzen gewaltsame Akzente innerhalb der Gesamtform.

Das Wirken des Lichtes fordert kraftvoll nach außen gewölbte Flächen der plastischen Formen. Herausragende Formglieder werden wieder an den plastischen Kern zurückgeführt.
In der Natur hat alles Gesunde und Jugendliche eine spannungserfüllte Oberfläche, beispielsweise schwellende Knospen. Beim Menschen wird Jugendfrische durch straffe, elastische Körperform charakterisiert. Höhlungen oder schlaffe Formelemente sind in der Skulptur möglichst zu vermeiden. Sie sind aber im Formgefüge dort angebracht, wo durch das Wirken der Kontraste der Ausdruck von Spannkraft oder Vitalität besonders betont wird oder die Hülle von Höhlungen symbolischen Schutz gegen Gefahren von außen andeutet.

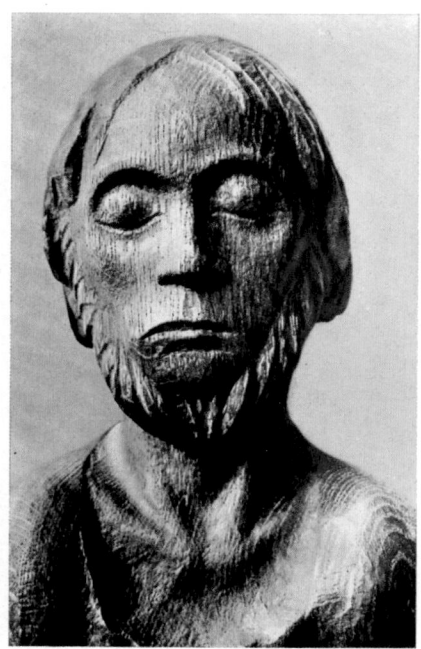

Ernst Barlach.
Fries der Lauschenden:
Kopf des Blinden.
Kopf der Tänzerin.
Kopf des Empfindsamen.

Im Antlitz des Blinden sind die Wesenszüge des versehrten, bewegungsbehin-
derten Menschen ablesbar. In die vor-
dere Hüllzone des eiförmigen Kopfes
wurde das Relief der Gesichtsformen mit
den geschlossenen Augen und den
herben Zügen des Mundes flach eingeschnitten. Die Aussage des Antlitzes
potenziert die im Körper ausgedrückten
Haltungen und wahrt dabei die Einheit
des Formenzusammenhangs.

Die Köpfe der Tänzerin und des Empfindsamen sind ebenfalls aus der regelmäßigen Hülle der Eiform herausgearbeitet.
Hochgezogene Augenbrauen, die leicht
geschwungene Einkerbung zwischen den
Lidern und der sanft lächelnde Mund
lassen ahnen, daß die einsame Frau mit
schönen inneren Bildern der Wirklichkeit
entflieht. Die Hände schließen das Antlitz
ein, als sollten sie verhindern, daß die
Illusion wieder schwindet.
Der Empfindsame träumt mit halb geöffneten Augen. Das rahmende Haar
schmiegt sich weich in das regelmäßige
Oval.

Diese Gesetzmäßigkeit wirkt universell. Sie schließt die bisher genannten
Gesetzmäßigkeiten ein.

Rodin äußert: »Wenn ihr modelliert, so denkt niemals in Flächen, sondern
plastisch. Euer Geist muß jede Fläche als Außenseite eines Rauminhaltes auf-
fassen, der von hinten drückt. Stellt euch die Formen vor, als wären sie auf
euch gerichtet. Alles Leben geht von einem Mittelpunkt aus, dann keimt es
und blüht auf von innen nach außen.«[6]

Die unterschiedlichen Werkspuren, die beim Beschnitzen des Holzes
durch die verschiedenen Profile der Bildhauereisen zustande kommen, tra-
gen wesentlich zur Ausdruckssteigerung der Bildwerke bei.
Glattgeschnittene Flächen werfen das Licht großflächig zurück. Flächen mit
kleinen, flachen Höhlungen streuen das Licht weich. Kerben im steileren An-
schnitt setzen harte Schatten und scharfe Kanten. Schnittkombinationen mit
den Eisen verschiedener Profile können die stofflichen Reize von Texturen in
ein feines Spiel von Licht und Schatten umsetzen und Dekorkanten oder Ornamente zur Wirkung bringen.

Daß strukturierte Flächen auf großformig geschnitzten Körperformen besonders stark wirken, zeigen die Figuren vom Bordesholmer Altar. Maserung, Form, Struktur und Licht wirken zusammen und verstärken die plastische Wirkung (s. Abb. S. 150/151).

Die Grundrichtungen aufragend und querliegend bewirken den Ausdruck von Tragen und Lasten und geben der Skulptur Festigkeit.

Die Aussage jeder figürlichen Skulptur wird am Verhältnis ablesbar, das die Körpermasse zu ihrer Basis hat. Bei den Figuren im Fries der Lauschenden löst sich die »Tänzerin« scheinbar mit ihren Füßen vom Boden. Die Schatten in den Einschnitten unter den Zehen erzeugen den Eindruck, die Figur schwebt, ist schwerelos (s. Abb. S. 154).

Der »Blinde« ist ganz der Erdschwere ausgeliefert. Die realen Stützen in der Form runder Stöcke sind mit Durchbrüchen im Block deutlich abgehoben und in ihrer tektonischen Funktion wahrnehmbar. Auf ihnen hängt die Last des ganzen Körpers. Fest umklammernde Hände führen den Blick über gestreckte Arme nach oben zu den Schultergelenken, in denen die Richtung zur hängenden Masse des Körpers umschlägt. Lediglich der Kopf wird durch die Zwischenform des Halses über den Rumpf emporgehoben.

Die beiden Grundfunktionen Emporheben und Getragenwerden sind in jeder Gestaltung wirksam. Sie gliedern die sitzende Figur treppenförmig in aufragende und quergelagerte Massen. Der Rumpf ist sowohl von den Beinen getragen als für den Kopf und die Schultern tragendes Element. Alle möglichen Körperhaltungen des Menschen bauen sich im Gegenspiel und im Zusammenwirken von Tragen und Lasten auf.

Im plastischen Formgefüge bedingen sich statische und dynamische Elemente. Ihr Wirken stimuliert den Ausdruck von Bewegung.

Statische Elemente sind massive, oft quergelagerte Formen, auch Pyramide oder Kegel, die auf großer Grundfläche einen sicheren Stand haben. Die dynamische Wirkung von Krümmungen, Flammenbogen oder spitzen Formen kommt dadurch zustande, daß von ihren begrenzenden Linien der Blick geführt wird und demzufolge die Augen eine reale Bewegung ausführen. Sie erzeugen Unruhe.

Die »Lesenden Mönche« von Barlach sind als gegensätzliche Menschentypen durch das Zusammenwirken von Statik und Dynamik in unterschiedlichen Formkombinationen gekennzeichnet. Der Bequeme und Selbstzufriedene haftet mit der ganzen Körpermasse an der Sitzfläche. Alle Formen verharren im Gleichgewicht. Das Antlitz und die gesamte Körperhaltung drücken Mißachtung gegenüber allem aus, was das innere Gleichgewicht stören könnte. Der Schlankere ist jäh aus einer ruhigen Haltung aufgefahren. Die steilen Kurven am Oberkörper und die gebogenen Röhren der Arme führen den Blick zum Kopf, der weit über den Schwerpunkt herausragt. Zwischen dem aufgeschlagenen Buch und dem Antlitz mit den hochgezogenen Brauen laufen gekrümmte Linien wie Verbindungswege hin und her. Unruhe drücken auch die Falten des Mantels aus, die wie die gehöhlte runde Fläche am Ärmelende gegen die Linien am Oberkörper gerichtet sind.

Ernst Barlach.
Fries der Lauschenden.
Tänzerin. Der Blinde.
Höhe 110,5 cm.
1931 bis 1935.
Im Fries der Lauschenden sind jene Menschen charakterisiert, die sich in ihrem Handeln von inneren Empfindungen leiten lassen. Die Figuren, die etwa zwei Drittel der Lebensgröße haben, wurden aus dem aufragenden Block herausgearbeitet.

Die Tänzerin fühlt sich von ihren Intentionen emporgehoben. Statische und dynamische Teilformen sind ins Gleichgewicht gebracht. Der Körper verliert seine Erdenschwere.

Den Blinden, dem die Beine den Dienst versagt haben, treibt ein starker Wille, die Schwerkraft zu überwinden. Aufragende und hängende Teilformen verdeutlichen dies.

Ernst Barlach.
Lesende Mönche.
Eichenholz. Höhe 50 cm.
1932.
In der unterschiedlichen Reaktionsweise
zweier Männer auf bedeutsam Geschrie-
benes gibt der Bildhauer und Dramatiker
Ernst Barlach mehr als eine Augenblicks-
schilderung. Die Kompositon in block-
haften blickführenden und blickbin-
denden Teilformen charakterisiert
menschliche Wesenszüge, die völlig entgegengerichtet sind.

Die Aussagewirkung der Skulptur wird vom Rhythmus bestimmt, in dem die plastischen Teilformen in die Gesamtform eingefügt sind.

Eine ausgewogene Komposition der Skulptur erfordert, die plastischen Teilformen in ihrer Körpermasse und blickführenden Wirkung so anzuordnen,
daß das Auge den Rhythmus von Bewegung, Gegenbewegung und Ruhe-
punkten verfolgen kann und davon über Gefühl und Verstand die inhaltli-
chen Beziehungen abgeleitet werden können. So ist es möglich, in der fest
stehenden, real unbewegten Skulptur Bewegungshaltungen, z. B. beim Tanz
oder bei sportlicher Betätigung, zum Ausdruck zu bringen. Die Seherfahrun-
gen vereinigen Sinneseindrücke; so werden Bewegungswahrnehmungen
der Augen beim Abtasten der rhythmisch angeordneten dynamischen Teilformen zur *Illusion von Bewegung.* Beim Umschreiten oder Drehen der Figur
nehmen die Augen rhythmisch die räumlichen Überschneidungen der Körperglieder wahr und deuten sie als Bewegungsabläufe. Der Grad der Bewe-
gungsillusion hängt davon ab, ob dynamische oder statische Formelemente
in der Tektonik der Gestalt überwiegen. Dieses Verhältnis ist bei abstrakten
plastischen Gestaltungen der Schlüssel für das Verständnis.

*Die Akzentuierung plastischer Teilformen verändert die Gewichtsvertei-
lung in der Tektonik der Skulptur.*

Von einer Anhäufung kleiner plastischer Teilformen wird das Auge stärker
angezogen als von einer gleich großen ungegliederten Form. Nahe aneinan-
dergefügte Einschnitte in das Holz setzen Akzente. Durch eine eingeschnittene dekorative Kante am Rocksaum erhält die Figur höhere optische Standfestigkeit. Der optische Anreiz ist bei einer dekorativ belebten Zone durch
die dichte Folge der Gegensätze von Licht und Schatten stärker als bei der
Maserung an unbelebten Flächen. Durch die Häufung von Teilformen tritt
die Akzentuierung bei der Gewichtsverteilung in Erscheinung. Damit kann
das Verhältnis von Statik und Dynamik des Bildwerkes beeinflußt werden.

Beim Betrachten meisterlicher plastischer Bildwerke läßt sich erkennen,
daß die gestalterischen Prinzipien und Gesetzmäßigkeiten immer und in jeder Phase der Arbeit zusammenhängend wirken. Je nach dem Aussagecha-
rakter des Werkes tritt das eine oder andere stärker in den Vordergrund.

Die geäußerten Gedanken zu einer Gestaltungslehre sollten dem lernenden Bildhauer eine Handhabe geben, um in allen Stadien das Werk als Ganzes zu erarbeiten und ständig alle gestalterischen Faktoren in ihrem Zusammenhang zu beurteilen.

Ernst Barlach.
Frierende Alte.
Eiche. Höhe 55 cm.
1937.
Die Hülle von Kugel- oder Eiform hat die kleinste Oberfläche für die umschlossene Masse gegenüber hochaufragenden oder breiten Formen. Frierende Menschen kuscheln sich zusammen. Sie verkleinern die Körperoberfläche, um sich gegen das Unterkühlen der Körpertemperatur zu schützen. Die zusammengepreßten nackten Füße wie auch die Arme und Hände, die die Beine umschließen und fest an den Oberkörper drücken, gliedern die Gesamtform und betonen die Aussage über den inneren Zustand eines gequälten Menschen. Das Kopftuch führt den Blick zu dem herben, unregelmäßig geformten Antlitz. Dessen Asymmetrie wird von der Kleidung wiederholt.

Ernst Barlach.
Der Rächer.
1923.
In der Figur des Rächers, der mit gezücktem Schwert, von unsichtbaren Kräften getrieben, über einen irrealen Boden hinschwebt, scheinen die Gesetze der Schwerkraft nicht zu wirken. Mit dem rechten Fuß lose die keilförmige Basis berührend, getragen von einer durch Unterschneidung optisch zurückgedrängten Stütze, gleitet der Körper parallel zur Grundfläche. Die resolut betonten waagerechten Formen, Teile des Hemdes, lenken den Blick vom Fuß des gestreckten linken Beines bis zum Ellbogen des das Schwert führenden Armes. Unterhalb des Rumpfes erzeugen spitze, keilförmige Flächen und nach oben drängende Umrißlinien die Dynamik des Ausdrucks. Diese wird durch die Labilität des auf der Spitze stehenden Dreiecks, das vom Kopf und den beiden Füßen gebildet ist, noch gesteigert. Durch die Wechselwirkung zwischen statischen und dynamischen Formelementen wird der optische Eindruck rasanter Bewegung und ungebändigter Kraft in dem Bildwerk erzeugt.

Hans Sebald Beham.
Bildhauer bei der Arbeit
an einer Holzplastik.
Detail aus dem Holzschnitt Mercurius.
Um 1540.
Das den Künsten gewidmete Planetenbild
gibt eine detailgetreue Schilderung der
Holzbildhauerarbeit. Bemerkenswert ist
die einfache Spannvorrichtung, die ein
Feststellen der Figur in der jeweils erfor-
derlichen Lage ermöglicht.

Die Technik
des Schnitzens

Holz als Werkstoff

Lieferformen

Die Wuchsform des Baumes als Quelle für unseren Werkstoff gestattet viele Verwendungsmöglichkeiten.

Von den *Rohformen* verwendet man von alters her den *Stamm* als Säule, die man gern im Oberflächenmantel dekorativ beschnitzt. Der Stamm war auch immer Ausgangsform für größere aufrecht stehende Figuren.

Äste und *Zweige* können zu Spielgegenständen weiterverarbeitet werden.

Um das durch Trocknen bedingte Aufreißen zu verhindern, spaltet man den Stamm auf, wenn er nicht in Bohlen und Bretter aufgeschnitten werden kann. Aus dem *Halbstamm* der Linde beispielsweise schnitzten in der frühbürgerlichen Epoche Bildhauer wie Tilman Riemenschneider oder Michael Pacher ihre Relieffiguren für die Altarschreine. Auch Volkskünstler der Gegenwart schneiden sich oft aus dem *Spaltstück* ihren Holzblock für die Figurengruppe oder die Einzelfigur heraus.

Beim Aufschneiden der Stämme im Sägegatter wird man zweckmäßig die Abmessungen wählen, die den größten Nutzen ergeben. So nutzt man schlank und gerade gewachsene Stämme als Balken bzw. *Kantholz*, in dem Markröhre und Kernholz enthalten sind. Schneidet man über Kreuz entlang der Markröhre, so erhalten wir Kantholz aus dem Viertelstamm. Hier sind die Trockenspannungen geringer, und solche Hölzer können wir für die Anwendung in der Architektur beschnitzen, ohne allzusehr mit Rißbildung rechnen zu müssen.

Bohlen setzt man für figürliche Schnitzarbeiten wie für die Anwendung in der Architektur und als Gebrauchsgerät ein.

Bei Splinthölzern, die wurmfraßanfällig sind, ist darauf zu achten, daß nur Kernholz verwendet wird, das man eventuell symmetrisch verleimt.

Bretter verschiedener Holzarten eignen sich für das Verblenden von Architekturteilen, für flaches Kleingerät, für Relief- und Kerbschnitzarbeiten sowie als Ausgangsmaterial für das Schnitzen von Kleinfiguren.

Für das Herstellen von Spielzeug können außer den gebräuchlichen Schnittholzformaten auch Holzabfälle aller Art verwendet werden, z. B. Reststücke vom Drechseln, Sägeabschnitte unregelmäßiger Formen, schön gerollte Späne vom Handhobel. Baumrinde wird von Kindern gern zum Selbstbau von Spielzeugschiffchen benutzt.

Welche Holzarten eignen sich für das Schnitzen?

Grundsätzlich sei gesagt, daß viel mehr unserer heimischen Holzarten zum Schnitzen und Holzgestalten verwendet werden können, als allgemein ange-

Lieferformen des Werkstoffes Holz,
Querschnitt von oben nach unten:
Stamm; Halbstamm; Balken; Viertel-
stamm; Bohle; Brett

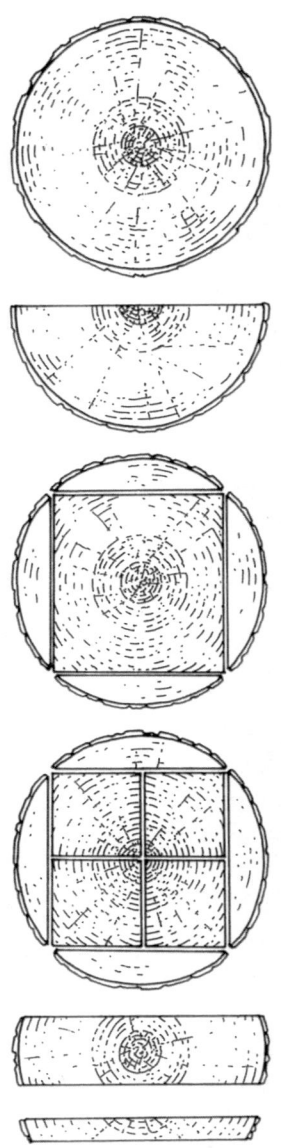

nommen wird. Stark verbreitet ist die Annahme, daß für sauber ausgeführte Schnitzarbeiten nur Linde geeignet sei. Das Lindenholz ist weich. Es läßt sich unter Umständen mit scharfem Werkzeug auch gegen die Faserrichtung schneiden. Feinste Schnittspuren mit Geißfuß und Zierbohrer formen sich gut sichtbar in ihm ab.

In dem Bestreben, möglichst reinweißes Lindenholz zu verwenden, sucht man Stücke aus, bei denen keine Maserung die Form »stört«. Dadurch wird aber der Reiz des Werkstoffes, der durch die Spuren des Wachstums seine Schönheit erhielt, negiert.

Will man die *Maserung* einbeziehen, so sucht man Arten mit schöner Holzstruktur, die sich verhältnismäßig gut bearbeiten lassen. Gemaserte Hölzer, wie Kiefer, Lärche, Fichte, Rüster, Esche, Eiche und Nußbaum, können für das Schnitzen von Figuren wie auch für angewandte Arbeiten eingesetzt werden, wenn die Formgebung und die Oberfläche der Aussage entsprechend gestaltet werden. Auch feinfaserige Holzarten, wie Pappel, Birke, Ahorn, eventuell auch Erle und besonders für Kleinfiguren Birnbaum oder andere Obstgehölze, verwendet man zum figürlichen Gestalten.

Die genannten Hölzer eignen sich auch für die unterschiedlichen Belange der Formgebung, beispielsweise für Schalen und Kleingeräte, auch für Spielzeug. Außerdem lassen sich für kleine Spielmodelle, z. B. von Fahrzeugen oder Gebäuden, und für Spielfiguren auch Äste mit Rinde von Haselnuß, Faulbaum, Eberesche und Weide gut schneiden und erforderlichenfalls in Späne schleißen.

Es empfiehlt sich, bei entsprechenden Lagermöglichkeiten einen gewissen Vorrat an Hölzern verschiedener Arten und Größen anzulegen.

Lagern und Trocknen des Holzes

Das zum Wachstum des Baumes notwendige Wasser bleibt nach dem Fällen noch lange im Holz. Durch intensive Wärmebehandlung in der Trockenkammer erreicht man *darrtrockenes* Holz, d. h., es ist keine Gewichtsabnahme durch Trocknung mehr feststellbar. Beim frisch geschlagenen Baum beträgt der Wasseranteil an der Masse rund 40 % des Darrgewichtes. Da der Werkstoff durch Trocknung und witterungsbedingte Feuchtigkeitsaufnahme arbeitet — er schwindet, bildet Risse, quillt wieder auf, krümmt sich usw. —, ist es erforderlich, seinen Wassergehalt auf das günstigste Maß einzuschränken. Dazu lagert man das Holz überdacht bei guter Durchlüftung. Lufttrockenes Holz enthält 12 bis 20 % Wasser. Künstlich getrocknetes Holz hat noch einen Wasseranteil von 6 bis 12 %, ist aber spröde; es läßt sich mit dem Schnitzwerkzeug nur mühsam sauber schneiden.

Stapelt man Bretter zum Trocknen, so legt man schmale Stapelhölzer dazwischen, um den Durchgang des Luftstromes zu gewährleisten. Die Bretter

Verleimen der Bohlen zum Block.
Oben: zwei Bohlen – links auf links
Mitte: Beim Verleimen von drei und
mehr Schichten kann jeweils links auf
links und rechts auf rechts aufgelegt bzw.
angelegt werden.
Unten: Stehende Jahresringe leimt man
aufeinander.

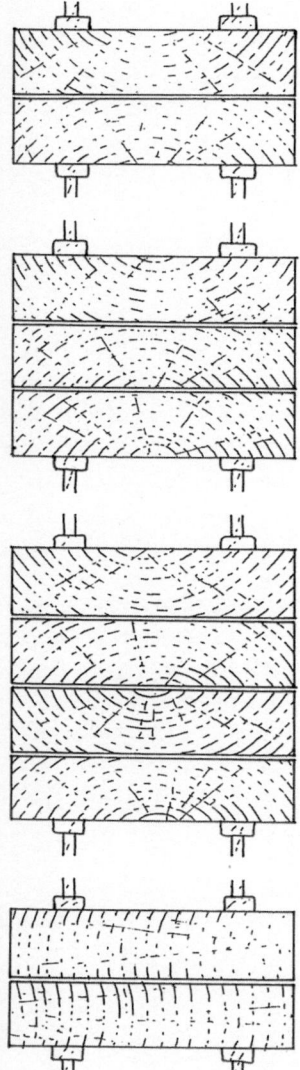

reißen so weit ein, wie das äußere Stapelholz von der Stirnseite entfernt ist. Deshalb sortiert man das Holz nach seiner Länge, und man legt die Stapelhölzer nur etwa 10 cm von außen entfernt. Als Faustregel gilt: Für jeden Zentimeter der Brettstärke rechnet man ein Jahr Lagerzeit zum Lufttrocknen.

Vorbereiten des Holzes für das Schnitzen

Für die verschiedenen Aufgaben benötigt man das Holz in unterschiedlichen Abmessungen. Man schneidet den Rohling, das Brett, den Block oder Stamm, immer etwas reichlicher zu, als die Werkzeichnung angibt. Die Breite oder Dicke einer Figur erscheint nach dem (räumlichen) Beschnitzen geringer als auf dem Papier in der flächigen Ansicht. Außerdem wird es oft nötig, wegen Fehlern im Holz, falscher Schnittführung oder Absplittern der Fasern die ganze Oberfläche nachzusetzen.

Verleimen

Ist man darauf angewiesen, Holz zu verleimen, so gelten folgende Erfahrungswerte:
a) Zwei Bohlen leimt man links auf links. Durch das stärkere Schwinden der Zellen auf der linken Seite wird die Leimfuge zusammengedrückt. Bei rechts auf rechts besteht die Gefahr, daß durch das Werfen die Leimflächen aufspreizen.
b) Beim Verleimen von drei Bohlen oder Brettern verfährt man, wie in der Zeichnung angegeben.
c) Da die mittlere Bohle nach beiden Seiten gebunden ist, kann man auch rechts auf rechts leimen und die dritte Bohle links auf links auflegen.
d) Nur gut getrocknetes Holz ist zum Schichtverleimen geeignet. Man wärmt die Flächen in der kalten Jahreszeit vorher an. Synthetischer Kaltleim oder besser Zweikomponentenleim läßt sich gut verarbeiten. Nach dem Einstreichen beider Leimflächen mit dem Klebemittel sind die Bohlen oder Bretter sofort aufeinanderzulegen und mit Schraubzwingen oder den Zangen der Hobelbank festzuspannen. Die Zeiten für das Abbinden sind auf dem Etikett der Leimbüchsen angegeben.
e) Bretter schwinden in der Breite und in der Stärke. Der Längenschwund ist unbedeutend. Man leimt Kernkante an Kernkante und Splintkante an Splintkante.

Sägen

Liegen die Umrisse des Werkstückes vor dem Beschnitzen fest, so sägt man mit der Handsäge oder mit Band- oder Dekupiersäge – beide mit schmalem

Beim Leimen von Brettflächen ist Kernkante an Kernkante und Splintkante an Splintkante zu fügen.

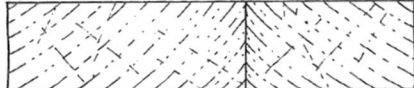

Blatt – die überstehende Holzmasse ab. Bei Tieren wird man meist die Seitenansicht mit der Säge ausschneiden und die weiteren Raumbeziehungen mit dem Messer und eventuell mit den Bildhauereisen erarbeiten. Bei Figuren in gebeugter oder ausladender Körperhaltung geht man ebenfalls von der Profillinie aus. Dabei ist auf die Faserrichtung zu achten. Um der Bruchgefahr auszuweichen, werden dünngliedrige Partien im Längsholz verstärkt und sperrige Teile mit Holzdübeln so an den massiven Kern angesetzt, daß die Fasern möglichst längs durch deren Hauptrichtung laufen.

Bei aufrecht stehenden Figuren ist es relativ leicht, außer der Seitenansicht auch die Vorderansicht- oder Rückenansicht auszusägen. Eventuell legt man beim Sägen Holzstücke unter, wenn die Figur in der Hauptachse rechtwinklig zur Schnittfläche verläuft.

Drechseln

Es ist auch möglich, stehende Figuren mit verhältnismäßig geschlossenem Umriß auf der Drechselbank vorzuarbeiten und im Detail zu beschnitzen. Bei Teilformen in der Architektur, Kleinarchitektur und in der angewandten Holzgestaltung ist die Verbindung von Drechseln und Beschnitzen legal und schon seit Jahrhunderten üblich. Säulen am Treppenaufgang, Baluster, Tischbeine, Leuchter, Büchsen mit dem Wechselspiel gedrechselter und beschnitzter Formen besitzen heute den Wert des Einmaligen gegenüber Massenprodukten.

Herausschlagen mit dem Klöpfel

Beim Bearbeiten von Stämmen und großen Werkstücken verwendet man Bildhauereisen mit breiter Schneide, eventuell Schweizer oder Tiroler Eisen. Sie werden mit der linken Hand angesetzt und geführt. Die recht Hand bewegt den Klöpfel. Das absplitternde Holz sollte immer mit einem kurzen Schlag in Gegenrichtung abgelöst werden. Geschieht das nicht, so geht die Übersicht über den erreichten Zustand der Form im Block verloren. Genaueres Arbeiten ist durch das Führen der Bildhauereisen mit der Hand möglich.

Anlegen plastischer Figuren in der großen Form

Außer beim serienmäßigen Figurenschnitzen werden die Körperumrisse meist nicht nach Schablone vorgearbeitet. Bei einmalig zu erarbeitenden Figuren trägt man das überflüssige Holz langsam und vorsichtig bis in die Nähe der endgültigen Oberfläche der Form ab. Es wird schichtweise vorgegangen: Zuerst bearbeitet man die Stellen, wo das meiste überflüssige Holz abzutragen ist. Mit der nächsten Schicht wird die Form in ihrem Zusammenhang in groben Umrissen sichtbar. Die folgenden Schichten werden immer feiner und differenzierter auf den endgültigen Zustand abgestimmt.

Wenn die Figuren von der Rückseite nicht einzusehen sind, wie die halbplastischen Reliefs auf den Tafelaltären, dann kann man das »Badewannenverfahren« anwenden. Das Holz wird so abgetragen, wie eine Figur in der Badewanne zunehmend freigelegt wird, wenn man das Wasser abfließen läßt.

Die meisten geschnitzten Figuren verlangen eine Sicht von allen Seiten und müssen deshalb bei der Grobanlage allansichtig beurteilt werden. In der Bildhauerausbildung bezeichnet man dieses Vorgehen als »Zwiebelschalenmethode«. Die Schichten werden ringsumführend von außen zum Formkern hin abgetragen.

Es ist ratsam, beim allansichtigen Anlegen die Lage der Körperglieder im Raumgefüge als Orientierung zu nutzen, diese in großen Massebeziehungen und in vereinfachten Grundformen zu erfassen.

Das Werkzeug

Schnitzmesser

Das Schnitzmesser soll eine kurze Klinge haben und ein Heft, das man fest und sicher in der Hand halten kann. Ist die Klinge für Kinder in Schnitzzirkeln zu lang, so stumpft man die Spitze vom Rücken der Klinge her etwas ab und verkürzt die Länge der Schneide durch Umwickeln mit Pflasterstreifen. Mit dem Schnitzmesser lassen sich nahezu alle figürlichen Schnitzarbeiten in kleinem, handhabbarem Maßstab ausführen.

Schnitzeisen

Schnitzeisen oder Bildhauereisen nennt man Werkzeuge mit einer Schneide am vorderen Ende eines lang ausgezogenen, flachen oder profilierten Stahles. Das hintere Ende ist zur Angel zu spitz geschmiedet und mit einem hölzernen Heft für die Handhabung gefaßt. Sie werden der Breite und dem Grad der Krümmung bzw. dem Winkel der Schneide nach unterschieden.

Balleisen

Das Balleisen hat – wie das Stemmeisen oder der Beitel des Tischlers – eine flache, gerade Schneide. Es wird zum Abspalten längs in Faserrichtung und zum Schneiden mit der Faser verwendet. Die Oberfläche kann damit »ballig«, d. h. leicht konvex gewölbt, geschnitten werden.

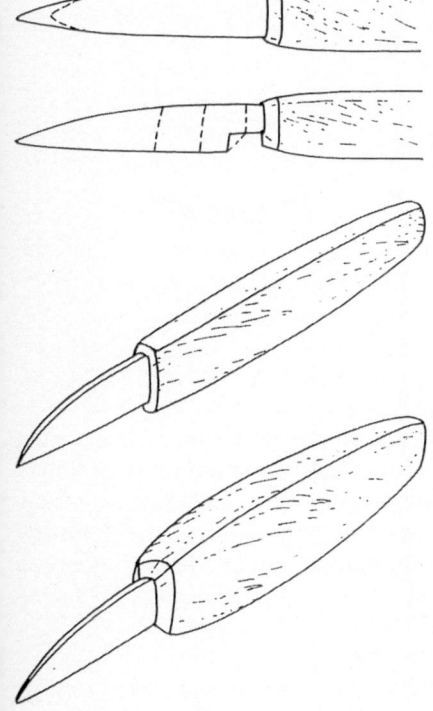

Klinge und Heft des Schnitzmessers sollen der Handgröße angepaßt sein. Lange und spitze Klingen bilden für Kinder Unfallquellen. Man schleift die Spitze etwas zurück oder umwickelt das hintere Ende der Schneide mit Pflasterstreifen.

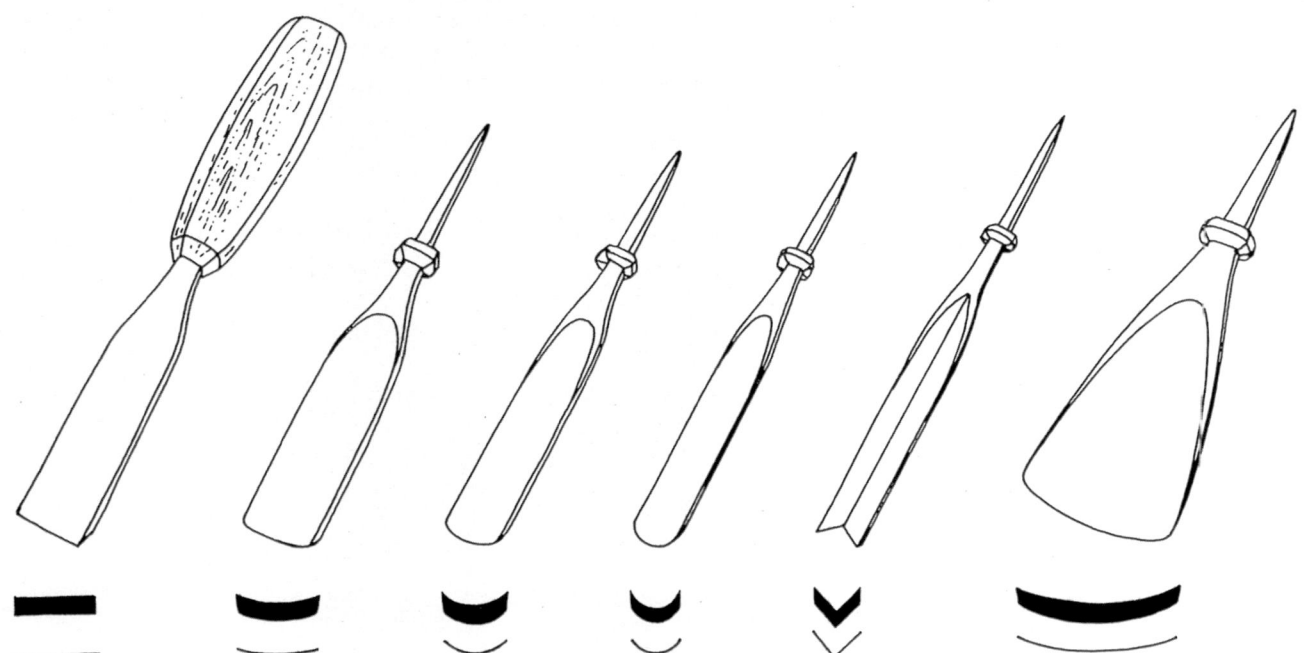

Hauptgruppen der Bildhauereisen.
Von links nach rechts: Balleisen; Flach-
eisen; Hohleisen; Bohrer; Geißfuß;
Schweizer oder Tiroler Eisen

Flacheisen

Es hat eine ganz flache Höhlung der Schneide im Profil, das entspricht einer Krümmung mit großem Durchmesser. Dadurch läßt sich eine ebene Oberfläche besser glattschneiden als mit dem Balleisen. Die Holzfasern werden von der Mitte der Schneide erfaßt, ohne daß die Schneide mit ihrem Rand einhaken kann. Die leichten, flachen Einkerbungen, die beim Schneiden mit dem Flacheisen entstehen, verleihen flachen und gewölbten Flächen den Reiz des handwerklich Geformten und lassen die Maserung deutlich hervortreten.

Hohleisen

Der höhere Krümmungsgrad der Hohleisen gestattet, je nach dem Durchmesser Höhlungen sauber auszuarbeiten. Man verwendet sie für angewandte Arbeiten und bei Figuren zum Anlegen, wenn man kleinere Flächen zu bearbeiten hat.

Bohrer

Bohrer sind eine Art Hohleisen mit einer Krümmung kleinen Durchmessers.

Durch entsprechenden Anschliff läßt sich damit tief ins Holz bohren. Es lassen sich auch die Verbindungsstellen zwischen zwei gewölbten Flächen in verschiedener Richtung markieren.

Geißfuß

Die Schneide verläuft im Winkel wie die Zehen der Paarhufer. Die Einkerbung zeichnet sich im Holz V-förmig ab. Der Geißfuß wird zum Markieren von scharfen Kanten zwischen winklig aneinanderstoßenden Flächen benutzt.

Schweizer Eisen, Tiroler Eisen

Flach- oder Hohleisen mit breiter Schneide, die zur Angel hin spitz zulaufen und sich im Querschnitt verjüngen, verwendet man vorwiegend zum Herausschlagen von Holzmassen aus dem Stamm oder Block.

Weiteres Werkzeug

Je nach dem Arbeitsvorhaben wird als weiteres Werkzeug benutzt: Klöpfel, Säge, Hobel, Bohrer, Ziehklinge, Schleifblock, Tastzirkel, Kurvenlineale und Schraubzwingen.

Klöpfel, Schwanenhalsziehklinge und Außentaster

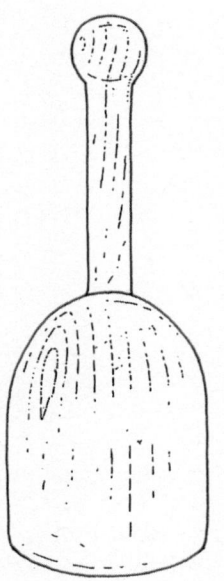 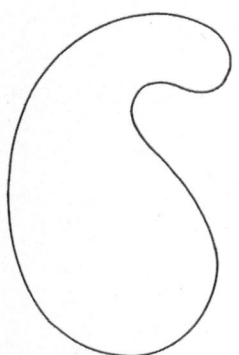 

Schnitzwerkzeug für den Anfang

Eine Fülle von Schnitzarbeiten kann man mit dem Messer ausführen. Will man in einer gewissen Auswahl nach der Reihenfolge unserer Anleitung vorgehen, so sollte man sich nach und nach einen Satz Eisen besorgen. Er kann nach unseren Erfahrungen wie in der Tabelle (S. 166) angegeben beschaffen sein.

Art	Breite in mm
Balleisen	6
evtl. Beitel	12
	20
Flacheisen	10
	20
Hohleisen	6
	12
Bohrer	2
	4
	6
	8
Geißfuß	8

Mit dieser Grundausstattung lassen sich die meisten Arbeiten handwerklich bewältigen. Eine Ergänzung kann später nach zwei Richtungen hin erfolgen: Für Arbeiten mit dekorativ beschnitzter Oberfläche sind einige Hohl- und Flacheisen verschiedener Breite notwendig, die speziell für die Dekorform angeschliffen werden müssen. Arbeitet man große Formate für die Anwendung in der Architektur oder für Freiplastik, so leisten breite Eisen gute Dienste.

Das Schleifen des Werkzeuges

Scharfes Werkzeug ist die Voraussetzung für saubere Arbeit. Die erworbenen Eisen müssen für unsere Handhabung angeschliffen werden. Das Schleifen mit dem herkömmlichen Sandstein, der mit dem Kurbeltrieb im Wasserbad läuft, ist nach wie vor die beste Art, Eisen zu schärfen. Eine Schädigung des Stahls durch Überhitzen ist dabei ausgeschlossen. Man wird aber meist das Schleifen mit der Schmirgelscheibe ausführen müssen. Das Eisen darf dabei nur mit mäßigem Druck an den rotierenden Schleifkörper geführt und nur kurzzeitig angehalten werden. Ein öfteres Abkühlen der Schneide in Wasser oder Rohöl beugt dem Ausglühen vor.

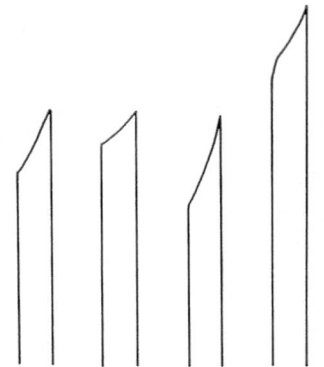

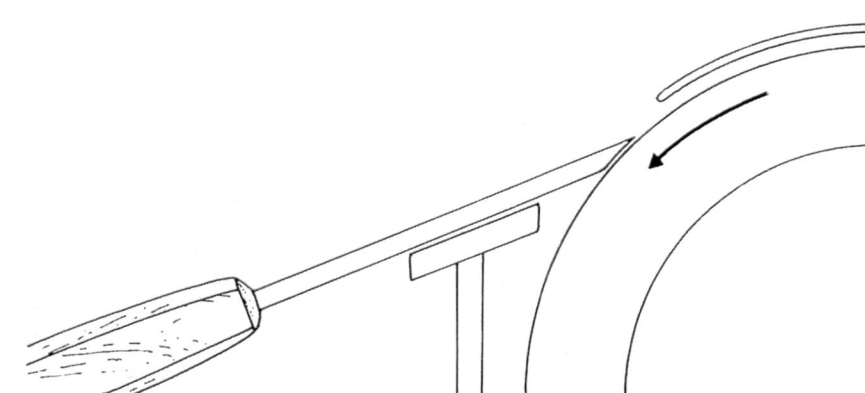

Schärfen des Werkzeugs
Rechts: Drehrichtung der Scheibe und Auflagewinkel des Eisens
Oben links: Fase im Hohlschliff und Länge der Fase für Bearbeitung von Weichholz
Oben Mitte: Die Fase darf weder zu kurz noch zu lang sein. Bei zu langer Fase bricht die Schneide leicht aus.
Oben rechts: Rückschleifen der hinteren Kante von der Fase ermöglicht leichtes Einschneiden ins Holz.

Im allgemeinen gilt, daß die Schneide möglichst dünn sein soll. Eisen mit zu langer Fase brechen leicht aus. Darum hält man die Fase für harte Hölzer, wie Eiche, Rüster und Buche, kürzer als beispielsweise für die Bearbeitung des weichen Lindenholzes.
Folgende Arbeitsgänge sind zu vollziehen, wenn man leicht und sauber schneidende Eisen haben will:
— Die Fase wird in der entsprechenden Länge gleichmäßig über die ganze Breite der Schneide angeschliffen. Das Eisen ist gegen die Drehrichtung anzuhalten.

Das Schleifen der Bohrer und Geißfüße erfordert besondere Sorgfalt. Abgerundete Schenkelenden an der Schneide des Bohrers verhindern das Einhaken im Holz (links). Beim Geißfuß muß die Schneide zur Schnittkante der Schenkel hin nach hinten geschliffen werden (rechts).

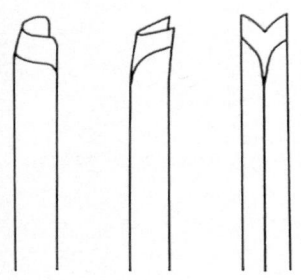

— Der Grat, der beim Schleifen entstanden ist, muß entfernt werden. Das geschieht entweder mit dem Abziehstein und innen mit entsprechenden Profilsteinen oder mit rotierenden Scheiben aus Filz oder Textilien, die mit Schleifpaste überzogen sind. Achtung: Eisen *in Drehrichtung* auflegen, sonst ernste Verletzungsgefahr!

— Wenn der Grat entfernt ist, die Schneide gleichmäßig glatt erscheint (durch Schneideprobe feststellen!), schleift man in einem zweiten Gang die hintere Kante der Hohlfase ab, damit das Eisen besser ins Holz gleiten kann.

— Das Eisen schneidet am besten, wenn es auf dem Streichleder oder am Handballen abgezogen wird. Es muß Rasiermesserschärfe erreichen.

— Beim Geißfuß und am Bohrer muß die Schneide so beschaffen sein, daß ein Einhaken in das Holz nicht möglich ist. Die oberen Schenkelenden werden in kleinem Radius nach hinten abgerundet. Beim Geißfuß verläuft die Schneide nicht rechtwinklig, sondern so nach hinten geneigt, daß der scharfe Grat an der Verbindung beider Schenkel das Eisen ins Holz hineinzieht. Diese Kante ist besonders zu schleifen und nach hinten abzurunden.

Handhabung des Schnitzwerkzeuges

Von Anfang an gewöhnen wir uns an eine sichere Haltung des Schnitzmessers. Wenn wir es uns zum Grundsatz machen, die *Finger immer hinter der Schneide* des Messers zu halten, dann werden Schnittverletzungen weitgehend vermieden. Bei den ersten Arbeiten halten wir das Werkstück mit den Händen fest. Wenn möglich, sollten wir das Holz zunächst so lang belassen, daß es mit der linken Hand sicher gefaßt werden kann, ohne daß die Finger verkrampfen. Bei späteren größeren Arbeiten spannen wir die Werkstücke in die Hobelbank oder in eine Spannvorrichtung ein.

Die unfallsichere Führung von *Bildhauereisen* führt uns die Abbildung vor Augen. Die Linke faßt das Eisen und führt von der sicheren Auflage des Handballens aus die Schneide in die erforderliche Richtung. Mit der rechten Hand umfaßt man das Heft so, daß der Ballen die nötige Schubkraft auf die Schneide ausüben kann. Leichtes Drehen beim Abschneiden der Späne erleichtert das saubere Abtrennen der Holzfasern. Nach kurzer Übung wird der sichere Umgang mit dem Schnitzwerkzeug geläufig werden.

Unfallschutz

Scharf geschliffenes Werkzeug mit festsitzenden glatten Heften, der Handgröße angepaßt, ist die beste Voraussetzung für den Schutz gegen Verletzung. Als Grundregel bei der Führung des Werkzeuges gilt, die Finger immer hinter der Schneide zu halten. Messer und Eisen, die man am

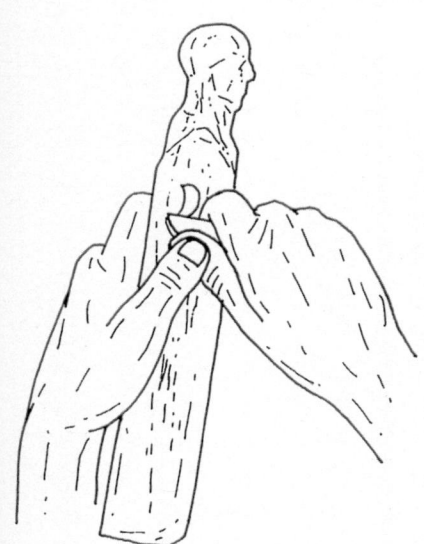

Beim Schnitzen mit dem Messer sind die Finger immer hinter der Schneide zu halten. Nach Möglichkeit sollte das Werkstück so lang belassen werden, daß es von der haltenden Hand sicher gefaßt werden kann.

Schnitzeisen werden mit beiden Händen sicher geführt. Die Linke, die mit dem Ballen fest auf dem Werkstück aufliegt, steuert die Bewegung der Schneide gegen das Holz. Die rechte Hand übt mit dem Ballen den nötigen Druck auf das Werkzeug aus. Leichtes Drehen beim Schneiden verhilft zum sauberen Ablösen der Späne.

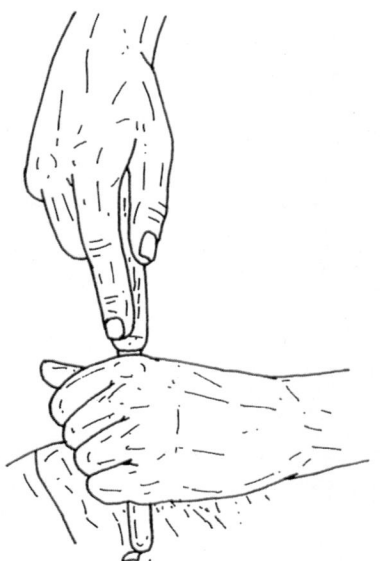

Arbeitsplatz nicht benutzt, legt man so hin, daß man mit den Händen nicht hineingreifen kann. Besser ist ein Ständer aus Holz, in den man das Werkzeug mit dem Griff nach oben einsteckt. Für den Transport ist eine Werkzeugtasche geeignet, in der jedes Eisen vor Berührung der Schneide geschützt ist.

Beim Halten kleinerer Werkstücke mit der Hand soll die festhaltende Hand zugleich das Messer oder das Eisen führen. Das unkontrollierbare Fuchteln mit dem Werkzeug durch das Führen mit einer Hand ist zu vermeiden. Festes, aber schnell in der Lage veränderbares Einspannen des Werkstückes erleichtert die Arbeit und garantiert sichere Werkzeugführung.

Spannvorrichtungen, Möglichkeiten des Befestigens der Werkstücke

Auf der Werkbank lassen sich flache Werkstücke durch zwei Leisten festspannen, die mit Schraubzwingen arretiert sind. Mit einem Keil klemmt man das Brett oder die Kleinfigur gegen die Leisten. Die Hobelbank mit Vorder- und Hinterzange und eventuell Bankeisen oder -haken ist vielseitig zum Spannen geeignet. Zwischen Bankeisen bzw. Bankhaken geklemmt, hat man das Werkstück in seiner Breite vor sich liegen. Spannt man das Holz in die Zange und legt auf der Bank Holz unter, liegt die Figur längs und schräg nach oben, so daß man ihre Ausmaße ganzheitlich überblicken kann.

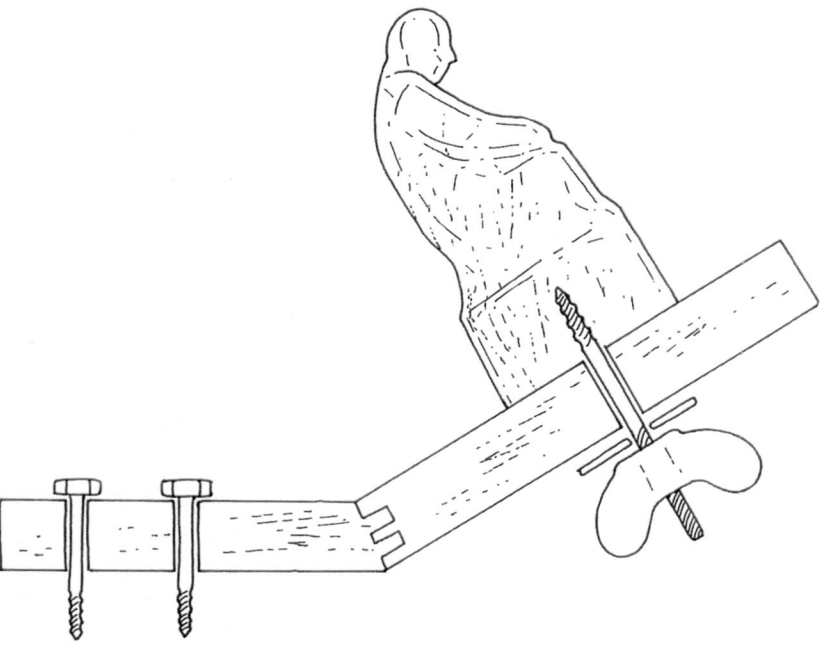

Schnitzwinkel mit Figurenschraube zum Festhalten des Werkstücks im günstigen Sichtwinkel

Verschiedene sogenannte *Schnitzwinkel* halten das aufrecht stehende Werkstück mit einer Figurenschraube fest die leicht eine Drehung der Figur um ihre aufrechte Achse ermöglicht. Die Figurenschraube besteht aus einem Holzschraubenschaft, an desen freiem Ende ein Metallgewinde aufgeschnitten wurde, und einer Art Flügelmutter. Das Holzgewinde wird von unten in den Sockel der Figur geschraubt, der Bolzen durch eine Bohrung des Schnitzwinkels gesteckt und mit der Flügelmutter festgespannt. Den Schnitzwinkel bringt man in der Zange der Hobelbank oder notfalls im Schraubstock in die Höhe und Richtung, die die beste Arbeitshaltung beim Schnitzen gewährleisten.

Oberflächengestaltung

Nach dem mühevollen Herausarbeiten der großen Formen bildet das Gestalten der Oberfläche den Abschluß und den Höhepunkt des Schnitzens. Es handelt sich dabei nicht um äußere Zutat zum »fertigen« Werk, sondern um die letzte Phase des Gestaltungsprozesses, in der die gestalterischen Ideen konsequent verwirklicht und im Einklang mit den Aussagewerten des Holzstückes sichtbar werden sollen. Demzufolge ist die Ausführung der Oberfläche eines Schnitzwerkes auch keine vordergründige Angelegenheit der Technik des Schnitzens. Auch eine saubere Übertragung der Maßverhältnisse nach der Werkzeichnung oder dem plastischen Modell bestimmt letztendlich nicht die Oberflächengestalt. Es sind dies vielmehr die Wirkung der Maserung in Richtung und Farbe — inwieweit sie die Aussagewirkung der blickführenden Teilformen erhöhen oder zerstören — und die Wirkung des Lichtes. Bindet das aufliegende Licht die plastische Form zusammen, oder zerteilen ungewollte Schatten das Formganze? Andererseits sind Höhlungen und Durchbrüche für bestimmte Aussagen erforderlich. Dann sind sie bewußt anzuwenden. Bei Dekorzonen beleben Licht und Schatten die Farbwirkung der Maserung. So gesehen ist eine umfassende Kenntnis der gestalterischen Mittel bei der Oberflächenbearbeitung für die Entscheidung erforderlich, welche davon für die Vollendung des Werkes einzusetzen sind.

Große Flächen mit deutlich gliedernden Kanten

Die menschliche Gestalt oder die Tierfigur erhalten bei der Durchdringung des charakteristischen Profils mit der masseanzeigenden Vorderansicht ein kantiges Körpergefüge. Für verschiedenes Spielzeug und für dekorative Anwendung genügt oft schon das Herausschneiden der Umrißlinien aus dem Brett in der Seitenansicht, um wesentliche Merkmale zu erfassen, wie bei Tieren oder Tierkreiszeichen.

Die rechtwinklig verlaufenden Schnittkanten können in beliebigem Grad verbrochen werden. Das geschieht durch Schräganschneiden der Profilkanten. Dadurch wird zwischen den knallharten Richtungsgegensätzen vermittelt, die Licht- und Schattenwirkung reduziert, der Verlauf der Maserung aufeinander bezogen. Ein Herumführen der Arme nach vorn wird bei der menschlichen Figur dadurch erst möglich. Sie können auf dem Körper flach aufliegen und wieder durch Schräganschneiden der Kanten in das Körpergefüge wie auch in die Holzstruktur einbezogen werden. Eine weitere Profilierung der Umrisse erfolgt nach allen Seiten (vgl. Abschnitt zur Weihnachtskrippe).

Die großen Flächen schneidet man mit dem Messer oder einem entsprechend breiten Balleisen. Dadurch wird ein Hohlschneiden, das den Schatten formzerstörend wirken läßt, vermieden. Die Körperkanten gliedern die Gestalt deutlich.

Gewölbte Flächen mit weichen Übergängen

Sowohl beim Relief als auch an figürlicher Plastik verbinden (nach außen) gewölbte Flächen Holzmaserung und Licht. Die Kanten können abgestumpft sein und demzufolge weiche, fließende Übergänge zwischen den Formbestandteilen bewirken, sie können aber auch mit deutlich sichtbarem Grat Teilformen, beispielsweise Kleidungssaum, Kragenansatz und dergleichen, abgrenzen. Die »balligen« Flächen schneidet man mit dem Balleisen, wenn leichte Einkerbungen vermieden werden sollen. Setzt man mit flachem Hohleisen Schnitt an Schnitt, so entstehen kaum sichtbare flache Höhlungen mit stumpfen Kanten, die das Licht weich streuen. Dieses fein abgestimmte Aneinandersetzen kleiner Schnittflächen darf nicht mit dem Nachahmen von Technologien der Metallbearbeitung verwechselt werden, mit dem man »Hammerschlag« imitiert.

Man verwendet diese leicht gewölbte Oberfläche gern beim Gestalten von Aktfiguren, wenn Maserung und Farbe des Holzes mitsprechen sollen. Für blasses und wenig strukturiertes Holz läßt sich diese Art der plastischen Oberflächengestaltung auch einsetzen, wenn der Werkstoff nach dem Beschnitzen mit einer der Möglichkeiten des Färbens nachbehandelt wird (s. dort).

Strukturierte Oberfläche

Muster und plastische Strukturen schneidet man in wenig gemasertes Holz. Die Oberfläche des sonst relativ reizlosen Materials erhält durch die darüberflutenden Lichter und Schatten eine starke Belebung.

Meister des Chorgestühls von Pöhlde.
Mönch bei der Bildhauerarbeit.
Chorstuhlwange.
1284.
Frühe geschnitzte Darstellung der Bildhauerarbeit. Sie zeigt den realen Vorgang
des Heraushauens der Form mit Bildhauereisen und Klöpfel. Die Werkzeuge
sind in ihrer Form so vollkommen ausgebildet, daß sie sich bis in die Gegenwart
erhalten haben.

Um Figuren, z. B. die Heiligen an Altären, durch plastischen Schmuck der Gewänder besonders hervorzuheben, wird das weiche, bildsame Lindenholz verarbeitet. Mit besonders zugeschliffenem Werkzeug setzt man runde, ge- krümmte oder geradlinig begrenzte Einkerbungen so dicht aneinander, daß in dem Netz der Licht- und Schattenwirkung keine Lücken entstehen. Auf diese Weise werden Schmuckkanten, Ornamente und Oberflächenformen, wie Locken und Bartsträhnen, Fell, Gewebe, gebildet. Für die Lebkuchenbäk- kerei schuf man Hohlformen mit feinsten plastischen Strukturen, die von Handwerkerkünstlern, den Modelstechern, gestaltet wurden. Für diese fein- gliedrigen Schmuckformen eignet sich Obstbaumholz gut. Besonders feinfa- serig und fest ist Birne.

Diese hochkultivierten Fertigkeiten des Schnitzens lassen sich auf das Fi- gurenschnitzen der Gegenwart anwenden und auch auf viele Bereiche der angewandten Holzgestaltung. Bei figürlicher Plastik ist ein Gliedern der Form in Zonen, die mit Schmuckwerk betont sind, zu empfehlen, im Gegensatz zu großen, ruhigen Flächen, auf denen die dekorative Schnitzerei zur Wirkung kommt.

Schleifen

Bei verschiedenen dekorativen und angewandten Arbeiten macht es sich er- forderlich, die Oberfläche mit Schleifmitteln zu glätten. Die Oberflächenform ist vorher mit den Schnitzwerkzeugen genau zu erarbeiten. Nach der Be- handlung des Holzes mit Schmirgel darf nicht wieder mit dem Eisen überar- beitet werden, weil die Schleifmittelteilchen, die in den Zellen des Holzes steckengeblieben sind, in die empfindliche Schneide des Werkzeuges Schar- ten reißen würden.

Soll das Werkstück mit Beize und Lack weiterbehandelt werden, ist vor dem letzten Schliff mit feinster Körnung das Holz zu wässern, d. h. mit Lap- pen oder Schwamm anzufeuchten. Die weichen Zellen quellen auf. Nach dem Trocknen wird durch das Überschleifen die glatte Oberfläche erzeugt.

Als Auflage für das Schleifleinen oder Schleifpapier verwendet man Kork oder Holz, eben oder mit entsprechendem Profil.

Färben und Beizen, Räuchern

Will man über die gesamte Holzoberfläche hinweg einen anderen Farbton erzielen, so *färbt* man das Werkstück. Dazu verwendet man in Flüssigkeiten lösbare Farbpigmente, die nach dem Auftragen und Trocknen auf der Ober- fläche haften und mit Wachs, Latexbindemittel oder stark verdünntem Lack verfestigt werden können. Diese handelsüblichen Färbemittel werden als

»Holzbeize« angeboten. Ihre Anwendung ist aus der beigefügten Gebrauchs-anweisung zu erfahren. Da die weichen Zellen stärker die Pigmente ansau-gen als die festeren, erfolgt eine Umkehrung der Helligkeitswerte zwischen Frühholz- und Spätholzfasern.

Beim eigentlichen *Beizen* wird mit Mitteln gearbeitet, die die Farbpig-mente im Holz chemisch verändern. Ohne Vorbehandlung lassen sich stark gerbsäurehaltige Hölzer verwenden, am besten Eiche. Andere Hölzer müs-sen vorher mit Gerbsäure (Tannin in Wasser gelöst) angereichert werden. Satte Lösungen von Metallsalzen verursachen die chemische Reaktion, die eine Farbänderung herbeiführt,

z. B.: Eisenchlorid   – grau
        Kaliumchromat   – gelbbraun
        Kupfersulfat   – graugrün
        Kaliumbichromat   – braun.

Dem Erfolg gehen Versuche an Resthölzern voraus.

Beim *Räuchern* geht man von gerbsäurehaltigen oder gerbsäureangerei-cherten Hölzern aus. Das Werkstück wird über ein offenes Gefäß, das Am-moniak (Salmiakgeist) enthält, in einen geschlossenen Behälter gelegt. Das verdunstende Ammoniak färbt das Kernholz der Eiche nach Stunden grau-braun. Splintholz, das keine Gerbsäure enthält, bleibt hell.

Brennen und Sandeln

Je nach der Dauer des Anstrahlens mit der Flamme der Lötlampe färbt sich die Holzoberfläche braun bis kohleschwarz. Mit Messingdrahtbürste ausge-bürstet, wird die Maserung verstärkt sichtbar, wobei eine leichte reliefartige Profilierung zwischen Frühholz- und Spätholzstruktur entsteht.

Grobfaseriges Holz in großzügig gestalteter Form kann mit dem Sandstrahl bearbeitet werden (Schutzmaßnahmen erforderlich). Die geschoßartig auf-schlagenden Sandkörner tragen das weiche Frühholz verstärkt ab.

Bemalen mit Wasser- und Ölfarben

Volkstümliche Schnitzarbeiten wurden in der Vergangenheit meist mit Tem-pera- oder Leimfarben bemalt (vgl. Abschnitt zur Weihnachtskrippe). Es kön-nen auch Aquarellfarben verwendet werden, denen man etwas Gummiarabi-kum und wenige Tropfen Glyzerin beimengt. Auch farbige Tusche, mit destilliertem oder abgekochtem Wasser verdünnbar, eignet sich für die far-bige Oberflächengestaltung.

Bei Verwendung von Öl- und Silizinfarben ist mit einem langwierigen Trockenvorgang zu rechnen.

Oberflächenschutz gegen Verschmutzung und Nässe

Ein *Wachsfilm* überzieht schützend die Oberfläche von Holzgegenständen. Geeignet ist farblose Wachspaste für Leder. Bienenwachs, in warmem Terpentinöl gelöst, kann mit dem Pinsel oder Lappen aufgetragen und mit einer Bürste eingerieben werden.

Latexbinder dringt in die weichen Poren ein und härtet die Holzoberfläche. Das kann als Grundierung für Flächen genutzt werden, auf die Farbe gleichmäßig aufgetragen werden soll, ohne daß die Zeichnung der Maserung hervortritt.

Stark glänzender *Lack* nimmt durch entstehende Lichtreflexe geschnitzten Arbeiten den Charakter gestalteten Holzes. Zwischen Betrachter und Schnitzwerk wird eine gläserne, abweisende Schicht gelegt.

Stark verdünnte *Mattine* schließt die Poren, verstärkt die Wirkung der Maserung und schützt vor Verschmutzen. Die Oberfläche kann von Zeit zu Zeit mit feuchtem Lappen und mildem Waschmittel gereinigt werden.

Anhang

**Hinweise zur bergmännischen Trachtenordnung,
Sächsische Aufzugstracht im 19. Jh.**
(zu S. 108/109).

Die Trachten der bergmännischen Ränge und Berufszweige, die das Sozialgefüge des Bergbaubetriebes kennzeichnen, wurden durch Trachtenordnungen geregelt. In der Grundausstattung sind die Aufzugstrachten seit dem 18. Jh. gleich, lediglich zwischen den Revieren mit kleinen Farbabweichungen und Zeichen unterschieden.

Steiger:
Weiße Gamaschenhose; schwarze Kniebügel; schwarzes Bergleder; schwarzer Rock mit breitem Ärmelaufschlag und drei Reihen goldener Knöpfe; weißer Kragen in Schulterbreite mit goldener Borte; schwarzer Halsbund mit goldener Borte; grüner Filzhut, goldene Borte, oben als Mäander, vorn schwarzgoldene Bandrosette; gelbschwarzer Federbusch links; kleines Steigerhäkchen, rechts getragen, Säbel links.

Häuer:
Lange, weiße Hose; Kniebügel; Bergleder; Tscherpertasche; Bluse mit schulterbreitem Kragen und breiten Ärmelaufschlägen; schwarzes Halsbündchen; grüner Schachthut mit gelbschwarzer Bandrosette vorn; Bergbarte aus Messing, Holm schwarz.

Trompeter der Bergmusikkapelle:
Lange, weiße Hose; Gürtel mit Bergleder; schwarzer Rock mit silbernen »Schwalbennestern«, darunter roter Kittel; weißer Kragen; grüner Schachthut mit silbernen Borten, gelbschwarzer Brandrosette und rotem Federbusch vorn.

Bergschmied:
Weiße Hose; Kniebügel; weißer Rock mit rotbraunen Ärmelaufschlägen, rotbraunem Halsbund; breiter, schwarzer Kragen; schwarze Lederschürze; schwarzer Berghut mit schwarzgelber Rosette.

Bergzimmerling:
Weiße Hose; Kniebügel; Bergleder; schwarze Bluse mit breitem Kragen und Halsbund; Tscherpertasche; grüner Schachthut mit schwarzgelber Rosette; in den Händen Winkel oder Zimmerlingsaxt.

Hüttenmann:
Weite, weiße Hose; weißer Kittel mit rotem Halsbund; brauner Lederschurz; brauner Kragen; weiße lederne Gugel als Nackenschutz unter schwarzem Hut mit Schild und seitlich hochgeschlagener Krempe; vorn mit schwarzgelber Rosette; Schürhaken.

Blaufarbenwerker:
Weite, weiße Hose; weißer Kittel; Schurz und Ärmelaufschlag hellblau (aus dem ursprünglichen Abfallprodukt Kobalt wurde der kostbare Farbstoff gewonnen); breiter, schwarzer Kragen; gefaltete Gugel als Nackenschutz unter schwarzem Berghut; langer Schürlöffel.

Berginvalide:
Gelbbrauner Leinenkittel mit weitem Kragen; weite, braune Hose; Tscherpertasche und Bergleder; brauner Hut mit Krempe.

Quellennachweis

[1] *Waldemar Grzimek.* Michelangelo entwarf einen Bücherschrank. Zeitschrift Bildende Kunst. Berlin. Heft 4/1957
[2] *Theo Balden.* Zeitschrift Bildende Kunst. Berlin. Heft 4/1957
[3] *Adolf von Hildebrand.* Das Problem der Form in der bildenden Kunst. Straßburg 1893
[4] *Auguste Rodin.* Das Testament. Überlingen 1946
[5] *Auguste Rodin.* Die Kunst. Gespräche des Meisters, gesammelt von Paul Gsell. Kurt Wolf Verlag. München 1925
[6] *Auguste Rodin.* Das Testament. A. a. O.

Fotonachweis

Archiv des Autors: S. 71, 72, 92, 103, 118, 129, 145 l., 149, 150, 158, 171
K. G. Beyer, Weimar: S. 37
G. Döring, Dresden: S. 48, 54, 56, 59, 62, 64 l., 65, 67 l., 77 r., 147
E. Fischer, Stäbelow: S. 142
Chr. Georgi, Schneeberg: S. 3, 7, 8, 9, 10, 11, 12, 14 o., 14 u., 19 o. l., 19 o. r., 19 u., 25 o., 25 u., 26, 29, 30, 33, 36, 40 o., 40 u. l., 40 u. r., 41 o. l., 41 u. l., 41 u. r., 47 o., 47 Mitte, 47 u., 51, 58, 60, 61, 64 r., 69, 76, 77 l., 82, 84, 87, 93, 94, 111, 114, 115, 117, 126, 136, 140, 148, 171
Henschelverlag Berlin: S. 95, 141
J. Karpinski, Dresden: S. 81, 96, 120
H. Körner, Dresden: S. 97 o., 97 u., 121 o., 121 u.
Museum des Kunsthandwerks/Grassimuseum Leipzig: S. 138
Sächsische Landesbibliothek Dresden/Deutsche Fotothek: S. 145 r., 152 l., 155
H. C. Schmiedicke – Verlag Leipzig: S. 151, 152 r., 153, 154
H. Schreiner, Aue: S. 41 o. r., 45, 67 r., 68, 73, 78 o., 78 u., 79, 80 o., 85 o., 85 u., 88 o., 88 Mitte, 88 u., 89, 116, 119, 124 o., 124 u., 128, 132 l., 132 r., 134, 135, 146 l., 146 r.

W. Schröter, Markkleeberg: S. 24 o., 52, 80 u., 98, 100
E. A. Seemann – Verlag Leipzig: S. 24 u.
H.-M. Sewcz, Berlin: S. 156, 157
Staatliches Museum für Völkerkunde Dresden: S. 43